우화로 읽는
팔만대장경

**감수 법안스님** 충남 서천에서 출생하여 대전 보문고등학교를 졸업하고 고려대학교 정경대학 경제학과를 졸업하였다. 잠시 은행에 근무한 뒤 논산에 안심정사를 창건하여 약사기도에 전념하면서 수행하였다. 원광대학교 대학원에서 약사신앙과 약사사상에 대한 연구로 석·박사 학위를 취득하고 교학과 수행을 겸비한 학승으로 자리매김하였다. BTN 불교텔레비전방송에서 〈법안스님의 생활법문〉으로 한국불교의 새로운 장르를 열었다고 평가할 정도로 호평을 받았다. 교학과 법문, 상담 능력을 갖추고, 지역사회에 대한 봉사를 통하여 20여 년만에 논산의 최대 신도 규모의 사찰로 성장하였다.

**엮은이 진현종** 성균관대학교 동양철학과를 졸업하고, 동양의 역사와 사상 분야의 저술가 및 영어와 중국어 번역가로 활동하고 있다. 그동안 특히 불교계에서는 각종 지면과 세미나를 통해 '제3수행법 논쟁'과 '대승불교정체성 논쟁'을 촉발하고 주도하는 등 중요한 쟁점을 부각, 공론화하는 일을 해왔다. 현재 동양학연구원 이동호 박사의 의뢰와 지원을 받아 '팔만대장경의 구조적·체계적 정리와 이해'라는 연구 프로젝트를 진행하고 있으며, 또한 만해 한용운 스님 편찬『불교대전』의 원문 배대配對 작업을 완료하고 관련 연구 작업을 계속하고 있다. 지은 책으로는『한 권으로 읽는 팔만대장경』『여기, 공자가 간다』 등이 있고, 옮긴 책으로는『그대 안의 호랑이를 길들여라』『턱낮한 스님의 아미타불』『우리에게는 사랑이 필요하다: 행복한 사람 달라이 라마의 인생 수업』 등이 있으며, 엮은 책으로는『복을 부르는 부처님 말씀』 등이 있다.

**사경 외길 김경호** 시인, 서예가, 사경전문가. 사경을 '서예와 회화, 공예를 아우르는 종합예술'로 여기며, 찬란했던 고려 전통사경의 정신과 기법을 재현하고, 현대적 예술로 재탄생시키는 일에 매진해 왔다. 사경의 조사·연구·자문·복원·특강·시연 및 제작 과정 영상에 다수 출연하였고, 국내외에서 수십 차례의 전통사경 기획전과 초대전을 가졌으며, 최초의 사경개론서『한국의 사경』 작품집『외길 김경호 사경집』 등 여러 권의 저서와 작품집이 있다. 한국사경연구회 회장으로 2010년 대한민국 전통사경 기능전승자(노동부)로 지정되었으며,《2011 세계서예전북비엔날레 사경전》 커미셔너를 맡고 있다.

**관세음보살 42수 진언 觀世音菩薩 42手 眞言**

관세음보살은 세상 모든 사람(世)의 괴로워하는 소리(音)를 다 들으시고, 그 고통의 근원을 살펴(觀), 고통으로부터 구제하여 주시는 자비의 보살입니다. 진언은 언어 이전의 표현이나 말을 뜻하며, 관세음보살의 덕성과 가르침까지 포함하고 있다고 합니다. 관세음보살 42수 진언은 고해 속 중생들의 근기와 고통의 발원에 따라 각각 내용을 나누고 있기 때문에, 중생들이 원하는 내용의 진언을 선택하여 소리내어 외울 수 있도록 되어 있습니다. 사경 전문가 외길 김경호 선생이 제작한 '觀世音菩薩 42手 眞言'을 수록하니, 본문을 읽어내려 가다가 원하는 내용의 진언을 소리내어 읽어도 좋을 것입니다.

# 우화로 읽는
# 팔만대장경

법안스님 감수 · 진현종 엮음 · 김경호 사경

컬처북스
CULTURE BOOKS

## 엮은이 서문
# 우화 형식의 부처님 설법 가운데
# 가장 재밌으면서도 의미 깊은 내용들

 석가모니 부처님은 길에서 태어나 길에서 성도成道하고 길에서 가르치다가 길에서 열반涅槃에 드셨다. 성도에서 열반에 이르는 45년간 부처님은 인도 갠지스 강의 중하류에 위치한 여러 나라를 돌아다니며 하루도 빠짐없이 가르침을 펴셨다. 심지어는 열반에 드는 날 저녁에 찾아온 노인을 위해 설법을 하시기도 했다. 덕분에 당시의 수많은 사람들은 부처님의 설법을 듣고 그 자리에서 마음의 평화를 얻었다. 그렇게 해서 수많은 사람들의 뇌리 속에 남아 있게 된 부처님의 가르침은 입에서 입으로 전해지다가 마침내 불멸후佛滅後 5백 년경부터 문자로 기록되기 시작해서 여러 가지 언어로 번역되어 오늘날에 이르게 되었다.

 부처님이 이 세상에 계실 때 사람들은 자기가 지금 겪고 있는 괴로움이나 궁금한 점에 대해서 구체적으로 물었고, 부처님 또한 교과서적인 일반론을 펴신 게 아니라 구체적으로 그 이유와 원인을 설명해주셨다. 그렇기에 대개의 사람들은 부처님을 만난 그 자리에서 어렵지 않게 깨달음 또는 마음의 평화를 얻고 뛸 듯이 기

뻔했다고 한다. 사람들은 평범한 말로 자기의 고민을 털어놓았을 것이고, 부처님 역시 그들이 쉽게 알아들을 수 있는 평범한 말로 응대하셨으니 앞서의 말은 결코 과장이라고 할 수 없으리라. 이러한 점에서 부처님 가르침의 가장 커다란 특징은 구체성과 현장성現場性이라고 할 수 있을 것이다.

그러나 부처님이 이 세상을 떠나신 뒤로 사람들은 더 이상 그런 복을 누릴 수 없었다. 이제 남은 방법은 부처님을 직접 만났던 사람들의 기억을 통해 전해진 가르침을 정리하고 일반화해서 스스로 응용하는 것밖에 없었다. 그래서 불멸후 얼마 지나지 않아 부처님의 가르침을 총정리하는 결집結集이 시작되었고, 지혜가 뛰어난 고승대덕高僧大德들은 그 가르침의 올바른 응용을 위해 재해석하는 작업에 착수했다. 그렇게 해서 약 1천5백여 년에 걸쳐 이루어진 성과물의 대다수는 한자漢子문화권에 속한 여러 나라에서 이른바 대장경大藏經이라는 이름으로 정리 및 보존되기에 이르렀다. 그 여러 가지 대장경 가운데 가장 완벽한 편제와 보존으로 타의

추종을 불허하는 것이 바로 합천 해인사에 소장되어 있는 속칭 팔만대장경八萬大藏經임은 두말할 것도 없다. 그리고 이 팔만대장경은 동국대학교 역경원의 수십 년에 걸친 노력 끝에 한글대장경으로 완역되고, 또한 고려대장경연구소를 통해 완벽하게 전산화됨으로써 인류의 역사와 더불어 영구적으로 보존될 수 있는 기틀을 마련하게 되었으니 참으로 기쁜 일이 아닐 수 없다.

하지만 팔만대장경이라는 지존至尊의 법보法寶가 더 이상 수해나 화재 등의 위험에 시달리지 않고 길이 보존될 수 있게 되었다 하더라도 그것을 제대로 읽고 잘 응용하여 각자가 깨달음 또는 마음의 평화를 얻지 못한다면 역시 언제까지나 그림의 떡으로 남아 있을 수밖에 없다. 그림의 떡만으로는 결코 주린 배를 채울 수 없듯이 영구적 보존만으로는 고해苦海에서 기약 없이 표류하고 있는 우리들이 절실한 이로움을 얻기는 힘든 일이다. 다시 말해 팔만대장경을 잘 이용하여 사고팔고四苦八苦의 세상에서 해탈하는 길을 찾아내는 것은 어디까지나 본인 각자에게 달린 일이라는 것이다. 비록 전산화를 통해 팔만대장경을 향한 접근이 용이해지고, 한글화를 통해 이해가 그보다 훨씬 쉬워졌다고는 하지만, 팔만대장경의 방대한 양은 여전히 범부凡夫들이 선뜻 다가설 용기를 내지 못하게 하고 있는 것은 주지의 사실이다.

엮은이 역시 이 문제로 오랫동안 고민을 해오다 십여 년 전에 『한 권으로 읽는 팔만대장경』이라는 책을 펴내어 팔만대장경의 색다른 다이제스트digest를 시도한 적이 있다. 이는 엮은이 스스로는 물론 독자들을 위해 팔만대장경의 전모를 파악해보고 보다 쉽게 접근할 수 있도록 시도한 것이었다. 그리고 그 작은 성과를 바탕으로 지금에 이르도록 계속하여 팔만대장경 관련 연구 및 내용 소개 작업을 해오고 있다. 이렇게 여러 해를 지내오면서 부처님 가르침의 진정한 묘미는 심오하고 난해한 교의 속에 있는 것이 아니라 앞서 언급한 구체성과 현장성에 기초하여 일반인들이 아무런 준비도 없이 듣고 바로 이해하고 깨달을 수 있는 비유와 설화 형식의 설법에 있음을 더욱더 절감하게 되었다. 그래서 그동안 동국대학교 역경원 한글대장경과 국내외 유관 자료의 성과를 빌려 재해석 및 윤문을 통해 재정리하여 모아둔 우화 형식의 부처님 설법 가운데 가장 재밌으면서도 의미 깊은 내용들을 다시 추려서 『우화로 읽는 팔만대장경』이라는 이름으로 내놓기에 이르렀다. 이러한 작업이 팔만대장경을 자랑스럽게 여기고 아끼는 독자들에게 조금이라도 도움이 되기를 부처님 전에 발원하는 바이다.

끝으로 방송과 대중법회를 통해 늘 바쁘게 전법 활동을 하시면서도 엮은이의 원고를 기꺼이 서둘러 감수해주신 법안스님에게 감사드린다. 또한 아름다운 사경 도판으로 이 책을 장엄해 주신 한국사경연구회 김경호 회장님에게도 감사를 표한다. 그리고 엮은 이의 연구를 물심양면으로 후원해주시는 이동호 박사님께 심심한 사의를 표한다.

2011년 9월
초조대장경初雕大藏經 완성 1천 주년을 기념하며
보광普光 진현종 합장

# 차례

## 1장
## 스스로 힘쓰고 노력하여 열반의 안락을 구하라

- 14 원숭이의 콩
- 15 자라의 호기심
- 16 새장에 갇힌 비둘기 왕의 지혜
- 18 부러진 나뭇가지에 맞은 여우
- 19 얻어먹기만 하다가 목숨을 잃은 여우
- 20 세 마리 물고기의 운명
- 22 욕심을 부리다가 불에 타죽은 이
- 24 제 살로 새끼를 구하려고 한 어미 따오기
- 26 앵무새의 의리
- 28 사람을 고발한 개
- 30 까마귀의 호시절
- 32 국왕을 감동시킨 원숭이 왕
- 34 도道를 찾아나선 앵무새 왕
- 36 거북만도 못한 사람
- 38 원숭이의 경거망동
- 40 참새의 은혜를 배반한 사자
- 42 달에 간 토끼
- 44 사슴 왕의 선택
- 47 새들의 왕이 된 앵무새
- 50 비둘기 목숨의 무게
- 53 공주를 탐낸 여우
- 56 자라의 꾀
- 59 이간질하다 죽임을 당한 이리
- 62 은혜를 갚은 자라
- 66 네 마리 짐승의 괴로움
- 68 공작이 말하는 세 가지 어리석음

## 2장

얼음 속에서
불을 구하려고 하지 마라

- 74 애욕을 버려야 구한다
- 76 높은 탑에 갇힌 석공
- 77 태워야 할 것
- 79 훔쳐 입은 옷
- 81 순금과 솜
- 82 옷에 음식을 바른 스님
- 84 음식은 약처럼 먹어라
- 86 사냥꾼의 보리심
- 88 분노라는 가시
- 90 파계승과 귀신
- 92 벽지불의 유래
- 94 여인을 살리고 지옥에 떨어지다?
- 96 칠 일 후에 죽을 아이
- 98 초발심이 중요하다
- 100 덕을 베풀면 지옥에 떨어진다?
- 102 제바보살과 바라문의 대화
- 104 문수보살을 친견하고도 모르다
- 106 출가와 재가의 차이
- 108 보시를 한 죄
- 110 귀신과 두 스님
- 112 무지한 스님
- 114 몸속의 독사
- 116 낙타와 항아리를 모두 잃다
- 118 죽은 소에게 풀을 먹이려 하다
- 120 신선의 눈을 빼앗다
- 122 옷을 벗은 임금과 신하들
- 124 입속의 단맛
- 126 독나무의 뿌리
- 128 장님 부부의 세월
- 130 연자방아를 돌린 전마
- 132 나찰귀를 탄복시키다
- 134 타고 남은 재를 먹고 깨우치다
- 136 바람난 아내를 끝까지 믿은 바보
- 138 금방 자라게 하는 약
- 140 눈앞의 이익만 생각한 우유 장수
- 142 그림자에 홀린 계집종
- 144 슬기로운 새 사냥꾼
- 146 세 가지 보물
- 148 그림자 때문에 싸운 부부
- 150 가난한 이가 원앙을 흉내 내다
- 152 엉뚱한 곳에서 은발우를 찾다
- 154 어리석은 하인
- 156 즐거움에 겨워 회禍를 불러들이다

## 3장
## 마음속에 큰 도를 품고 세상을 덕화德化시켜라

- 160 구슬과 바꾼 금대야
- 162 지혜를 파는 노인
- 165 물거품으로 만든 장신구
- 168 포악한 왕을 일깨운 슬기로운 아이
- 171 목수와 화가
- 173 목수의 꼭두각시 아들
- 176 노인의 '도끼' 계산법
- 178 왕의 환생
- 181 염라대왕에게 뇌물을 주다
- 184 전쟁에서 졌지만 이긴 왕
- 186 나라를 구한 노인의 지혜
- 192 나인국에서 지켜야 할 예절
- 195 태자와 호리병 속의 미녀
- 198 미녀에게 현혹된 왕
- 200 어리석은 남자는 여자의 욕심 때문에 화를 당한다
- 204 귀신을 팔아먹은 사내
- 207 소로 태어난 아우
- 211 누구의 복이 제일 많은 것일까?
- 215 전생의 약속
- 220 두 명의 수행자
- 223 비구와 주모
- 226 구두쇠 이리사
- 229 고행 육 년의 인연
- 232 신통력을 얻어 전생의 다섯 어머니를 보다
- 235 깨달음이 없는 신통력
- 239 배우는 자의 자세

## 4장 경전을 익히고 수행하여 진정한 삶을 누려라

- 244 도의 이치
- 245 중도의 비유
- 247 사미승과 금덩이
- 248 물거품 산
- 250 목동의 소 떼
- 252 가난한 노파가 깨달은 법안
- 254 금괴가 독사가 되다
- 256 차라리 혼자서 수도修道하라
- 258 소가 되려고 한 나귀
- 260 독화살의 비유
- 262 물 위를 걸어다니는 사람
- 264 새똥이 빠진 국물
- 266 마음 속의 활과 칼
- 269 마음이 도의 근원이다
- 272 산더미 같은 보물
- 275 백 리 밖에 들리는 북
- 279 계율을 지키는 자
- 281 다섯 왕의 대화
- 284 죽음을 피할 수 있는 곳
- 287 너무 바빠서 목숨을 잃다
- 291 생사의 비유
- 293 백정과 부처님
- 296 부처님을 시험하다
- 299 겨자만 한 씨 하나
- 301 진짜 복을 구하는 방법
- 304 중생들이 믿고 의지하는 다섯 가지
- 306 먼저 세속의 때부터 씻어야 한다
- 308 아우를 내다 버린 형
- 311 보물에 눈이 먼 사문
- 313 세상에서 가장 즐거운 일
- 315 사냥꾼이 범한 살생의 죄
- 318 가진 것을 다 보시한 빈궁한 노파
- 320 아름다움의 허상
- 324 아이를 잡아먹는 귀신
- 326 경전 한 구절을 듣고 목숨을 구한 도둑
- 330 탐욕의 독으로 목숨을 버린 부부
- 334 예쁜 딸을 걸고 한 내기

- 337 팔만대장경이란 무엇인가?
- 349 관세음보살 42수 진언 외길 김경호 작품

우화로 읽는
팔만대장경
1장

## 스스로 힘쓰고 노력하여
## 열반의 안락을 구하라

# 원숭이의 콩

　원숭이가 콩 한 줌을 얻고는 좋아 날뛰다가 그만 한 알을 땅바닥에 떨어뜨렸다.

　원숭이는 그 콩을 찾기 위해 손에 있던 콩을 버리고 땅바닥을 샅샅이 뒤졌다. 그러나 끝내 그 콩 한 알을 찾지 못했고, 이미 버린 콩은 근처에 있던 닭과 오리가 모두 먹어치워 버렸다.

　거짓 출가한 자 역시 마찬가지다. 한 가지 계율을 범하고도 반성하지 않으므로 방일放逸은 더욱 깊어져 모든 것을 잃어버리게 된다. 원숭이가 콩 한 알을 잃고는 마침내 모두 버리게 되는 것과 같다.

-백유경百喩經-

# 자라의 호기심

 옛날에 자라가 있었는데, 큰 가뭄이 들자 호수와 숲이 바싹 말라 도저히 먹을 것을 구할 수가 없었다. 그러나 그 느린 걸음으로 다른 호수로 가다가는 도중에 말라 죽거나 굶어 죽을 것이 뻔해 전전긍긍하고 있었다. 그래서 같은 호수에 살고 있던 고니를 찾아가 통사정했다. 고니는 자라가 불쌍하다는 생각이 들어 자라를 입에 물고 사람들이 살고 있는 마을 상공을 가로질러 날아갔다. 자라는 가만히 있지 못하고 고니에게 물었다.

 "도대체 어디로 가는데 이렇게 쉬지 않고 가는 것이오?"

 고니는 무심결에 대답하려고 입을 열었다. 그 바람에 자라는 땅에 떨어지고 말았다. 동네 꼬마들이 난데없이 하늘에서 떨어진 자라를 불에 구워 간식거리로 삼았다.

-구잡비유경舊雜譬喻經-

# 새장에 갇힌
# 비둘기 왕의 지혜

 옛날에 5백의 무리를 거느린 비둘기 왕이 있었다. 어느 날 비둘기 왕을 포함한 이 비둘기 무리가 국왕의 동산에 가서 먹을 것을 찾아다니며 즐겁게 놀았다. 이 사실을 안 국왕은 곧 그물을 쳐서 비둘기들을 모두 잡아들였다. 국왕은 잡은 비둘기들을 전부 새장에 가두었다. 그리고 여러 가지 먹이를 먹여 살이 오르면 비둘기들을 요리로 만들어 먹으려고 했다. 이에 비둘기 왕은 침착하게 무리에게 말했다.

 "부처님께서는 항상 탐욕을 가장 경계하셨다. 탐욕으로 영화를 누리는 것은 마치 굶주린 사람이 독약을 마신 것과 같다. 만족은 순간에 불과하고 결국은 비참한 죽음을 면치 못할 것이다. 이제 너희들이 먹을 것을 탐하지 않는다면 목숨을 구할 수 있으리라."

 그러자 다른 비둘기가 말했다.

 "이미 새장 속에 갇혔는데, 장차 무엇을 바라겠습니까?"

 "부처님의 가르침을 따르지 않고 탐욕에 이끌려 제멋대로 살면 목숨을 구하기 어려우리라."

비둘기 왕은 그때부터 모이를 전혀 먹지 않고 지냈다. 그렇게 해서 몸이 바싹 말라 갔고, 결국 새장 틈으로 빠져나갈 수 있었다. 비둘기 왕은 뒤를 돌아보며 말했다.

"먹는 것을 탐하지 않고 줄이면 나와 같이 될 수 있으리라."

-육도집경六度集經-

### 앞표지
외길 김경호 선생이 제작한
'관세음보살 42수 진언'의 표지.
절첩본 장정의 형태로 표지 내용은
보상당초문을 금·은니로 장엄했다.
고려 사경 표지 중 가장 아름다운
장엄의 표지를 수정, 보완한 것이다.

# 부러진 나뭇가지에 맞은 여우

 어느 여름 날 여우 한 마리가 나무 아래에서 낮잠을 자고 있었다. 그때 마침 바람이 불어 나뭇가지가 부러지더니 자고 있던 여우의 등 위에 떨어졌다.
 자다가 날벼락을 맞은 여우는 주위를 둘러볼 새도 없이 바람처럼 달리기 시작했다.
 한참 도망가던 여우는 멀리서 그 나무의 가지가 바람에 위아래로 흔들리는 모습을 보고는 속으로 생각했다.
 '저 나무가 나를 오라고 부르는 것이다. 흥, 내가 또 당할 줄 알고! 절대 안 간다.'
 어리석은 제자들도 저 여우와 같다. 그들은 출가하여 스승의 가르침을 받다가 조금이라도 꾸중을 들으면 곧 달아나고 만다. 그 후 나쁜 벗을 만나 죽도록 고생하고 나서야 본래의 스승에게 돌아가고자 하나 그 또한 쉽지 않은 일이다.

-백유경-

# 얻어먹기만 하다가 목숨을 잃은 여우

옛날에 여우 한 마리가 있었는데, 제 힘으로 사냥은 하지 않고 사자를 따라다니며 사자가 남긴 먹이를 얻어먹는 재미에 푹 빠져 있었다. 그 모습이 무척 얄미워 보였지만 사자는 아무 말도 하지 않았다.

한번은 사자가 며칠 동안 사냥을 하지 못해 배가 고프자 여우를 불렀다. 멀리 떨어져 있던 여우는 무슨 좋은 일이 있는가 하고 달려왔다. 사자는 코로 킁킁거리며 냄새를 맡더니 한입에 냉큼 여우를 삼켜버렸다. 깜짝 놀란 여우가 사자 입속에서 소리쳤다.

"주인님, 왜 그러시는 것입니까? 제발 살려주세요."

사자는 미소를 지으며 속으로 생각했다.

'내가 그동안 얄미운 네놈을 그냥 둔 것은 사냥거리가 없는 지금 같은 날을 위한 대비책이었는데, 무슨 잔소리가 많단 말이냐?'

-경률이상經律異相-

# 세 마리 물고기의 운명

 남해의 수위水位가 어느 날 갑자기 높아져 바닷물이 육지로 밀려들게 되었다. 그때 운이 나쁜 물고기 세 마리가 파도에 휩쓸려 해변의 작은 웅덩이에 갇히고 말았다. 그러자 물고기들은 서로 이 문제를 해결하기 위해 논의했다.
 "우리들은 지금 뜻하지 않은 곤경에 처하게 되었다. 이제 방법은 하나밖에 없어. 파도가 몰아칠 때 있는 힘을 다해 파도를 거슬러 올라가면 바다로 다시 돌아갈 수 있을 거야."
 그러나 앞쪽에 고기잡이 배가 길을 가로막고 있어 물고기들은 감히 앞으로 나설 수가 없었다. 큰 파도가 웅덩이에 몰아쳤을 때 첫 번째 물고기가 먼저 있는 힘을 다해 몸을 훌쩍 솟구쳐 배를 뛰어넘어 갔다. 두 번째 물고기는 수초水草 아래 숨어서 천천히 배 밑으로 헤엄쳐 지나갔다. 그러나 세 번째 물고기는 망설이며 왔다갔다 하다가 힘을 다 써 마침내 어부에게 붙잡히고 말았다.
 첫 번째 물고기는 곧이어 닥칠 위험을 예상했기에 죽을 힘을 다해서 살 수 있었던 것이고, 두 번째 물고기는 순간적인 기지를 발

휘해 살 수 있었다. 그러나 세 번째 물고기는 작은 웅덩이가 일시적으로 안전할 뿐임에도 우유부단하게 망설이다가 기력을 모두 잃고 어부에게 붙잡힐 수밖에 없었다.

-출요경出曜經-

발원자와 시주자의 축원문을 넣기 위해 마련된 면이다. 아름다운 형태의 전통사경을 복원했으며, 특히 광곽대 안의 금강저와 법륜을 좀 더 아름답게 장엄하였다.

# 욕심을 부리다가
# 불에 타죽은 이

  옛날에 한 스님이 홀로 숲 속에 머물면서 참선을 하고 있었는데, 늘 몸에서 피를 빨아먹는 이 때문에 오랫동안 정신을 집중할 수 없었다. 이에 근심하던 스님은 이와 약속했다.
  "내가 참선할 때만은 피를 빨지 말고, 다른 때는 네 마음대로 하여라."
  이도 스님과의 약속을 지켰다.
  어느 날 다른 곳에 살고 있던 친구 이가 찾아와 물었다.
  "너는 어떻게 몸에 그렇게 윤기가 나고 살이 토실토실하게 쪘지?"
  "응, 스님하고 약속했지. 참선할 때만 빼놓고는 언제든지 피를 빨아먹어도 된다고 말이야."
  "그럼, 나도 여기 살면서 너처럼 할 수 없을까?"
  "너 좋을 대로 하렴."
  친구 이는 오랫동안 굶주려 있던 탓에 한번 피맛을 보자 정신없이 먹기 시작했다. 그 바람에 스님이 참선에 들 때가 된 것도 잊어버렸다. 참선을 하고 있던 스님은 도저히 참을 수가 없어 옷을 벗어 모닥불에 던져버렸다. 그 바람에 친구 이는 불에 타죽고 말았다.

-경률이상-

변상도에 해당하는 면으로 내용이 관세음보살 42수 진언이기 때문에 관세음보살을 그려 넣은 것이다. 한국불화도본-관세음 그 모습-의 관세음보살 출초본을 초본으로 한 것이다.

# 제 살로 새끼를 구하려고 한 어미 따오기

옛날 새끼 세 마리를 거느린 어미 따오기가 있었다. 그런데 나라에 큰 흉년이 들어, 새끼들에게 마땅히 먹일 만한 것을 구할 수가 없었다.

새끼들은 배고픔을 견디지 못해 축 늘어져 있었다. 결국 보다 못한 어미 따오기는 자기 겨드랑이 밑의 부드러운 살을 찢어 새끼들에게 먹였다. 잠시 후 기운을 차린 새끼들은 이상한 생각이 들어 저희들끼리 말했다.

"방금 어머니께서 주신 고기 냄새가 꼭 어머니 품에서 나는 냄새와 같구나. 혹시 어머니께서 우리들의 목숨을 구하기 위해 어머니의 살을 찢어 우리에게 먹인 것이 아닐까? 그래, 분명해."

새끼들은 참담한 표정을 짓고는 한동안 입을 다물었다. 이윽고 입을 모아 말했다.

"차라리 우리가 굶어죽는 한이 있더라도 다시는 어머니께서 자신의 몸을 찢는 일이 없도록 하자."

새끼들은 그 후론 어미 따오기가 건네는 고기를 본체만체하며 결코 입을 벌리지 않았다. 그러자 어미 따오기는 한숨을 지으며 다른 먹이를 구하러 둥지를 떠났다.

그때 그 모습을 지켜본 천신天神이 탄복하며 말했다.

"어머니의 하늘 같은 은혜 감히 비할 데가 없고, 자식의 효도 또한 드물게 보는 일이로다."

천신은 말을 마친 후 따오기 둥지에 여러 가지 맛난 먹이를 갖다 주었다. 그리고 그 후로 절대로 먹이가 떨어지는 일이 없게 했다.

-육도집경-

1. 여의주수진언

만일 부유하게 살고 여러 가지 귀한 보배를 갖추려거든 이 진언을 외우라

**옴 바아라 바다라 훔 바탁**

# 앵무새의 의리

 옛날에 한 앵무새가 멀리 떨어져 있는 산으로 놀러갔다. 그 산에는 여러 날짐승과 들짐승이 살고 있었는데, 모두 앵무새를 환영하며 마치 친형제처럼 대해 주었다. 신이 난 앵무새는 시간 가는 줄 모르고 그 산에서 지냈다. 하지만 어느 날부터인가 앵무새는 고향에 두고 온 가족들이 몹시 보고 싶어졌다. 그래서 앵무새는 섭섭해하는 친구들을 뒤로하고 고향으로 돌아갔다.

 몇 달 후 그 산에서 큰불이 났다. 마치 밤이 대낮처럼 환했고, 낮에는 시커먼 연기가 태양을 가려 한 치 앞을 볼 수 없었다. 앵무새는 그 숲 속 친구들이 모두 타죽을까 봐 홀로 전전긍긍하다가, 마침내 근처에 있는 호수 속에 들어가 온몸을 적셨다. 그런 뒤 그 산으로 날아가 깃털에 묻은 물을 뿌렸다. 앵무새는 오로지 친구들을 구하겠다는 생각에 수백 번 똑같은 일을 되풀이했다.

 그 모습을 지켜보던 천신이 말했다.

 "앵무새야, 너는 어찌 그리 미련하냐? 그렇게 해서 어떻게 저 큰 산불을 끌 수 있단 말이냐?"

"물론 저도 잘 압니다. 하지만 제가 얼마 전 그 산에 놀러 갔을 때 모두들 저를 친형제처럼 잘 대해 주었습니다. 그런데 어찌 그들이 타죽는 모습을 가만히 앉아 지켜볼 수 있단 말입니까?"

천신은 앵무새의 의리에 감동해 곧 구름을 불러 폭우를 내리게 했다.

-구잡비유경-

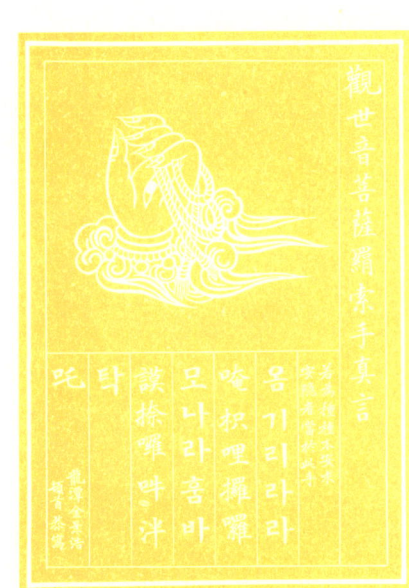

2. 견삭수진언
여러 가지 불안함 속에서 안락을
구하고자 하거든 이 진언을 외우라
**옴 기리라라 모나라 훔 바탁**

# 사람을 고발한 개

 옛날에 어떤 개가 자기 집을 나와 다른 집에 가서 몸만 문 안으로 들여놓고 꼬리는 바깥에 둔 채 밥을 얻어먹고자 했다. 그러나 그 집주인은 밥을 주기는커녕 몽둥이로 사정없이 개를 때렸다. 그러자 개는 곧 관청으로 달려가 그 집주인을 고발하며 말했다.
 "그 사람은 제가 밥을 좀 달라고 하자 이렇게 흠씬 때렸습니다. 제가 개의 법도를 어기지 않았는데도 말입니다."
 관리들이 기가 막히다는 표정으로 물었다.
 "그래, 개의 법도가 무엇이냐?"
 "개는 자기 집에 있을 때는 마음대로 드러눕고 뒹굴고 하지만, 남의 집에 가면 반드시 꼬리는 문 밖에 둡니다."
 이에 관리들은 그 집주인을 불러 물었다.
 "당신은 이 개에게 밥을 주지 않고 때린 적이 있는가?"
 "예, 그렇습니다."
 관리들은 다시 개에게 물었다.
 "네 생각에 이자를 어떻게 다스리면 좋겠느냐?"

"벼슬자리를 하나 주십시오."

"아니 그게 무슨 소리냐?"

"저는 전생에 벼슬을 했는데 그 권세를 믿고 못된 짓을 한 과보로 이렇게 개로 태어나 고생하고 있습니다. 이자는 박정薄情하기가 저보다 더하고 벼슬을 하게 되면 더 기고만장해질 것입니다. 그러면 당연히 지옥에 떨어져 말로 다할 수 없는 고통을 당하게 될 것이기 때문입니다."

-경률이상-

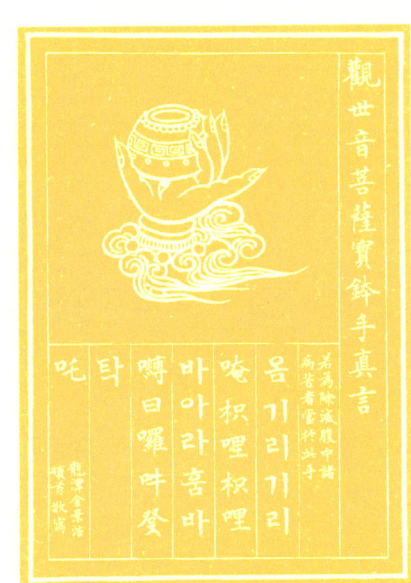

3. 보발수진언
모든 속병으로 고통 받는 자가
그 고통을 여의려거든 이 진언을
외우라
**옴 기리기리 바아라 훔 바탁**

# 까마귀의 호시절

아주 먼 옛날 저 멀리 북쪽에 '파차리波遮梨'라는 나라가 있었다. 그 나라에는 본래부터 새가 없어 백성은 새 구경을 해본 적이 없었다. 어느 날 '지환智幻'국 사람이 까마귀 한 마리를 가지고 파차리에 왔다. 파차리 사람들은 까마귀를 보자 매우 신기하게 여겼다. 칠흑같이 까만 몸에 툭 튀어나온 부리, 게다가 하늘을 날기까지 하지 않는가? 까마귀는 까악까악 듣기 싫은 울음소리를 냈지만, 사람들은 까마귀를 신비한 천상의 동물로 여겼다. 그래서 날마다 여러 가지 맛있는 먹이를 가져다주었다. 까마귀는 파차리에서 신선 같은 생활을 하며 시간 가는 줄 몰랐다.

시간이 흘러 파차리에 사는 까마귀 이야기가 전해지자, 사방에서 까마귀들이 몰려들었다. 오래지 않아 파차리는 온통 까마귀 천지가 되었다. 까마귀들은 쇳소리를 내며 울어대거나 서로 싸움을 하느라 야단법석이었다. 까마귀 똥이 거리를 온통 뒤덮을 지경이었지만, 사람들은 신물神物이라는 생각에 계속해서 맛있는 먹이를 주었다.

이렇게 몇 년이 지난 어느 날, 외국에서 한 상인이 공작 세 마리를 가지고 왔다. 파차리 사람들은 공작의 화려한 모습을 보고 신기한 나머지 눈을 떼지 못했다.

공작은 걷는 모습마저 우아해서 마치 귀부인이 걷는 모습을 보는 듯했다. 그에 비해 까마귀는 마치 송아지처럼 방정맞게 펄쩍펄쩍 뛰어다녔다. 공작의 울음소리는 마치 선녀의 목소리처럼 아름다웠으나, 까마귀의 울음소리는 귀에 거슬렸다.

공작 이야기를 전해 들은 사람들은 앞다투어 달려와 공작에게 여러 가지 맛있는 과일을 듬뿍 주었다. 사람들은 이제 혐오스럽게 생긴 까마귀를 거들떠보지도 않았다. 까마귀의 지위는 날로 떨어져 더 이상 먹을 것도 마실 것도 얻을 수 없게 되었다. 그래서 까마귀들은 모두 서둘러 파차리를 떠나고 말았다.

-생경生經-

# 국왕을 감동시킨
# 원숭이 왕

 옛날 어느 숲 속에 원숭이 왕이 5백의 무리를 거느리고 있었다. 그해 나라에 심한 가뭄이 들어 원숭이들은 먹을 것을 쉽게 구할 수 없었다.

 그 나라 왕궁은 숲 속에서 그리 멀지 않은 곳에 있었는데, 조그만 강이 그 앞으로 흐르고 있었다. 먹을 것을 구하던 원숭이 왕은 무리를 이끌고 국왕의 과수원으로 숨어들어 갔다. 그들은 오랜만에 실컷 맛난 과일을 먹었다. 하지만 과수원을 지키던 병사가 그 모습을 보고는 곧장 왕에게 달려갔다. 왕은 원숭이들이 도망가지 못하게 잘 지키라고 명령했다.

 그러자 원숭이 왕이 탄식하며 말했다.

 "배고픔 때문에 판단이 흐려져서 결국 무리를 모두 죽게 만들었구나."

 원숭이 왕은 무리를 구하고자 곧 칡을 구해오라고 했다. 원숭이들이 칡을 구해오자, 원숭이 왕은 칡을 엮어 밧줄을 만들게 했다. 밧줄이 완성되자, 원숭이 왕은 칡 밧줄을 강변에 있는 나무에 묶었다. 그리고 밧줄의 다른 쪽 끝으로 자신의 허리를 동여맸다. 그런 다음, 강을 훌쩍 뛰어넘어 반대편에 있는 나뭇가지를 붙들었다. 그러나 밧줄이 짧아 원숭이 왕의 몸이 엿가락처럼 늘어지게 되었다.

원숭이 왕은 무리에게 빨리 칡 밧줄을 타고 강을 건너라고 했다. 무리가 다 건너가자 원숭이 왕은 겨드랑이가 찢어지면서 강에 떨어지고 말았다.

이튿날 새벽 강변을 산책하던 국왕은 물에 빠진 원숭이 왕을 발견했다. 잠시 후 잡혀온 원숭이 왕이 말했다.

"미천한 축생이 배고픔 때문에 국왕의 과수원을 침범하고 말았습니다. 이 일은 모두 저로 말미암은 것이니 나머지 원숭이들은 용서해주시기 바랍니다. 죄의 대가로 벌레 같은 제 몸뚱이나마 요리사에게 갖다 주면 한 끼 반찬은 될 겁니다."

그러자 국왕이 탄식하며 말했다.

"이러한 미물도 그 무리의 우두머리라고 부하들을 끔찍이 위하는데, 나는 사람의 왕으로서 지금까지 백성을 위해 무슨 일을 했던가?"

국왕은 눈물을 흘리며 원숭이 왕을 풀어주라고 명령했다. 그리고 온 나라에 방을 붙였다. 앞으로는 원숭이가 먹는 것을 내버려 둘 것이며, 만일 원숭이를 해치는 자가 있다면 도적과 같은 죄로 처벌할 것임을 알렸다.

-육도집경-

# 도道를 찾아 나선
# 앵무새 왕

 옛날 어느 산에 앵무새 왕이 있었는데, 그를 따르는 무리가 3천이나 되었다. 앵무새들은 대나무로 가마를 만들어 왕을 태우고 노는 것을 즐겼다. 그들은 왕이 가마에서 내리면 또 서로 타보겠노라고 소란을 피워댔다. 그 모습을 본 앵무새 왕은 생각했다.
 '도대체 놀기만 좋아하고, 게다가 저렇게 수선을 떨어대니 도통 정신이 없구나. 아무래도 안 되겠다. 저들이 무언가 뉘우치도록 해야겠구나.'
 앵무새 왕은 그때부터 몸이 아프다며 음식을 먹지 않았다. 그러다가 그는 짐짓 죽은 척했다. 그러자 앵무새들은 소쿠리로 왕의 시체를 덮어놓고는 곧 다른 산으로 가버렸다. 그들이 떠나자 앵무새 왕은 자리에서 일어나 먹을 것을 찾아 배를 채웠다.
 한편 다른 산으로 떠난 앵무새들은 그곳의 앵무새 왕에게 말했다.
 "우리 왕은 이미 죽었으니 저희들을 받아주옵소서."
 "그렇다면 왕의 시체를 가져와라. 그 말이 사실이면 내가 너희들을 받아주겠노라."

앵무새들이 시체를 가지러 돌아와 보니 빈 소쿠리밖에 없었다. 깜짝 놀란 그들이 사방으로 퍼져 왕을 찾았다. 그들을 만난 왕이 말했다.

"너희들은 내가 죽자마자 뒤도 돌아보지 않고 나를 떠나갔다. 그래서 부처님이 이렇게 말씀하신 것 같구나. '이 세상에 친한 것이 없으니 오직 도에 의지할 따름이다.' 나는 너희들처럼 놀기만 좋아하고 수선을 떠는 자들과 함께 계속 생활하며 마음을 어지럽힐 생각이 조금도 없다. 나는 홀로 살며 성현들의 높은 가르침을 따르리라."

앵무새 왕이 떠나버리자, 나머지 앵무새들은 그제야 자신들의 과거 행실을 반성하며 슬퍼했다.

-육도집경-

4. 보검수진언
모든 도깨비나 귀신들의 항복을
받고자 하거든 이 진언을 외우라
**옴 예세데아 도미니 도예 삳다야 훔
바탁**

# 거북만도 못한 사람

한 사문이 12년 동안 수도를 하였으나 아직 도를 얻지 못하고 있었다. 그래서 부처님은 비구의 모습으로 변하여 그가 있는 곳에 가서서 하룻밤을 같이 보냈다. 밤이 되고 달이 뜨자 거북이 한 마리가 강에서 나와 그들이 머물고 있는 나무 곁으로 왔다. 그때 굶주린 물개가 거북을 잡아먹으려고 달려들었다. 거북은 머리와 사지를 껍질 속으로 숨겼다.

물개는 배가 고파 안달을 했지만 좀처럼 쉽게 거북을 잡아먹을 수 없었다. 물개가 힘이 빠져 떨어져 있으면 거북은 다시 고개와 사지를 내밀고 돌아다녔다. 그러다가 물개가 달려들면 다시 고개와 사지를 껍질 속으로 숨기고는 꼼짝도 하지 않았다. 그 모습을 지켜본 사문이 말했다.

"저 거북은 목숨을 보호해주는 껍질이 있어서 물개도 어쩌지 못하는 것 아니겠습니까?"

그러자 비구가 대꾸했다.

"생각해보면 사람들은 저 거북만도 못합니다. 몸이 덧없는 것이라는 사실을 모르고 늘 육정六情*을 통해 즐기려는 생각만 합니다. 악마가 그 틈을 노려 달려들면 몸은 무너지고 죽은 뒤에는 끝없이 생사를 오가면서 한량없는 고통을 당하니까 말입니다. 그러나 그 모든 것은 스스로 지은 것이니, 부디 스스로 힘쓰고 노력하여 열반의 안락을 구해야 하는 것입니다."

사문은 비구의 말을 듣고 탐심과 음욕이 끊어져 곧 아라한의 도를 얻게 되었다.

-법구비유경法句譬喩經-

* 육정: 불교에서 사물을 인식하는 여섯 가지 근본인 6근六根을 일컫는 다른 말로, 안眼, 이耳, 비鼻, 설舌, 신身, 의意를 가리킨다.

# 원숭이의 경거망동

옛날에 한 물소 왕이 물소 떼를 거느리고 초원에서 살고 있었다. 물소들은 배고프면 풀을 뜯고 목마르면 샘물로 목을 축이며 자유롭게 지냈다. 그러다가 다른 곳으로 이동할 때가 되면 물소 왕이 선두에서 무리를 이끌었다. 물소 왕은 생김새가 위풍당당하고 위엄이 있었지만 성격은 매우 유순한 편이었다.

어느 날 물소 왕이 무리를 거느리고 지나가는 모습을 근처에서 뛰놀고 있던 원숭이가 보게 되었다. 원숭이는 물소 왕에게 진흙을 뿌리고 돌을 던지며 입술을 비죽거리면서 욕을 해댔다. 그러나 물소 왕은 아무 일도 없다는 듯이 상대도 하지 않고 지나갔다.

원숭이는 물소 왕이 아무런 반응도 보이지 않자 이번에는 그 뒤를 따라오는 물소 떼에게 진흙을 뿌리고 돌을 던지며 그들을 놀렸다. 물소 떼는 화가 났지만 자신들의 우두머리인 물소 왕이 잠자코 지나는 모습을 본 터라 그들 역시 원숭이를 상대하지 않고 조용히 지나쳤다.

원숭이는 물소 떼가 아무런 반응을 보이지 않자 자기를 무서워

한다고 생각해서 매우 의기양양해졌다. 그때 무리에서 뒤처진 새끼 물소가 빠른 걸음으로 다가왔다. 신이 난 원숭이는 새끼 물소 뒤를 따르며 침을 뱉고 욕을 했다. 새끼 물소는 무척 화가 났지만 앞서 간 어른 물소 떼가 전혀 원숭이를 상대하지 않았음을 돌이키며 생각했다.

'어른들의 행실을 본받아야 해.'

그래서 새끼 물소는 앞뒤를 못 가리고 경거망동하는 원숭이를 피해 앞서 간 물소 떼를 따라가버렸다.

원숭이는 이제 자기가 천하무적이라는 망상에 빠졌다. 그때 한 무리의 사람들이 길을 따라 오고 있었다. 원숭이는 아까와 마찬가지로 재주를 피우며 사람들을 향해 진흙을 뿌리고 돌을 던졌다. 게다가 요리조리 뛰어다니면서 욕을 퍼붓기까지 했다.

사람들은 원숭이의 행동에 무척 화가 나서 원숭이를 포위해 붙잡았다. 그리고 너 나 할 것 없이 원숭이를 실컷 두들겨 팼다. 앞뒤를 분간하지 못하고 천하제일이라고 으스대던 원숭이는 결국 사람들의 손에 맞아 죽고 말았다.

-생경-

# 참새의 은혜를
# 배반한 사자

 어느 이른 아침에 사자가 큰 소리로 으르렁거리자 들판이 쥐 죽은 듯이 조용해졌다. 들판에 있던 짐승들은 혹 사자의 밥이 되지 않을까 싶어 서둘러 몸을 숨겼다. 그러나 덩치가 큰 코끼리는 마땅히 숨을 곳을 찾지 못했다. 그때를 놓치지 않고 사자는 바람처럼 코끼리에게 달려들었다. 사자는 코끼리를 죽여 정신없이 먹다가 그만 목에 뼈가 걸려 거의 죽을 지경에 이르렀다. 사자는 근처에 있던 참새에게 부탁했다.
 "네가 목에 걸린 뼈를 빼내 내 목숨을 구해주렴. 그러면 훗날 먹이를 구하면 네 은혜를 절대 잊지 않을게."
 참새는 곧 사자의 입속으로 들어가 있는 힘을 다해 목에 걸린 뼈를 빼냈다. 그런데 그 후 사자는 맛있는 먹이를 먹을 때 참새가 날아와서 한 입 달라고 하면 시치미를 뚝 뗀 채 무시해버렸다. 이에 화가 난 참새가 말했다.
 "죽어가는 목숨을 구해주었더니, 은혜도 모르고 어찌 이렇게 박정하게 대할 수 있단 말이냐?"

사자는 눈 하나 깜짝이지 않고 태연하게 말했다.

"네놈이 이제 내 입을 벗어났다고 함부로 지껄이는구나."

사자는 어흥 하며 참새를 위협하고는 자리를 떴다. 이에 참새가 속으로 생각했다.

'이 배은망덕한 놈, 내 네가 죽을 때까지 따라다니며 괴롭히리라.'

얼마 후 사자는 커다란 사슴을 공격해서 배를 채우고는 달콤한 낮잠을 즐기고 있었다. 참새는 이때다 싶어 사자의 이마 위에 내려앉아 있는 힘을 다해 사자의 한쪽 눈을 쪼아버렸다. 마른하늘에 날벼락을 맞은 듯 깜짝 놀란 사자가 일어나 한 눈으로 주위를 둘러보았다. 다른 짐승은 보이지 않고 참새가 근처 나뭇가지에 걸터앉아 있는 모습이 보였다. 사자는 아픔을 참고 씩씩거리며 말했다.

"무엇 때문에 이런 짓을 한 게냐?"

"너는 백수의 왕이라고 자처하면서도 은혜를 갚지 않고 도리어 나를 위협하기까지 했다. 이 인정머리 없는 놈아, 그만한 것도 다행이라 생각해라."

말을 마친 참새는 휘파람을 불며 멀리 날아가 버렸다.

-경률이상-

# 달에 간 토끼

  한 숲 속에서 여우와 원숭이 그리고 토끼가 사이좋게 살고 있었다. 그때 천제天帝가 그들의 덕행을 시험해보고자 노인으로 변해 동물들에게 물었다.
  "너희들은 사이좋게 잘 지내고 있느냐?"
  세 동물은 입을 모아 말했다.
  "우리는 맛있는 풀이 자라는 초원에서 자유롭게 뛰어다닙니다. 그리고 숲 속에서 다른 짐승들과 재미있게 놀며 편안히 지내고 있습니다."
  "듣자 하니 너희들의 우애가 대단하다고 해서 늙은 몸을 이끌고 이렇게 먼 길을 왔단다. 지금 나는 무척 배가 고픈데, 너희들이 먹을 것을 좀 갖다주지 않으련?"
  "여기서 잠깐 기다리고 계시면, 저희들이 먹을 것을 찾아다 드리겠습니다."
  그리고 세 동물들은 각자 먹을 것을 찾아 나섰다. 여우는 강가로 가서 잉어 한 마리를 잡아왔고, 원숭이는 숲 속에서 여러 가지 과일을 따서 노인에게 주었다. 그러나 토끼만은 먹을 것을 찾지 못해 빈손으로 돌아왔다.

그러자 노인이 말했다.

"너희들 마음이 한결같지는 않은 모양이구나. 여우와 원숭이는 말한대로 먹을 것을 가져왔는데, 토끼는 그냥 빈손으로 돌아왔구나."

노인의 말을 들은 토끼는 매우 부끄러워하며 여우와 원숭이에게 말했다.

"너희들이 가서 땔나무를 구해오렴. 그러면 아주 맛있는 음식을 마련해 드릴 수 있어."

잠시 후 여우와 원숭이는 땔나무를 잔뜩 구해서 돌아왔다. 그것들을 쌓아놓고 불을 붙이자 이내 땔나무는 맹렬한 기세로 타올랐다.

그때 토끼가 말했다.

"인자한 노인이시여, 저는 당신의 요구를 들어주지 못했습니다. 이에 이 비천한 몸을 바쳐 노인장에게 공양하려고 합니다."

토끼는 말을 마치자마자 불 속으로 뛰어들었다. 그러자 노인은 원래의 모습으로 돌아가 불 속에서 토끼의 뼈를 꺼내 들고는 무척 감격해하며 여우와 원숭이에게 말했다.

"토끼의 행동은 정말 감동적이었다. 나는 토끼를 데리고 달로 가서 인간들이 영원히 토끼의 공덕을 기리게 할 참이다."

그래서 달에는 한 마리의 토끼가 살게 되었다고 한다.

-대당서역기大唐西域記-

# 사슴 왕의 선택

옛날 어느 숲 속에 사슴 왕이 살고 있었다. 그 사슴은 몸이 오색五色으로 빛났고 많은 사람이 탐낼 만큼 웅장하고 아름다운 뿔을 가지고 있었다. 이 사슴 왕을 따르는 무리는 수천이나 되었다.

어느 날 국왕이 사냥을 나왔다. 놀란 사슴들은 이리저리 도망을 쳤다. 그러다 잘못하여 절벽에서 떨어지거나 바위에 부딪혀 죽었다. 그리고 활이나 칼에 맞아 죽기도 했다. 간신히 목숨을 구한 사슴들 역시 온몸이 상처투성이였다.

사슴 무리의 참담한 모습을 보고 사슴 왕은 눈물을 흘리며 말했다.

"사슴 무리의 왕으로서 좀 더 슬기롭게 생각했어야 하는데……. 안전을 생각하지는 않고, 다만 좋고 맛있는 풀만 좇아 국왕의 동산에 가다니…… 결국 수많은 사슴들이 나 때문에 죽은 셈이다. 아! 이 모든 일의 책임은 내게 있다."

사슴 왕은 곧 국왕이 살고 있는 궁전을 향해 홀로 길을 떠났다. 사슴 왕을 본 백성은 모두 신기해하며 입을 모아 말했다.

"우리 대왕이 지극한 덕이 있으시기에 신록神鹿이 나타난 것이다. 이것은 상서로운 일이니, 절대 저 사슴을 다치게 해서는 안 된다."

이윽고 사슴 왕은 국왕 앞에 나아가 무릎을 꿇고 말했다.

"미천한 축생들이 먹고 살고자 그만 국왕의 동산에 들어갔습니다. 그곳에서 풀을 뜯다가 수많은 무리가 죽임을 당하고 또 생이별을 하게 되었습니다. 자비로운 대왕이시여! 차라리 필요한 사슴의 수를 미리 알려주시면, 제가 알아서 궁중 요리사에게 보내도록 하겠습니다."

"요리를 위해 쓰는 사슴은 하루에 한 마리에 불과하다. 하지만 너희 사슴들이 나의 사냥으로 인해 그런 참사를 겪었다니……. 이제 다시는 사냥을 하지 않으리라."

사슴 왕은 무리에게로 돌아갔다. 그리고 국왕과 한 약속을 들려주며 그들을 설득했다.

사슴들은 날마다 한 마리씩 순번을 정해 요리사에게 가기로 했다. 차례를 당한 사슴들은 사슴 왕에게 하직 인사를 하고 떠났다. 사슴 왕은 울면서 그들을 위로했다.

"목숨이 있는 모든 것은 결코 죽음을 피할 수 없다. 이 모든 게 우리 무리를 위한 일이니, 결코 저 인간의 왕을 원망하지는 말아라."

그러던 어느 날 임신한 암사슴의 차례가 되었다. 암사슴은 사슴 왕을 찾아가 애원했다.

"왕이시여, 죽음이 두려워 부탁드리는 것은 아닙니다. 다만 뱃속에 아기가 있으니 아기를 낳을 때까지만이라도 차례를 연기해

주시길 바랍니다."

그러자 암사슴 다음 차례인 사슴이 울부짖었다.

"원래대로 하면 하루 동안의 목숨이 남아 있는데, 갑자기 오늘 가라고 하시면 천추의 한이 될 것입니다."

사슴 왕은 그 말을 듣고 비통해하다가 날이 밝자 자신이 직접 요리사에게 갔다. 요리사는 사슴 왕이 온 것을 보고 곧 왕에게 알렸다. 왕이 그 까닭을 묻자 사슴 왕은 사실대로 털어놓았다. 그러자 왕이 탄식하며 말했다.

"미물에 불과한 축생들도 자신의 몸을 죽여 무리를 위하려 하거늘, 하물며 사람의 왕이 되어서는 날마다 중생의 목숨을 죽여 내 몸을 살찌우려 하다니. 이것은 짐승만도 못한 짓이다."

왕은 곧 사슴 왕을 돌려보내고 전국에 방을 붙이게 했다.

'만약 사슴을 해치는 자가 있으면 사람을 해친 것과 똑같이 처벌하리라.'

그 후로 왕과 여러 관료들이 먼저 인자한 마음으로 살생을 하지 않았으니, 백성은 물론 뭇 짐승들 역시 태평성대를 맞게 되었다.

-육도집경-

# 새들의 왕이 된
앵무새

눈 덮인 산의 양지바른 곳에 수많은 새들이 모여 살고 있었다. 그러던 어느 날 여러 새들이 모여 그들을 대표하는 왕을 뽑기로 했다.

"선거를 해서 왕을 뽑도록 하자. 그렇게 해서 왕을 중심으로 뭉치면 어떠한 적도 물리칠 수 있을 것이다."

"좋은 생각이다. 그런데 누구를 왕으로 뽑아야 할까?"

"나는 학을 추천하고 싶다."

"학은 안 돼! 왜냐하면 학은 다리도 길고 목도 길다. 만일 다른 새들이 눈에 거슬리는 행동을 하면 학은 그 새의 머리를 쪼아버리고 말 거다."

"맞아, 맞아!"

"나는 거위를 추천한다. 거위는 순백의 깃털을 가지고 있으니 뭇 새들이 존경할 만하다."

"거위도 안 돼! 거위의 깃털이 희고 깨끗하기는 하지만 그 목은 휘어지고 또 길다. 자기의 목도 곧지 못한데, 어떻게 일을 공정하게 처리할 수 있겠어?"

"공작이 좋겠다. 공작의 날개는 오색찬란해서 보는 이들을 기쁘게 한다. 그가 왕이 된다면 모두들 화목하게 지낼 수 있을 거야."

"공작의 날개가 아름다운 것은 사실이지만 그는 부끄러움을 모른다. 매번 춤출 때마다 온갖 추태를 다 보인단 말이다. 또 잘난 척하기도 좋아한다. 그가 왕이 되면 우리들도 나쁘게 물들고 말 것이다."

"나는 부엉이를 추천한다. 그는 낮에 쉬고 밤에 활동하니 우리들을 보호할 수 있다. 그러니 왕이 되기에 충분하다."

그러자 여러 새들이 고개를 끄덕였다.

"옳소! 옳소!"

그때 총명한 앵무새 한 마리가 남들이 하는 말을 참을성 있게 끝까지 듣다가 부엉이를 추천한다는 말에 고개를 갸우뚱거리며 생각했다.

'좋은 생각이 아냐. 새의 습성은 밤에 잠을 자고 낮에는 이리저리 먹이를 찾아 돌아다니는 것이다. 그러나 부엉이는 밤에는 깨어 있고 낮에는 잠을 잔다. 그가 왕이 되면 주위의 신하들은 모두 밤낮으로 깨어 있어야 하니 얼마나 고통스럽겠는가? 내 생각을 말하면 부엉이가 화를 낼 뿐만 아니라 그 보복으로 내 깃털을 모두 뽑아버릴지도 모른다. 그렇다고 그냥 가만히 있으면 여러 새들이 고생을 하게 될 것이다. 아, 어떻게 한다? 자기 생각만 하면 큰일에 해를 끼칠 수 있어. 모두를 위하고 또 정의를 위해서라면 깃털이 뽑히는 아픔을 참아야겠지.'

생각이 여기에 이르자 앵무새는 자신의 의견을 발표했다. 그 말을 들은 여러 새들이 잠시 생각해 본 후 말했다.

"나이가 많다고 해서 슬기로운 것은 아니구나. 너는 어리지만 제법 슬기롭구나."

다시 앵무새가 덧붙였다.

"내 말이 이해가 가면 부엉이를 왕으로 뽑아서는 안 돼. 부엉이가 웃을 때 뭇 새들은 공포감을 느끼는데, 그가 화라도 내면 어떨지 생각해 봐."

"앵무새 말이 옳소!"

이에 뭇 새들은 이렇게 결정했다.

"이 앵무새는 총명하고 슬기로우니 우리들의 왕이 되기에 적합하다. 그를 왕으로 뽑자."

이렇게 해서 앵무새는 새들의 왕으로 추대되었다.

-법원주림法苑珠林-

# 비둘기 목숨의 무게

옛날에 백성을 무척 사랑하는 인자한 국왕이 있었다. 그 국왕의 이름은 살바달(薩婆達)이었다.

국왕은 자주 보시회를 열어 백성에게 각종 의복과 약품, 음식 등을 나누어주곤 하였다. 그리하여 온 백성은 살바달 국왕을 마치 친아버지처럼 따르고 존경했다. 그 사실을 알게 된 제석천(帝釋天)은 불안해졌다.

"내가 처음부터 이 자리에 있었던 것은 아니다. 보통 사람이라도 계율을 지키고 한량없는 자비를 베풀면, 목숨이 다한 뒤에 천상에 태어나 이 자리를 차지할 수 있다. 아, 저 국왕이 장차 내 자리를 빼앗을까 두렵구나."

제석천은 곧 한 귀졸(鬼卒)에게 일렀다.

"저 인간의 왕이 자비롭기 그지없어 장차 내 자리를 빼앗을 생각을 하고 있을까 두렵구나. 너는 지금 비둘기로 변신해 살바달 왕에게 가서 살려달라고 애원하라. 그러면 난 매로 변해서 왕에게 너를 내놓으라고 할 것이다. 자비로운 살바달 왕은 널 구하려고 하겠지. 그러면 난 비둘기를 포기하는 대신 왕에게 무리한 요구를 할 것이다. 그때 만약 그가 널 도와주려던 것을 조금이라도 후회하는 생각을 한다면 난 안심할 수 있으리라."

귀졸은 곧 비둘기로 변신해 날아가 국왕의 발밑에 떨어져 애원했다.

"국왕님, 제발 저 좀 살려주세요."

"두려워하지 마라. 내가 너를 보호하리라."

국왕의 말이 끝나자마자 곧 매가 뒤쫓아와서 말했다.

"국왕이여, 내 먹이인 저 비둘기를 내놓으시오."

"비둘기가 나를 찾아와 구해 주기를 부탁하는데, 어찌 모르는 척할 수 있단 말이냐? 이미 부탁을 들어준다고 약속했기 때문에 결코 식언食言할 수 없다. 네가 정녕 배가 고파 고기를 구한다면 원하는 만큼 주리라."

"나는 지금 오직 비둘기가 먹고 싶을 뿐 다른 고기는 필요 없습니다. 국왕은 인자하시기로 소문이 났는데, 어찌 내 먹이를 빼앗으려고 합니까?"

"그래도 난 약속을 저버릴 수는 없다. 도대체 어떻게 하면 네가 비둘기를 놓아주겠느냐?"

"정녕 자비로운 마음에서 비둘기를 지키고자 한다면, 국왕의 살을 비둘기 무게만큼 베어서 주십시오."

"좋다. 그렇게 하리라."

국왕은 곧 자신의 넓적다리를 비둘기 무게만큼 베어서 주었다. 그런데 저울이 계속 비둘기 쪽으로 기울었다. 결국 몸의 살덩이를 거의 다 베어내도 비둘기 무게와 같아지지 않았다.

국왕은 극심한 고통을 느꼈다. 하지만 오직 비둘기를 살리려는 마음으로 꾹 참으면서 곁에 있던 신하에게 말했다.

"너는 지금 당장 나를 죽여 내 골수를 달아서라도 비둘기의 무게와 같게 만들어라."

죽기를 각오하고 비둘기를 살리려는 국왕의 인자한 마음을 확인한 제석천과 귀졸은 곧 본래의 몸으로 돌아갔다. 그리고는 머리를 숙이며 말했다.

"어리석게도 국왕이 천상의 내 자리를 빼앗을까 두려워 시험을 해보았습니다. 이제 국왕이 원하시는 일은 무엇이든지 말씀해 주십시오."

"내 몸을 전과 같이 만들어주시오. 그리고 내가 중생들에게 더 많은 보시를 해서 그들을 구제할 수 있게 도와주시오."

-육도집경-

- 제석천: 수미산 꼭대기 도리천의 임금으로, 불법佛法과 불법에 귀의하는 사람들을 보호하고 아수라의 군대를 정벌한다는 천신.

## 공주를 탐낸 여우

먼 옛날 한 선인(仙人)이 동굴 속에서 열심히 경전을 읽고 있었다. 마침 그 주위를 어슬렁거리던 여우 한 마리가 그 소리를 듣다가 알아듣는 바가 있어 속으로 생각했다.

'나처럼 저 선인이 읽는 경전을 알아들을 수 있다면, 능히 모든 짐승의 왕이 될 수 있으리라.'

여우는 이리저리 돌아다니다가 바싹 여윈 다른 여우를 만나자 곧 달려들어 죽이려 했다. 그러자 그 여우가 말했다.

"왜 나를 죽이려고 합니까?"

"짐승의 왕을 몰라보고 예의를 표하지 않았기 때문이다."

"그럼 죽이지만 말아주십시오. 제가 왕으로 모시고 따르겠습니다."

잠시 후 두 마리 여우는 또 한 마리를 만나자 협박하면서 자꾸 숫자를 늘려가더니 이윽고 모든 여우를 복종시켰다. 그리고 여우 떼를 이용해서 코끼리들을 굴복시키고, 코끼리 떼로는 호랑이를 그리고 호랑이 떼로 사자들을 굴복시켜 마침내 백수의 왕이 되었다. 그러자 여우는 속으로 생각했다.

'이제 명실공히 백수의 왕이 되었으니, 짐승을 아내로 삼아서는 품위가 없으리라.'

여우는 커다란 흰 코끼리의 등에 올라탄 후 뭇 짐승들을 이끌고 가이국迦夷國으로 가서 성을 몇 겹으로 포위했다. 그러자 가이국의 왕이 사신을 보내 물었다.

"도대체 무슨 일로 성을 포위하느냐?"

여우가 대답했다.

"나는 백수의 왕으로 가이국 왕의 딸에게 장가를 들려 한다. 만일 허락하지 않는다면 당장 가이국을 멸망시키리라."

사신이 돌아와 여우의 말을 전하자 왕은 여러 신하를 불러놓고는 의논을 했다. 그런데 한 대신을 제외하고는 모든 신하들이 입을 모아 말했다.

"공주님을 내주십시오. 우리가 믿을 것은 코끼리와 말뿐입니다. 그러나 그들에게는 사자가 있습니다. 코끼리와 말은 사자의 포효를 들으면 그만 기가 꺾여 반드시 앞으로 나아가려 하지 않을 것입니다. 그러면 우리 병사는 모두 그 자리에서 죽임을 당할 수밖에 없습니다. 어찌 따님 한 분을 애석하게 여겨 나라를 망칠 수 있단 말입니까?"

이때 슬기로운 대신이 입을 열었다.

"신이 고금을 살펴보건대 인간의 공주를 짐승에게 시집보냈다는 소리를 들어본 적이 없습니다. 신의 생각으로는 저 백수의 왕을 자칭하는 여우만 해치우면 다른 짐승들은 자연히 흩어질 것이 분명합니다."

그러자 왕이 물었다.

"그럼, 무슨 계책이라도 있소?"

"사신을 보내 싸울 날을 정하고, 여우에게 간곡히 부탁을 하나 하십시오. 사자로 하여금 먼저 싸움을 하고 그 뒤에 포효하게 하라고 말씀입니다. 그러면 여우는 우리에게 무슨 꿍꿍이가 있다 생각하고 반드시 먼저 사자로 하여금 포효하게 할 것입니다."

이윽고 싸울 날이 되자 왕은 명을 내려 모든 병사들에게 솜으로 귀를 막고 성문을 나서게 했다. 곧이어 양쪽이 들판에서 막 맞붙어 싸우려 할 때 과연 여우는 사자로 하여금 먼저 포효하게 했다. 사자가 우렁차게 포효하자 여우는 심장이 찢어져 흰 코끼리의 등에서 땅으로 곤두박질쳤고, 뭇짐승들은 어지럽게 흩어져버렸다.

-경률이상-

# 자라의 꾀

옛날에 화환花環을 만드는 이가 있었다. 그는 강변에 화원을 만들어 여러 가지 꽃들을 가꾸고 있었다. 그런데 그 강 속에는 커다란 자라가 한 마리 살고 있었다.

어느 날 자라는 먹이를 찾아 뭍에 올라왔다. 자라는 이리저리 돌아다니다가 화원 안으로 들어가게 되었다. 자라는 쿵쿵거리며 화원을 들쑤시고 다녔고, 꽃들을 모두 짓밟아버렸다. 화원의 주인은 꽃을 따러 왔다가 그 모습을 보고 화가 머리끝까지 났다. 그는 자라를 잡아 광주리 속에 집어넣었다. 그리고는 어떻게 요리를 해서 먹을까 하고 입맛을 다셨다.

그때 자라는 생각했다.

'어떻게 해야 이 난국에서 벗어날 수 있을까? 무슨 좋은 수가 없을까?'

이리저리 궁리를 하던 자라는 결국 사내를 속이기로 했다.

자라는 광주리 속에서 노래를 부르기 시작했다.

나는 물에서 밖으로 나오느라 온몸이 진흙투성이라네
당신은 이제 꽃을 내려두고 내 몸의 진흙을 씻어야 하리
그렇지 않으면 이 진흙은 너무나 더러워서
곧 당신의 꽃과 광주리를 더럽히고 말리

그 노래를 들은 사내는 생각했다.

'맞아. 자라의 노래는 일리가 있어. 먼저 자라를 깨끗이 씻어야겠다.'

그는 강변으로 가서 강물에 자라를 씻으려고 했다. 그 순간 자라가 죽을 힘을 다해 쏜살같이 사내의 손을 빠져나갔다. 사내는 순간 아차 하고 생각했지만, 자라는 이미 물속으로 숨어버린 지 오래였다.

사내는 다시 생각했다.

'요놈의 자라가 감히 날 속여? 그렇다면 좋아. 이번에는 내가 너를 속여 물에서 나오게 해주마.'

사내는 강을 향해 노래를 불렀다.

착한 자라야, 내 얘기 좀 들어보렴
너는 친한 친구가 무척 많을 테니
내가 예쁜 화환을 만들어 너에게 걸어주면
집에 돌아가 실컷 자랑할 수 있으리

사내의 노래를 들은 자라는 속으로 비웃었다.

'저자가 지금 새빨간 거짓말로 날 속이려 드는구나. 어머니는 몸져 누워 있고, 누나와 함께 화환을 만들어 겨우 입에 풀칠이나 하는 주제에 내게 줄 화환이 어디 있겠어? 내가 물 밖으로 나가면 당장 잡아먹으려는 속셈이 분명해.'

자라는 다시 노래를 불렀다.

지금 당신 집에선 손님들이 기다리며
술을 빚고 갖가지 맛있는 요리를 준비하고 있네
당신은 집에 달려가 이렇게 말하고 싶겠지
여기 맛있는 자라 고기가 생겼어

노래를 마친 자라는 더욱 깊은 물속으로 사라져버렸다.

-불본행집경佛本行集經-

# 이간질하다 죽임을 당한 이리

 옛날에 한 설산에 호랑이와 사자가 사이좋게 살고 있었다. 그들은 먹이를 구하면 서로 불러 나눠먹는 가족 같은 사이였다. 어느 날 이리 한 마리가 그들을 찾아와 말했다.

 "나도 당신들과 더불어 친구가 되고 싶으니 받아주셨으면 합니다."

 호랑이와 사자는 이리를 흔쾌히 받아들였고, 이리는 두 맹수가 먹다 남긴 고기를 먹으면서 지냈다. 그들 덕에 힘 하나 들이지 않고 끼니를 때워가던 이리는 생각했다.

 '저들은 사이가 무척 좋아 서로 털을 핥아주기까지 한다. 만약 고기를 구하지 못하게 되면 저들은 서로를 해치는 대신 분명 나를 잡아먹고 말리라. 아무래도 무슨 수를 써야겠다.'

 이리는 먼저 사자에게 가서 말했다.

 "사자님, 호랑이가 흉심(凶心)을 품고 있는 것 같습니다. 그가 말하기를 먹이를 얻는 것은 모두 자기 힘 덕분이라고 했습니다."

 "그럴 리가?"

 "만일 그가 당신의 털을 핥아주겠다고 하면 조심해야 합니다."

이리는 이번에는 호랑이를 찾아가 말했다.

"사자는 속으로 당신을 무척 미워하고 있습니다. 그는 고생은 자기만 하고 당신은 무위도식한다고 생각하고 있습니다."

"그게 정말이냐?"

"그가 당신의 털을 핥으려고 하면 흉계(凶計)가 있음을 아셔야 합니다."

이때부터 사자와 호랑이는 서로를 경계하고 멀리하기 시작했다. 그러다가 이대로는 있을 수 없다고 생각한 호랑이가 먼저 사자를 찾아가 흉금(胸襟)을 털어놓고 말했다.

"혹 자네, 나를 해칠 생각을 하고 있지 않은가?"

"누가 그러던가?"

"이리가 와서 그렇게 말했네."

"이리는 도리어 자네가 나를 해칠 생각을 하고 있다던데?"

"내가 그럴 리 있겠는가? 그동안 우리는 사이좋게 지내온 친구 아닌가?"

"그렇다면 그놈의 이리가 우리를 이간질하려고 한 것이 분명하네."

사자가 이어 게송(偈頌)을 읊었다.

사이좋은 벗은
남의 말을 듣고 서로 비방하지 않고
이간하는 자를 믿지도 않나니
그런 자를 믿어 헤어지게 되면
그자에게 먹히는 꼴이 되고 말리

화합은 마치 물이나 젖과 같나니
저 조그만 이리 녀석이
천성이 모질고 흉악해서
입은 하나에 혀는 두 개를 가졌구나

 호랑이와 사자는 곧 이리를 찾아가서 두 갈래로 찢어 죽여버렸다.

-경률이상-

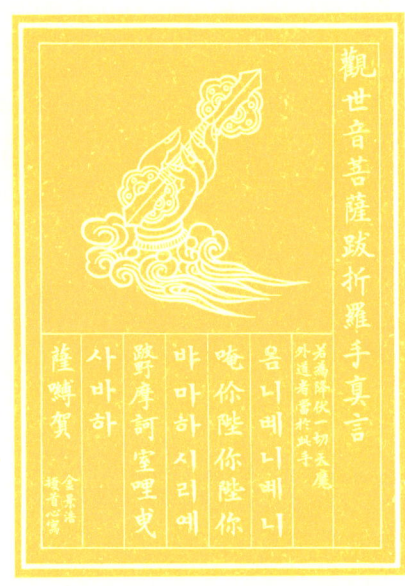

5. 발절라수진언
모든 천상의 마구니나 외도들의
항복을 받으려거든 이 진언을
외우라
**옴 니베 니베 니바 마하시리예
사바하**

# 은혜를 갚은 자라

옛날에 한 부자가 있었는데, 그는 부처님의 가르침을 따라 자비로 중생들을 보살피고 있었다. 어느 날 그는 시장에 나갔다가 사로잡힌 자라를 보았다. 측은한 생각이 든 그는 자라의 값을 물어보았다. 그런데 영악한 자라 장수는 더 많은 돈을 받고자 부자의 자비심을 자극하기로 했다.

"백만 냥입니다. 만약 사가는 사람이 없으면 이 자라를 삶아먹을 작정입니다."

부자는 백만 냥을 주고 자라를 사서 집으로 가져갔다. 자라를 깨끗한 물로 씻고 상처를 치료해준 다음, 강가로 가서 풀어주었다. 그런데 그날 한밤중이었다. 그 자라가 다시 돌아와 문을 두드리는 것이었다. 부자가 나가 보니 자라가 말했다.

"제가 은혜를 입어 목숨을 구했습니다만, 마땅히 보답할 것이 없습니다. 다만 저는 물에 사는 짐승이라 물에 대해서는 잘 알고 있습니다. 곧 대홍수가 일어날 테니 서둘러 커다란 배를 만들어 그때를 대비하십시오."

고맙다는 인사를 한 부자는 홍수로 중생들이 해를 입을 것이 걱정되었다. 그래서 아침이 되자마자 궁으로 달려가 그가 들은 대로 왕에게 아뢰었다. 평소 부자의 성실함을 익히 알고 있던 왕은 곧 명령을 내렸다. 낮은 곳에 사는 백성은 모두 높은 산 위로 이주시켰다. 이윽고 비가 내리자 자라가 다시 와서 말했다.

"이제 곧 큰 홍수가 일어날 테니, 어서 배에 타서 저를 따르십시오. 그러면 환난을 벗어날 수 있을 것입니다."

이렇게 해서 자라가 앞장을 서고 부자의 배가 그 뒤를 따르게 되었다. 한참을 가다 보니 뱀이 떠내려가고 있었다. 부자는 곧 긴 장대로 뱀을 건져 배에 실었다. 그리고 물에 빠져 허우적거리는 여우도 구해주었다. 그 모습을 본 자라는 무척 기뻐했다. 이번에는 한 사람이 떠내려가며 살려달라고 아우성을 치고 있었다. 부자가 건져주려고 하자 자라가 말했다.

"사람들은 믿을 바가 못 되니 건져주지 마십시오."

"짐승들도 건져 살리는데, 어찌 사람을 그냥 죽도록 내버려둘 수 있겠느냐? 차마 그렇게 할 수 없다."

부자가 그 사람을 건지자 자라는 안타까워했다. 이윽고 마른 땅이 나타나자 자라가 말했다.

"이제 은혜를 갚았으니 저는 물러가겠습니다."

뱀과 여우도 인사를 하고 떠났다.

얼마 후 여우는 새 보금자리를 마련하려고 땅을 파다가 금 백 근을 발견하고는 생각했다.

'그 부자에게 은혜를 갚아야겠다.'

여우는 곧 부자에게 달려가 말했다.

"제가 땅을 파다가 이 금을 발견하였습니다. 결코 무덤이나 남의 집에서 훔친 것이 아니니 받아주시기 바랍니다. 제 목숨을 살려주신 은혜에 대한 자그마한 보답이라고 생각해주십시오."

부자는 받지 않으려다 생각을 고쳤다.

'받지 않고 그냥 두면 무엇 하겠는가? 차라리 이 금으로 여러 백성을 도울 수 있게 된다면 그 또한 좋은 일 아니겠는가?'

부자가 금을 받아들자, 물에 빠졌던 사람이 자기에게도 반을 나눠달라고 했다. 부자는 그에게 금 열 근을 주었다. 하지만 그 사람은 화를 벌컥 내며 말했다.

"당신이 남의 무덤을 파서 금을 훔쳤으니, 내게 반을 주지 않는다면 관가에 알릴 것이오."

"그게 무슨 소리오? 나는 여우가 준 금을 백성에게 고루 나눠주려고 하는 것뿐이오."

이에 그 사람은 곧장 관가로 달려가 고발했다. 부자는 병사들에게 잡혀 옥에 갇히고 말았다. 그 사실을 알게 된 여우와 뱀은 서로 의논했다.

"이 일을 어떻게 할까?"

잠시 후 뱀이 말했다.

"내가 한번 구해볼게."

뱀은 어디선가 신약神藥을 구해서 옥으로 기어들어 갔다. 뱀은 부자를 만나자 이렇게 말했다.

"이 약을 잘 간직하십시오. 저는 지금 궁중으로 들어가 태자를 물 것입니다. 그러면 곧 독이 퍼져 태자는 사경을 헤맬 것입니다. 이 약 말고는 그 어떤 약으로도 해독이 되지 않을 테니, 그때 태자를 고칠 수 있다고 말하면 풀려나실 수 있을 것입니다."

뱀의 말대로 독이 퍼진 태자는 사경을 헤매게 되었다. 그러자 왕이 칙령을 내렸다.

"내 아들을 살릴 수 있는 사람이 있다면 승상으로 임명하리라."

이에 부자는 옥졸을 통해 뱀이 준 신약을 태자에게 보냈다. 태자가 그 약을 먹고 곧 몸이 회복되자, 왕은 부자를 불러 옥에 갇히게 된 이유를 물었다. 부자가 자초지종을 설명했다. 왕은 곧 물에 빠졌던 사람을 수배해서 목을 베어버렸고, 부자를 승상에 임명해 함께 국정을 다스렸다.

-육도집경-

# 네 마리 짐승의 괴로움

아주 먼 옛날에 정진력精進力이라는 이름을 가진 비구가 살고 있었다. 이미 오래 전에 오신통五神通*을 얻은 그는 깊은 산속에 살며 나무 밑에서 부지런히 도를 닦았다. 그런데 그 산 근처에는 까마귀와 비둘기, 독사와 사슴이 사이좋게 살고 있었다.

어느 날 저녁, 그 네 마리 짐승이 한자리에 둘러앉아 이야기를 나누고 있었다. 그때 이 세상에서 무엇이 제일 괴로운 것인가, 하는 이야기가 나왔다. 네 마리 짐승은 돌아가며 한마디씩 했다.

먼저 까마귀가 말했다.

"뭐니 뭐니 해도 배고픈 게 제일 괴롭지. 배가 고프면 정신마저 혼미해지잖아. 그래서 그물에 걸리기도 하고, 작살이나 칼날도 제대로 살피지 못하잖아? 우리가 죽는 것도 다 배고픔 때문이야."

그러자 비둘기가 말했다.

"내 생각엔 색욕이 가장 괴로운 것 같아. 색욕이 생기면 눈에 보이는 게 없지. 그러다가 결국 몸을 망치고 급기야는 목숨을 잃기도 하잖아?"

다음으로 독사가 말했다.

"화 내는 것이 가장 괴로운 일 아닐까? 화가 머리끝까지 오르면, 눈앞에 보이는 것이 없지. 친구고 뭐고 따지지 않고 죽이려 들고, 더 심하면 스스로 목숨을 끊는 경우도 있지."

마지막으로 사슴이 말했다.

"나는 무언가에 놀라고 두려워하는 것이 제일 괴롭다고 생각해. 나는 조용한 숲 속에서 놀면서도, 항상 사냥꾼이나 맹수들을 두려워하지. 무슨 이상한 소리가 나기라도 하면 앞뒤 가리지 않고 뛰지. 그러다가 구덩이에 빠지기도 하고 절벽에서 떨어질 때도 있어. 그러다 보면 어미와 새끼가 서로 떨어져 밤낮없이 애간장을 끓이며 눈물로 세월을 보내기도 하지."

그때 신통력으로 동물들의 이야기를 알아들은 정진력 비구가 한마디 했다.

"너희들은 아직 괴로움의 근본을 잘 모르고 있구나. 이 세상의 모든 괴로움은 바로 이 육신이 있기 때문에 비롯되는 것이지. 그러므로 자신의 몸을 귀하게 여기지 않는 것이, 곧 괴로움의 근본을 없애는 지름길이다."

-법구비유경-

● 오신통: 일종의 초능력으로 천안통天眼通, 천이통天耳通, 타심통他心通, 숙명통宿命通, 신족통神足通의 다섯 가지를 함께 이르는 말이다.

# 공작이 말하는
# 세 가지 어리석음

　옛날 깊은 산속에 공작들과 공작 왕이 살고 있었다. 공작 왕에게는 원래 5백이나 되는 아내들이 있었는데, 푸른 공작만 남겨두고 나머지는 모두 원래의 짝에게 돌려보냈다.
　그런데 푸른 공작은 까다롭게도 오직 감로甘露와 맛있는 과일만 먹으려 했다. 그래서 공작 왕은 날마다 아내를 위해 이리저리 먹을 것을 구하러 다녔다.
　한편, 그 나라 왕비는 중병에 걸려 있었다. 어느 날 왕비의 꿈에 신선이 나타났다. 그 신선은 공작을 먹으면 병이 씻은 듯 나을 거라는 말을 했다. 왕비는 꿈 이야기를 왕에게 했고, 왕은 곧 사냥꾼들에게 공작을 잡아오라고 명령했다. 왕비는 하루빨리 병을 고칠 욕심에 이렇게 말했다.
　"공작을 구해 오는 자는 막내 공주의 사위로 삼고 금 백 냥을 주리라."
　사냥꾼들은 앞다투어 공작을 찾아나섰다. 그러다가 한 사냥꾼이 공작 왕과 푸른 공작이 함께 있는 모습을 발견하게 되었다. 그 사냥꾼은 근처 나무에 꿀로 반죽한 보리떡을 붙여놓았다. 공작 왕은 그 보리떡을 떼어서 아내에게 주었다. 아내는 기뻐하며 맛있게 보리떡을 먹었다.

사냥꾼은 이번에는 자신의 몸에 보리떡을 붙이고 가만히 앉아 있었다. 공작 왕은 맛있는 보리떡을 물어다 아내에게 주고 싶은 마음에, 아무 의심 없이 다가왔다. 그때를 놓치지 않고 사냥꾼은 공작 왕을 붙잡았다. 공작 왕은 침착하게 사냥꾼을 달래기 시작했다.

"이러지 말고, 내가 대신 금이 가득 파묻혀 있는 산을 알려줄 테니, 제발 목숨만 살려주시오."

"왕이 이미 금 백 냥과 막내 공주를 상으로 걸었소. 게다가 난 당신 말을 믿을 수가 없소."

결국 사냥꾼은 공작 왕을 왕에게 바쳤다. 그러자 공작 왕은 왕에게 다시 말했다.

"인자하신 대왕이시여, 원컨대 제 작은 소원을 들어주옵소서. 물을 조금 주시면 제가 주술$^{呪術}$로 신약$^{神藥}$을 만들어 왕비의 생명을 구해 드리겠습니다. 만약 효과가 없으면 그때 저를 죽이셔도 늦지 않을 것입니다."

왕은 고개를 끄덕였다.

잠시 후 왕비가 그 물을 마시자, 그 자리에서 병이 씻은 듯이 나았다. 왕비가 남긴 물을 나누어 마신 사람들도 모든 병이 깨끗이 나았다. 이에 많은 사람들이 공작을 칭찬했고, 공작 왕 역시 목숨을 보전할 수 있게 되었다. 공작 왕은 다시 말했다.

"제가 큰 호수에 몸을 던져 그 물에 주술을 걸면 모든 백성의 병을 고칠 수 있을 것입니다. 만약 효과가 없으면 그때 저를 죽이셔도 좋습니다."

왕이 허락하자 공작 왕은 곧 호수에 몸을 던져 주술을 걸었다. 그러자 그 물을 마신 벙어리는 입이 열리고, 꼽추는 허리를 펴고, 귀머거리는 귀가 뚫렸다. 이에 공작 왕이 또 말했다.

"저를 살려주신 은혜의 보답으로 모든 백성의 병을 고쳐 드렸습니다. 이제 산으로 돌아가기 전에 마지막으로 한 말씀 올리겠습니다. 이 세상에는 세 가지 어리석음이 있습니다."

"그게 무슨 말이냐?"

"첫째는 저의 어리석음이고, 둘째는 사냥꾼의 어리석음이며, 셋째는 대왕의 어리석음입니다."

"어디 한번 자세히 설명해보도록 하라."

"모든 부처님이 색色을 불 보듯 하라고 말씀하신 이유는 몸을 태워서 목숨을 위태롭게 하는 까닭입니다. 저는 5백이나 되는 아내를 버리고 오직 푸른 공작만을 좋아하였습니다. 그리하여 마치 종처럼 그녀에게 먹이를 찾아다 주었지요. 그러다가 그만 사냥꾼에게 잡혀 죽을 뻔했으니 이것이 저의 어리석음입니다. 그리고 사냥꾼은 금이 파묻혀 있는 산을 알려주겠다는 제 말을 믿지 않았습니다. 그러면서 막내 공주를 얻을 욕심에 확실하지도 않은 왕비의 말을 믿었으니 이것이 바로 사냥꾼의 어리석음입니다. 과연 왕비가 미천한 사냥꾼을 사위로 맞으려 했을까요? 대왕의 어리석음이란 얻기 어려운 천의天醫를 얻어 만백성을 치유했으면서도 붙잡지 않고 쉽게 떠나보내려고 하시는 것입니다."

-육도집경-

### 6. 금강저수진언
모든 원한을 가진 적을
굴복시키고자 하거든 이 진언을
외우라
**옴 바아라 아니 바라닙다야 사바하**

지혜로 읽는
팔만대장경

2장

얼음 속에서
불을 구하려고 하지 마라

# 애욕을 버려야 구한다

옛날에 남천축국南天竺國의 한 사내는 출가했음에도 불구하고 애욕을 버리지 못해 거룩한 도를 얻지 못했으므로, 마투라국摩偸羅國의 우파급다 존자를 찾아가 예배드리고 말했다.

"부디 제게 진리의 요체를 가르쳐 주십시오."

우파급다는 그 비구가 아직 애욕을 버리지 못했음을 간파하고는 이렇게 말했다.

"비구여, 나의 가르침을 받아내면 그대에게 진리의 요체를 말해 주리라."

"기어이 받아내겠습니다."

존자는 그를 데리고 산으로 들어가 커다란 나무를 가리키며 말했다.

"저 큰 나무 위로 올라가거라."

비구가 나무 위로 올라가자 존자는 신통력으로 나무 아래 깊이가 10리나 되는 구덩이를 만들고는 말했다.

"이제 다리를 떼거라."

비구는 다리를 떼고 두 손으로 나뭇가지를 잡고 바동거렸다.

"다시 한 손을 놓거라."

비구는 존자의 말에 따라 한 손으로 매달렸다. 존자가 또 말했다.

"다른 한 손도 놓거라."

"존자시여, 이 손마저 놓으면 저는 구덩이에 떨어져 죽고 맙니다."

"그대는 내 가르침을 기어이 받아내겠다고 약속하지 않았던가?"

비구는 이때 몸에 대한 애착이 사라져 마지막 손까지 놓아버렸다. 그러자 깊이가 10리나 되는 구덩이는 온데간데없이 사라지고 사내는 털끝 하나 다치지 않고 땅에 떨어졌다. 존자가 계속해서 설법하자 곰곰이 생각하던 비구는 마침내 아라한의 지위를 얻게 되었다.

-경률이상-

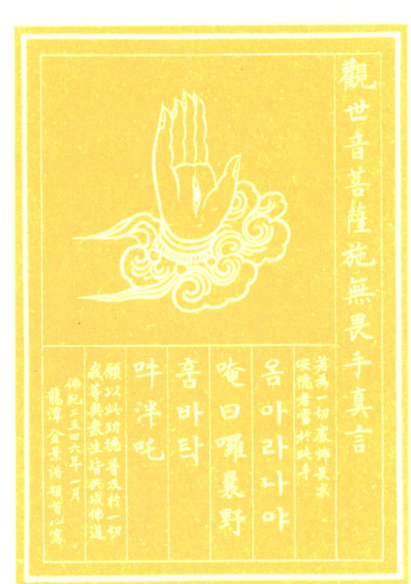

**7. 시무외수진언**
모든 곳에서 두려움과 불안에 떨 때
편안해지려거든 이 진언을 외우라
**옴 아라나야 훔 바탁**

# 높은 탑에 갇힌 석공

 옛날에 한 국왕이 높은 탑을 세우고서는 석공石工이 미처 땅에 내려오기 전에 사다리를 치워버렸다. 그 석공이 다른 곳에 가서 더 훌륭한 탑을 세울까 두려웠기 때문이었다. 그 소식을 들은 석공의 식구들과 친척들이 탑 아래로 달려와 울부짖었다.
"이제 이 일을 어찌합니까?"
 석공은 여러모로 궁리한 끝에 입고 있던 옷을 찢어 가느다란 줄을 만들어 탑 밑으로 내려보냈다. 식구들은 그 줄에 밧줄을 매서 다시 올려보냈고, 석공은 그 밧줄을 타고 탑 아래로 내려올 수 있었다.
 여기서 탑은 생사를 비유한 것이고, 사다리는 부처님의 지난날의 가르침을 뜻한다. 또 식구와 친척들은 성문聲聞들을 빗댄 것이며, 옷을 찢는 것은 애욕을 버리는 것을 가리킨다. 옷을 찢어 만든 가느다란 끈은 신심을 비유한 것이며, 굵은 밧줄은 지혜를 의미한다. 애욕을 버리고 돈독한 신심으로 지혜를 발휘하면 어떤 난관도 극복할 수 있는 법이다.

-대장엄론경大莊嚴經論-

# 태워야 할 것

 옛날에 한 비구니가 사가라국에 포교하려 가는 길에 한 바라문을 만났다. 그 바라문은 다섯 가지 열로 몸을 달구고 있었는데, 이마에서 땀이 줄줄 흘러 가슴과 옆구리가 온통 젖어 있었다. 또 머리카락은 바싹 타고 입술도 말라 갈라졌는데, 사방에 놓인 불은 쇠라도 녹일 지경이었다. 근처에는 한 그루 나무도 없었고, 때는 한여름이라 그 바라문의 몸은 말라 비틀어져 있었다. 게다가 남루한 옷을 입고 하루 종일 열로 몸을 달구는 고행을 하고 있었기에 사람들은 그를 '남루한 옷을 입고 불을 쬐는 고행자'라고 불렀다.

 비구니는 그 모습을 보고 바라문에게 말했다.

 "태워야 할 것은 태우지 않고, 태우지 않아야 할 것을 도리어 태우고 있으니 정말 바보 같은 짓을 하고 있구려!"

 바라문은 그 말에 불같이 화를 냈다.

 "도대체 태워야 할 것이 뭐란 말이오?"

 "마땅히 태워야 할 것은 바로 당신의 그 분노하는 마음이오. 그 마음을 태워버리면 진정 태운다고 할 수 있을 것이오. 이것은 소가 수레를 끄는 것과 같아 수레가 움직이지 않으면 마땅히 소를 때려야지 수레를 때려 봐야 아무 소용이 없는 것과 같은 이치요. 몸은 수레에 그리고 마음은 소에 해당되니 마땅히 마음을 다스리려고 노력해야 하는 것이오. 그렇지 않고 몸만 괴롭히는 것은 부질없는 짓으로, 도를 이루는 데 아무 도움도 되지 못하오."

-대장엄론경大莊嚴論經-

### 8. 일정마니수진언
눈이 어두워 광명을 못 보는 자가 광명을 보려거든 이 진언을 외우라
**옴 도비가야 도비바라 바리니 사바하**

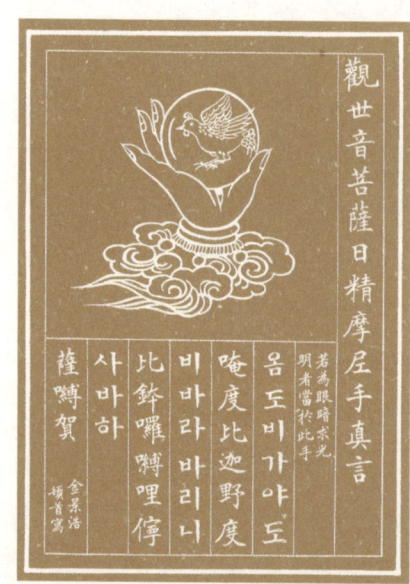

# 훔쳐 입은 옷

옛날에 한 산적이 국고國庫를 털어 멀리 도망갔다. 왕은 곧 병사들을 풀어 그 산적을 잡아오게 했다. 이윽고 병사들이 산적을 잡아오자 왕은 그가 입고 있던 옷의 출처를 캐물었다.

산적이 대답했다.

"이 옷은 우리 할아버지 때부터 입던 옷입니다."

왕은 산적에게 옷을 다시 입어보라고 했다. 그러나 사실 산적은 그 옷을 훔쳐서 입은 지 얼마 되지 않았기에 모양새를 갖춰 제대로 입을 수 없었다. 그래서 위아래와 앞뒤가 어긋났다.

왕이 큰소리로 말했다.

"네 말대로 그 옷이 네 할아버지 때부터 입던 것이라면 마땅히 제대로 입을 줄 알아야 하지 않느냐? 그런데 위아래와 앞뒤가 바뀐 것을 보면 예전부터 네가 입던 옷이 아니고 훔친 물건이 분명하다."

비유하자면 왕은 부처님이고 국고는 법法과 같다. 또 외도外道들은 저 어리석은 산적과 같아 부처님의 법을 훔쳐 듣고는 자기 것이라 주장하지만 제대로 알지 못하기 때문에 앞뒤가 맞지 않게 설명하는 것이다.

-백유경-

* 외도: 불교를 내도內道라고 부를 때 대칭되는 말로, 불교 이외의 가르침을 말한다. 부처님 당시에는 많은 외도가 있었는데 그 중에서 제일 유명한 여섯 사람을 육사외도六師外道라고 부른다

9. 월정마니수진언
열병이나 독한 병에 걸린 자가 청량함을 얻으려거든 이 진언을 외우라
**옴 소시디 아리 사바하**

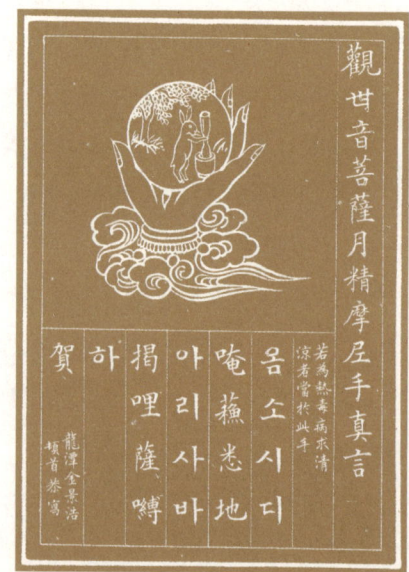

# 순금과 솜

 옛날에 두 상인이 장사하러 시장에 갔다. 한 상인은 순금을 팔았고, 다른 상인은 도라라는 솜을 팔았다. 그런데 도라를 파는 상인은 순금을 탐내며 호시탐탐 기회를 노리고 있었다. 그때 금을 사려는 사람이 와서 물었다.

 "이게 진짜 순금이 맞습니까?"

 상인은 금을 불에 태워 순금임을 증명했다. 그때 곁에 있던 다른 상인이 그 금덩이 중 하나를 훔쳐 자신이 팔고 있던 도라로 감쌌다. 그런데 금이 아직 식지 않아 솜이 타는 바람에 들켜버리고 말았다. 그는 결국 금도 뺏기고 솜도 잃고 말았다.

 이는 외도들이 부처님의 가르침을 훔쳐서 원래 자기들 것이라고 주장하는 것과 같다. 또한 외도들의 책이 세상에 전해지지 않는 것은, 뜨거운 금덩이를 훔쳤다가 결국 그것을 감쌌던 솜이 타서 사실이 탄로난 것과 같다.

-백유경-

# 옷에 음식을 바른 스님

먼 옛날의 일이다. 계빈국에 홀로 열심히 수행하여 경전에 통달한 스님이 있었다.

어느 날 그 스님이 커다란 사원을 방문하였는데, 마침 그곳에서는 성대한 제사가 열리고 있었다. 그런데 무척이나 남루한 스님의 차림을 본 사원의 문지기가 문을 가로막고 들어오지 못하게 했다. 스님의 행색을 보고 업신여긴 문지기가 스님의 말을 들은 척도 않는 바람에 결국 그 스님은 사원에 들어갈 수 없었다.

이에 스님은 한 가지 방법을 생각해냈다. 친구 집에 가서 좋은 옷 한 벌을 빌려 행색을 그럴듯하게 꾸미고서 다시 사원으로 간 것이다. 이번에는 문지기가 스님을 막아서기는커녕 굽신거리며 안으로 안내했다.

사원 안에 있던 사람들은 스님에게 여러 가지 맛있는 음식을 권했다. 그런데 스님은 잘 차려진 진수성찬을 맛보기에 앞서 자신의 옷에 바르는 것이었다. 그 모습을 의아하게 여긴 사람들이 물었다.

"맛있는 음식을 드렸더니, 어찌 옷에 바르십니까?"

그러자 스님은 조용히 미소를 지은 뒤 대답했다.

"사실은 제가 예전에 이곳을 찾았으나, 문지기가 제 옷이 무척 남루한 걸 보고 문조차 열어주지 않았습니다. 그래서 좋은 옷을 빌려 입고 나서야 이 자리에 앉아 여러 가지 맛난 음식을 먹을 수 있게 되었습니다. 이것은 좋은 옷 때문에 생긴 복이라, 먼저 옷에게 음식 맛을 보게 하려는 것이오."

-대지도론大智度論-

### 10. 보궁수진언
영화로운 높은 벼슬을 얻고자 하는 자는 이 진언을 외우라
**옴 아자미례 사바하**

# 음식은 약처럼 먹어라

옛날 마투라국의 한 사내가 우파급다 존자에게 출가했지만, 음식을 탐한 까닭에 아직 도를 얻지 못하고 있었다. 이에 우파급다 존자가 말했다.

"내일은 너와 함께 밥을 먹으리라."

이튿날 공양 시간이 되자 존자는 바리때 하나에는 죽을 가득 담고 그 옆에 빈 바리때를 둔 채 말했다.

"식거든 천천히 먹도록 해라."

음식을 보자 그 비구는 침을 흘리며 입으로 불어 식히고는 존자에게 말했다.

"이제 다 식었으니 먹겠습니다."

그러자 존자가 말했다.

"죽은 이미 다 식었지만 탐욕을 버리지 못한 네 마음은 아직 식지 않았다. 바로 그 마음을 식혀야 하리라. 부정관不淨觀을 물로 삼아 그 마음의 더러움을 없애라. 그리고 음식을 보면 마치 약을 먹는다고 생각해라."

비구는 존자의 가르침을 듣는 둥 마는 둥 급히 죽을 먹다가 체하는 바람에 옆의 빈 바리때에 죽을 가득 토하고 말았다. 이에 존자가 말했다.

"다시 먹도록 하라."

"이미 토한 더러운 음식을 어찌 다시 먹겠습니까?"

"너는 세상의 모든 존재를 네가 토한 죽처럼 생각해야 할 것이니라."

비구는 존자의 가르침을 염두에 두고 골똘히 생각한 결과 마침내 아라한의 지위를 얻게 되었다.

-경률이상-

● 부정관: 음욕이 많은 중생이 닦아야 하는 수행법. 육체의 부정함을 느끼고 깨달아 번뇌와 욕망을 떨쳐버리는 관법觀法.

# 사냥꾼의 보리심

옛날에 어느 도인이 밤낮으로 도를 닦으면서 한순간도 게으름을 피우지 않았다. 그러던 어느 날 배가 몹시 고파 걸식을 나갔다가 지나가는 사냥꾼에게 음식을 청했다. 그런데 사냥꾼은 벌컥 화를 내며 활을 들고는 도인을 향해 쏘려고 했다. 이에 도인이 소리쳤다.

"잠깐, 활을 쏘려거든 다른 데는 쏘지 말고 이 배를 쏘십시오."

도인은 옷을 풀어헤치더니 배를 불쑥 내밀었다. 그 모습을 본 사냥꾼은 이상하다는 생각이 들어 활을 내려놓으면서 물었다.

"이 세상에 죽음을 두려워하지 않는 이는 없습니다. 그런데 왜 도인께서는 배를 쏘라고 내미시는 것입니까?"

"배가 고파서 당신에게 먹을 것을 구걸한 것이니, 이 배야말로 위험을 무릅쓰고 당신을 귀찮게 한 장본인입니다. 그래서 배를 쏘라고 한 것입니다."

도인의 말을 들은 사냥꾼은 속으로 곰곰이 생각해 보았다.

'내가 이 위험한 숲 속에서 뱀과 이리를 피하지 않고 사냥을 하

는 것도 다 이 배 때문이로다.'

사냥꾼이 이렇게 생각하고 있을 때, 도인은 그를 위해 삼도三途의 괴로움과 열반의 즐거움을 설명했다. 그러자 사냥꾼은 중생을 죽이고 사냥하는 죄가 얼마나 무거운 것인지를 스스로 깨닫고는 곧 도인에게 계율을 받아 보리심菩提心을 내게 되었다.

-경률이상-

11. 보전수진언
모든 좋은 벗들을 일찍 만나고자
하는 자는 이 진언을 외우라
**옴 가마라 사바하**

# 분노라는 가시

 한 수도자가 사람들이 지나다니는 길가에서 고행을 하고 있었다. 보는 사람이 있으면 그는 가시나무 위에 눕고, 보는 사람이 없으면 나무 그늘에 앉아 쉬곤 했다. 그 사실을 눈치챈 어떤 이가 참지 못하고 그 사람을 비웃었다.

 "그렇게 고생을 하면 가시가 살을 파고들어 얼마나 아프겠소! 가시를 훑어버리고 그 위에 누우면 설사 구른다 해도 하나도 아프지 않을 것이오."

 고행자는 그 말을 듣자 화가 나서 참을 수 없었다. 그는 갑자기 가시나무 위에 누워 이전보다 더욱 세차게 몸을 굴렸다. 그때 한 불제자가 그 모습을 말없이 지켜보고 있었다. 고행자는 자기를 지켜보고 있는 사람이 있다는 것을 알자 더욱 세차게 몸을 굴렸다. 그러자 불제자가 고행자에게 다가와 조용하게 말했다.

 "당신은 이전에도 가시로 몸을 괴롭히더니 이제는 분노하는 마음 때문에 더욱 자신을 해치고 있구려. 가시는 그저 피부를 상하게 할 뿐이지만 분노는 정신을 멍들게 하는 것이오. 가시 때문에 생기는 상처는 나아서 없어질 수도 있지만 분노로 인해 멍든 정신은 언제 다시 회복될지 알 수 없소. 그러니 분노라고 하는 독의 가시를 빨리 뽑아버리는 것이 옳을 것이오."

-대장엄론경-

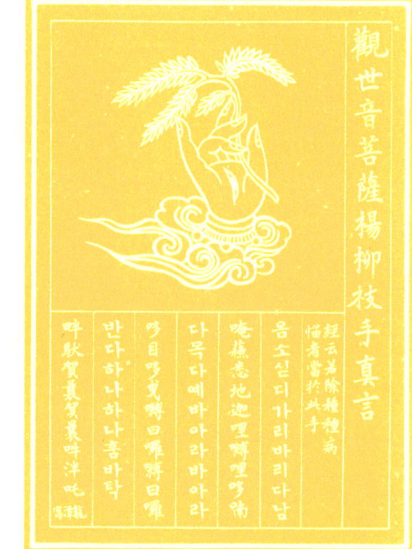

### 12. 양류지수진언
몸에 있는 여러 가지 병을 없애고자 하거든 이 진언을 외우라
**옴 소싣디 가리 바리다 남다 목다예 바아라 바아라 반다 하나 하나 훔 바탁**

# 파계승과 귀신

 불교의 계율을 범해 절에서 쫓겨난 한 비구가 있었다. 그는 자신을 자책하며 괴로운 마음으로 길을 가고 있었다. 그때 파계승은 한 귀신을 만나게 되었다. 그 귀신 역시 법을 어겨 비사문천왕毗沙門天王의 천궁에서 쫓겨난 처지였다. 귀신이 먼저 파계승에게 물었다.

 "당신은 무슨 괴로운 일이 있기에 그리도 표정이 어둡소?"

 "나는 계율을 어겨 절에서 쫓겨난 몸이라오. 이런 이유로 시주들은 나에게 전혀 보시를 베풀지 않는다오. 게다가 나를 둘러싼 나쁜 소문까지 퍼져 모두들 나를 외면하니 이 어찌 슬픈 일이 아니겠소?"

 "내가 당신이 오명을 벗고 보시도 많이 받을 수 있게 해주겠소. 내가 날 수 있으니 내 왼쪽 어깨에 올라타고 다니면 다른 사람들은 나를 보지 못하므로 당신이 하늘을 날아다니는 것으로 알 거요. 그러면 사람들은 당신을 신선으로 알고 많은 보시를 베풀 것이오. 만약 일이 잘되어 많은 보시물을 받게 되면 나와 조금 나누어 가지는 조건으로 말이오."

그렇게 해서 귀신은 파계승을 어깨에 태우고 한 마을을 지나게 되었다. 마을 사람들은 파계승이 하늘을 나는 모습을 보고 너무 놀라 이렇게 말했다.

"절에 있는 스님들이 잘못 생각한 거야. 저 스님은 신선의 경지를 이룩한 것이 틀림없는데 무고한 사람을 쫓아내다니……."

이에 마을 사람들은 절로 달려가 파계승을 쫓아낸 다른 스님들에게 항의하고 파계승을 절 안으로 모셨다. 그리고 마을 사람들은 파계승에게 많은 보시를 베풀었다. 파계승은 귀신과의 약속대로 보시물 중의 일부를 귀신에게 나누어주었다.

며칠 후 귀신은 또 파계승을 어깨 위에 태우고 공중을 날아가다가 비사문천왕의 부하를 보자 깜짝 놀라며 부리나케 도망갔다. 이 와중에 이유도 모른 채 갑자기 땅에 떨어진 파계승은 그 자리에서 목숨을 잃고 말았다.

-잡비유경雜譬喩經-

# 벽지불의 유래

바라나국의 국왕이 하루는 찌는 듯이 날씨가 무덥자 높은 누각에서 더위를 싹 가시게 하는 진귀한 약을 궁녀를 시켜 자신의 몸에 바르게 했다. 그 일을 담당한 궁녀의 팔에는 형형색색의 팔찌가 끼워져 있었다. 그녀가 국왕의 몸에 약을 바르기 시작하자 팔찌들이 좌우로 끊임없이 움직이면서 서로 부딪혀 시끄러운 소리를 냈다. 국왕은 그 소리가 너무나 듣기 싫어 궁녀에게 차고 있는 팔찌들을 모조리 바닥에 내려놓으라고 했다.

그 팔찌들은 모두 금이나 옥으로 만든 것이라 바닥에 하나씩 내려놓을 때마다 소리가 났다. 그런데 궁녀가 마지막 옥팔찌를 바닥에 내려놓을 때에는 신기하게도 아무런 소리가 나지 않았다.

그때 국왕은 불현듯 떠오르는 것이 있어 혼잣말을 했다.

"이 옥팔찌도 본래 바닥과 부딪히면 소리가 나야 하는 법인데, 뜻밖에 아무런 소리도 나지 않는구나. 조정의 신하와 만백성 그리고 궁녀들도 평소에 불편한 심정을 가질 수 있는데, 그들이 할 말이 있어도 하지 못하게 한다면 옥팔찌가 소리 나야 하는 원리를 억지로 막는 것과 다를 바가 없지 않은가?"

　국왕은 생각하면 할수록 미묘한 이치를 깨달을 수 있을 것 같아 홀로 앉아 사색에 잠겼다. 그러고 있는 사이 국왕의 머리카락이 어느새 모두 빠지고, 입고 있던 옷은 풀로 변해 있었다. 뿐만 아니라 어느새 국왕은 누각에서 내려와 있었는데 온몸에서는 힘이 철철 넘쳐흘렀다. 국왕은 내친 김에 궁을 떠나 산속으로 들어가버렸다.

　그때는 아직 부처님이 이 세상에 나오지 않았기에 홀로 출가수도한 국왕은 '벽지불'이 되었다. 그 당시 수행하는 데 적합한 신심身心을 갖춘 적지 않은 사람들이 좋은 결과를 볼 수 있었다. 그러나 아직 그때는 부처님이 세상에 나오지 않았던 때였기에 그렇게 속세를 버리고 출가하여 깨달음을 얻은 사람들은 모두 '벽지불'이라고 부르게 되었다.

-좌선삼매경坐禪三昧經-

# 여인을 살리고
# 지옥에 떨어지다?

한량없는 먼 옛날에 염광이라는 이름을 가진 한 수행자가 있었다. 그는 조용한 숲 속에서 420만 년 동안이나 살면서 수행을 한 터라 그 행동에 아무런 걸림이 없었다.

어느 날 그는 사갈국沙竭國에 걸식하러 갔다. 그런데 한 옹기장이의 딸이 염광의 준수한 용모를 보고 반해 그 뒤를 졸졸 따라다니며 아내로 삼아달라고 빌었다. 이에 염광이 말했다.

"저는 수행자이므로 결혼할 수 없습니다."

그러자 그 여인이 이를 악물고 단호하게 말을 내뱉었다.

"만일 제 소원을 들어주시지 않는다면 이 자리에서 혀를 깨물고 죽어버리겠습니다."

그 말을 듣고 염광은 속으로 생각했다.

'나는 계율을 무엇보다 소중히 여기는 수행자다. 계율을 어기면 모든 것이 헛일이 되고 만다. 내가 저 여자에게서 일곱 걸음만큼 떨어져서 인자하고 가엾이 여기는 마음을 품는다 해도 계율을 범한 것이며 곧 지옥에 떨어지는 죄다. 그런데 저 여인의 소원을 들

어주지 않는다면 죽어버린다고 하니 이 일을 어쩐다?'

머뭇거리며 고심하던 염광은 마침내 결론을 내렸다.

'어쩔 수 없다. 내가 지옥에 떨어져 한량없는 고통을 당한다 해도 먼저 저 여인을 살리고 봐야겠다.'

염광은 곧 그녀를 따라가 혼례를 올리고 12년 동안 살다가 마침내 수명이 다하자 지옥에 떨어지기는커녕 그 보살행으로 하늘나라에 태어나게 되었다.

-경률이상-

### 13. 백불수진언
모든 악과 장애와 어려움을
여의고자 하거든 이 진언을 외우라
**옴 바나미니 바아바데 모하야
아아모하니 사바하**

# 칠 일 후에
# 죽을 아이

 옛날에 천문과 지리에 도통했다고 떠벌리는 한 바라문이 있었다. 그는 자기 재주를 자랑하기 위해 다른 나라에 가서 한 아이를 부둥켜안고 울고 있었다. 그러자 행인들이 물었다.

"도대체 왜 우시오?"

"이 아이는 칠 일 후에 죽을 것이오. 어린아이가 죽을 생각을 하니 슬퍼서 우는 것이오."

"사람의 목숨은 하늘에 달려 있는데, 어찌 반드시 칠 일 후에 죽을 것이라 단정하고서 미리 운단 말이오?"

"해와 달이 빛을 잃고 별들이 떨어지는 한이 있을지라도 내 예언은 틀림없소."

 바라문은 칠 일 후에 자신의 명예를 지키려고 제 손으로 아이를 목 졸라 죽였다. 바라문의 예언대로 그날 아이가 죽었다는 소문을 들은 사람들이 말했다.

"그 바라문은 정말 대예언가이다. 그의 말이 전혀 틀리지 않았다."

그리고 앞다투어 와서 그를 공경했다.

어떤 불제자들은 자신들의 이익과 명예를 위해 도를 얻었다고 떠벌리면서 삿된 법으로 선남자를 죽이고 밖으로는 자비스러운 척한다. 그것 때문에 지옥에 떨어져 한량없는 고통을 받게 될 것이다. 그것은 마치 바라문이 자기 예언을 실증하기 위해 일부러 아이를 죽여 세상을 미혹하게 하는 것과 같다.

-백유경-

14. 보병수진언
모든 권속들이 착하고 화목하게
되길 바라거든 이 진언을 외우라
**옴 아례 삼만염 사바하**

# 초발심이 중요하다

발심發心한 보살에게는 두 종류가 있다. 첫째는 발심하여 모든 바라밀을 수행하는 사람이고, 둘째는 그저 발심한 채 아무 수행도 하지 않는 이다.

보살도菩薩道를 행하는 이가 비록 아직 커다란 성취를 보이지 못했다 하더라도 이 세상 그 어떤 것보다 훌륭하다고 말할 수 있는 이유는 저 가라빈가迦羅頻伽라는 새가 비록 알 속에 있다 하더라도 일단 소리를 내기 시작하면 그 어떤 새보다 훌륭한 것과 같다.

옛날에 여섯 가지 신통력을 갖춘 아라한이 길을 떠나면서 제자인 사미에게 옷과 바리를 짊어지게 했다. 그때 사미가 속으로 생각했다.

'어서 빨리 성불하여 열반에 들어야겠다.'

그러자 그 생각을 꿰뚫어본 스승이 옷과 바리를 가져다 자신이 직접 짊어지고는 사미를 앞장서 걷게 했다. 계속 길을 가다 사미는 다시 생각했다.

'부처님이 되기란 보통 어려운 일이 아니다. 그렇게 되자면 오랫동안 생사를 전전하며 한량없는 괴로움을 겪어야 한다. 차라리 소승小乘의 길을 통해 빨리 열반에 들어야겠다.'

이에 스승은 다시 옷과 바리를 사미에게 짊어지게 하고 뒤따라오게 했다. 스승과 제자는 길을 가며 이렇게 하기를 세 번 반복했다. 마침내 사미가 한탄하듯 말했다.

"스승님은 연세도 많으시면서 하시는 행동은 꼭 어린아이와도 같습니다. 왜 계속 장난을 치십니까?"

"너는 처음에는 부처님이 되겠다고 발원했다. 그 마음은 소중하기 그지없고 그 위치는 가히 내 스승의 자리라고 할 만했다. 모든 벽지불도 서둘러 공양해야 할 판인데, 어찌 일개 아라한이 가만히 있을 수 있겠느냐? 그래서 내가 짐을 짊어지고 너를 앞장서서 걷게 한 것인데, 잠시 후 너는 후회하며 소승을 취하려 하였고 또 아직 그 경계마저 얻지 못했다. 그러므로 너와 나는 하늘과 땅만큼 멀리 떨어져 있는 셈이다. 그래서 다시 네게 짐을 주고 뒤를 따르게 한 것이니라."

스승의 말에 깨달음을 얻은 사미는 이내 대승大乘의 경지에 올라서게 되었다.

-경률이상-

# 덕을 베풀면
# 지옥에 떨어진다?

옛날에 한 보살이 무상의 이치를 깨닫자 가지고 있던 모든 재물을 보시하여 사방의 칭찬을 받았다. 그러자 천상에 있던 제석천은 장차 자신의 자리를 빼앗길까 두려워 곧 보살의 눈앞에 지옥이 펼쳐지게 하고는 말했다.

"보시하여 중생을 구제하면 죽은 후 태산泰山 지옥에 떨어져 한량없는 고통을 받는다. 너는 이 사실을 알고 있느냐?"

그러자 보살이 말했다.

"덕을 베풀고도 어찌 태산 지옥에 떨어질 수 있겠느냐?"

"믿지 못하겠거든 저 죄인 중의 한 사람에게 물어보아라."

보살은 지옥에서 고통받고 있는 한 죄인을 불러서 물었다.

"너는 어떤 인연으로 이 지옥에서 고통을 당하고 있는 것이냐?"

"저는 생전에 가난한 이들에게 집을 빌려주어 여러 가지 액난을 면하게 했습니다만 이제 태산 지옥에 떨어져 이처럼 한량없는 고통을 당하고 있습니다."

보살이 제석천에게 물었다.

"인자한 은혜를 베푸는 자가 화를 입는다면 보시를 받는 사람은 어떠한가?"

"보시를 받는 자는 죽은 후에 천상에 태어난다."

"내가 보시하는 것은 중생의 이익을 위함이니 그대의 말이 사실이라면 내가 원하는 바와 같다. 자신을 희생해서 중생을 구제함은 바로 보살의 높은 뜻이 아닌가?"

"그대는 왜 굳이 어려운 일을 하려고 하는가?"

"나는 성불의 인연을 심고자 중생을 구제하여 그들로 하여금 생사의 굴레를 벗어나게 하려고 하기 때문이다."

그러자 제석천이 곧 사과하며 말했다.

"당신의 덕이 천지를 진동하매 저의 자리를 빼앗길까 두려워 일부러 지옥을 만들어 시험해본 것입니다. 어리석게도 성인을 기만하였으니 죽을 죄를 지었습니다."

-육도집경-

# 제바보살과
# 바라문의 대화

　인도어로 '하늘'이라는 뜻을 가진 제바提婆라는 이름의 보살이 남인도에 살고 있었다. 그는 지식이 매우 높고 슬기로운 학승으로 여러 사람들의 존경을 받았다.

　제바보살이 사원에 머무를 때의 일이다. 그때 근처에 살고 있던 바라문이 그에게 논쟁을 걸어왔다. 그는 논쟁이라면 지금까지 져 본 적이 없을 정도로 대단한 언변의 소유자였다. 그는 명칭에 근거해서 사물의 실제를 탐구하는 방법으로 상대방에게 질문을 퍼부어 끝내 대답을 못하게 하는 방법을 잘 쓰곤 했다. 그는 제바보살의 명성을 꺾어보겠다는 생각에 보살의 이름인 '하늘'을 가지고 물었다.

　바라문: "당신의 이름은 무엇인가?"
　제　바: "하늘이다."
　바라문: "하늘은 누구인가?"
　제　바: "바로 나다."

바라문: "나는 누구인가?"
제 바: "개다."
바라문: "개는 누구인가?"
제 바: "당신이다."
바라문: "당신은 누구인가?"
제 바: "하늘이다."
바라문: "하늘은 누구인가?"
제 바: "바로 나다."
바라문: "나는 누구인가?"
제 바: "개다."
바라문: "개는 누구인가?"
제 바: "바로 당신이다."
바라문: "당신은 누구인가?"
제 바: "하늘이다."

이렇게 끊임없이 문답이 이어졌지만 바라문은 시종 유리한 입장을 점할 수 없었다. 그때서야 바라문은 제바보살의 지식이 높을 뿐만 아니라 재치 또한 대단함을 알고 패배를 인정하였다.

-대당서역기-

# 문수보살을 친견하고도
# 모르다

옛날에 한 거사居士가 문수보살을 직접 뵙기를 갈망했다.

그래서 그는 크게 보시를 하고 높은 자리를 마련해두었다. 그때 매우 흉하게 생긴 노인이 콧물을 흘리고 침을 질질 흘리며 다가와 높은 자리에 가서 앉았다.

그 모습을 본 거사는 화를 벌컥 내며 소리쳤다.

"내가 이 자리를 마련한 것은 훌륭한 스님을 위해서이다. 그런데 너 같은 거지가 함부로 그 자리에 앉다니?"

거사는 노인을 억지로 잡아 끌어내린 후 보시를 하고는 떠나보냈다.

그는 보시회를 마치고 절에 가서 등불을 켜보고 향을 피면서 말했다.

"오늘 연 보시회의 공덕으로 현세에 문수보살을 친견하고자 합니다."

그리고 나서 집에 돌아오자 피곤하여 곧 잠이 들었다. 그런데 꿈속에서 한 사람이 나타나 말했다.

"너는 문수보살을 친견하고자 하면서도, 그를 알아보지 못했다. 아까 높은 자리에 앉았던 그 누추한 늙은이가 바로 문수보살이었는데, 너는 그를 억지로 끌어내렸다."

만일 보살의 도를 구하고자 하면 모든 사람에게 평등한 마음을 가져야 한다. 보살의 도를 구하고자 하는 사람이 있으면 문수보살은 곧 나타나 시험을 하나니 그런 이치를 알아야 한다.

-잡비유경-

• 문수보살: 대승보살 중의 한 분으로 석가모니불의 보처로서 왼쪽에 있으며 지혜를 맡고 있음.

### 15. 방패수진언

범이나 이리 등 모든 악한 짐승들을
물리치려거든 이 진언을 외우라
**옴 약삼 나나야 전나라 다노 발야
바샤 바샤 사바하**

# 출가와 재가의 차이

옛날에 난타왕難陀王은 당대의 유명한 비구 나가사나那伽斯那를 시험하고자 그를 궁중으로 초청해 놓고는 문을 아주 낮게 만들어 두었다. 나가사나가 그 문을 지날 때 고개를 숙이게 할 속셈이었던 것이다.

이미 왕의 속셈을 눈치챈 나가사나는 그 문을 결코 지나지 않았다. 난타왕은 할 수 없이 문을 치우고는 안으로 불러들여 형편없는 음식을 대접했다. 나가사나는 숟가락을 몇 번 대더니 만족한다고 하면서 더 먹지 않았다.

왕이 다시 산해진미를 내놓자 나가사나는 숟가락을 들고 음식을 먹었다. 그러자 왕이 물었다.

"아까 만족한다고 해놓고는 왜 또 음식을 드시는 것입니까?"

"아까의 형편없는 음식에는 만족했지만 산해진미에는 만족하지 않았기 때문입니다. 왕이시여, 지금 궁전 가득 사람들을 모이게 하소서."

그 말에 따라 왕이 궁녀며 여러 신하들을 모두 부르자 궁전 안은 발 디딜 틈이 없었다. 왕이 자기 자리로 가려 하자 사람들은 왕과 부딪힐 것이 두려워 몸을 움츠렸다.

그 바람에 빈자리가 많이 생겼다. 그때 나가사나가 말했다.

"형편없는 음식은 저 궁녀와 신하과 같으며, 산해진미는 왕과 같습니다. 왕을 보고 누가 길을 비키지 않을 수 있겠습니까?"

그러자 난타왕이 물었다.

"출가와 재가 중 어느 쪽이 도를 얻습니까?"

"두 쪽 다 도를 얻습니다."

"그렇다면 구태여 출가할 필요가 있겠습니까?"

"비유하자면 이렇습니다. 3천 리의 길을 가는데, 건장한 젊은이를 시키는 것과 허약한 노인을 시키는 것 중 어느 쪽이 빨리 가겠습니까?"

"그야 물론 건장한 젊은이가 빨리 가겠지요."

"맞습니다. 출가해서 도를 얻는 것은 마치 젊은이와 같고 재가하면서 도를 얻는 일은 노인과 같습니다."

-잡보장경雜寶藏經-

# 보시를 한 죄

 옛날에 인도의 어떤 절에는 10만 명의 스님이 기거하고 있었는데, 그 중 5만 명은 이미 도를 얻어 아라한이 되었고, 나머지 5만 명은 아직 번뇌를 완전히 떨쳐버리지 못하고 있었다.

 한번은 어떤 사람이 복을 심어 인간 세상이나 천상에 태어나고자 그 절의 스님들을 공양했다. 그때 한 상좌上座 스님은 이미 육신통六神通*을 얻은 대아라한이었는데, 나이가 그중에서 제일 많았다. 그런데 상좌 스님은 공양을 마치고 그를 위하여 축원한 후 손을 씻고는 이렇게 덧붙였다.

 "시주여, 당신은 지금 보시함으로써 큰 죄를 지었소."

 그러자 아직 도를 얻지 못한 5만 명의 승려들이 수군거렸다.

 "아니 저게 무슨 소린가? 아마 상좌가 너무 늙어 미친 소리를 하는가보다."

 그러자 상좌는 대중 앞에 나서서 단호하게 말했다.

 "내가 한 말은 결코 미친 소리가 아니다."

 "아니 저 분은 우리들을 공양해서 복을 심었음이 분명한데 어째서 큰 죄를 지었다고 하는 것이오?"

"너희들은 정말 하나만 알고 둘은 모르는구나. 저 사람은 지금 복을 심어 장차 인간 세상이나 천상에 태어나 갖가지 즐거움을 얻겠지만, 그 즐거움 때문에 교만한 마음이 생겨 부처님을 뵙고도 받들지 않고, 경을 보고도 읽지 않으며, 스님들을 보고도 예를 표하지 않다가 그 복이 끝나면 악도에 떨어져 한량없는 세월이 지나서야 죄가 다하여 빠져나오게 되리니, 이 어찌 큰 죄를 지은 게 아니더란 말이냐?"

-잡비유경-

● 육신통: 오신통에 누진통漏盡通을 더한 것.

# 귀신과 두 스님

옛날에 고요한 산속에 자리잡은 어느 절에 따로 떨어진 외딴 방이 하나 있었다. 그 방에는 악귀가 자주 나타나서 사람들을 괴롭히므로 스님들은 그 방을 쓰지 않고 내버려두었다.

어느 날 한 객승이 이 절을 찾아왔는데, 마침 빈방이 없었다. 그래서 주지는 어쩔 수 없이 객승을 외딴 방에 머무르게 하면서 말했다.

"이 방에는 악귀가 자주 나타나니 조심하십시오."

객승은 귀신 따위 조금도 두렵지 않다는 듯 큰소리로 말했다.

"조그만 귀신 따위가 무슨 해악을 끼친단 말입니까? 혹 귀신이 나타나면 제가 그 버르장머리를 고쳐놓겠습니다."

객승은 곧 그 방으로 들어가 짐을 내려놓고 쉬었다.

어느덧 날이 저물었는데, 또 다른 스님이 와서 머무를 곳을 찾자 주지는 역시 외딴 방을 가리키며 귀신을 조심하라고 했다. 그러자 그 스님은 두려워하기는커녕 자신 있게 말했다.

"제가 그 귀신을 항복시키겠습니다."

이때 먼저 그 방에 들어간 객승은 문을 닫고 단정히 앉아 귀신이 나타나기만을 기다리고 있었다. 잠시 후 뒤에 온 스님이 문을 두드리며 들어가기를 청하자 객승은 속으로 생각했다.

'드디어 귀신이 찾아온 모양이구나.'

 객승은 있는 힘을 다해 문을 굳게 닫고 열어 주지 않았다. 밖에 있던 스님은 문이 열리지 않자 또한 있는 힘을 다해 어깨로 밀었다. 마침내 안에 있던 객승은 힘이 모자라 뒤로 물러나고 말았다. 밖에 있던 스님이 성큼 방 안으로 들어서자 객승은 문 뒤에 숨어 있다가 달려들어 몽둥이로 내리쳤다. 갑자기 몰매를 맞게 된 스님 역시 지지 않고 객승을 때렸다.

 그들은 날이 밝도록 싸움을 그치지 않다가 해가 뜨자 옛날에 동문수학하던 사이임을 확인하고는 서로 부끄러워하며 사과를 했다. 이때 밤새도록 싸우는 소리를 듣고 달려온 그 절의 대중들은 스님들의 이야기를 듣더니 배꼽을 잡고 웃어댔다.

-경률이상-

# 무지한 스님

옛날에 어느 큰 절에 1백여 명의 스님이 공부하고 있었다. 그 절에서 그리 멀지 않은 곳에 사는 한 신심 깊은 우바이優婆夷*는 날마다 한 스님씩 집으로 청하여 공양했다.

그런데 우바이가 늘 공양받으러 온 스님에게 경전의 뜻을 물었기 때문에 공부가 깊지 않은 스님은 그 집에 가기를 좋아하지 않았다.

마하로라는 스님은 늦게 출가하여 하나도 아는 것이 없었으므로, 초청을 받자 마지못해 천천히 걸어가고 있었다. 그런데 우바이는 싫어하는 기색을 보이기는커녕 도리어 이렇게 말했다.

"스님은 연로하시고 걸음걸이도 조용하니까 분명 큰 지혜가 있으리라고 생각됩니다."

그녀는 매우 기뻐하면서 맛있는 음식을 공양하고 상석을 내주며 설법을 청했다. 스님은 비록 상석에 앉았지만 아는 것이 없어 전전긍긍하다 자기 사정을 털어놓았다.

"사람이 어리석어 아는 것이 없으면 정말 괴로운 일이다."

그 말을 들은 우바이는 생각했다.

'어리석어 아는 것이 없다는 것은 곧 무명無明을 말한다. 무명은 12인연의 근본으로 그 때문에 생사의 굴레를 벗어나지 못하고 갖가지 고뇌를 겪는다. 그래서 정말 괴롭다고 말씀하신 것이다.'

그녀는 이렇게 생각한 끝에 수다원須陀洹*의 도를 얻었다. 우바이는 너무나 감사한 나머지 스님에게 털담요를 보시하려고 창고로 갔다. 그 사이 스님은 상석에서 내려와 얼른 절로 돌아와 버렸다.

잠시 후 털담요를 갖고 돌아온 우바이는 스님이 보이지 않자 분명 신통력을 써서 날아간 것이라고 생각했다. 우바이는 담요를 들고 절에 가서 그 스님을 찾았다. 그러나, 마하로는 겁이 나서 방 안으로 들어가 문을 걸어 잠그고 숨소리를 죽였다.

그때 마하로의 스승은 이미 신통력을 얻은 이였는데, 웬 여인이 절에 와서 자신의 제자를 찾아 무슨 잘못된 일이 없는가 하고 살펴본 끝에 우바이가 수다원이 된 사실을 알았다. 그녀는 곧 마하로를 불러 빨리 보시를 받게 하고 그렇게 된 사정을 설명해주었다. 이에 마하로도 기뻐하다가 곧 수다원의 도를 얻게 되었다.

-잡비유경-

* 우바이: 불교를 믿고 삼귀三歸, 오계五戒를 받은 세속의 여자.
* 수다원: 깨달음의 첫 경지.

# 몸속의 독사

한 도인道人이 산속에서 도를 닦고 있었는데, 그 산에는 독사가 무척 많았다. 그래서 도인은 뱀이 범접할 수 없는 높은 나무 위에 자리를 깔고 참선을 했다.

그러던 중 졸음이 주체할 수 없을 정도로 몰려왔다. 이에 한 천인天人이 공중에서 웃음소리를 내 깨우려 했으나 도저히 깨울 수가 없었다. 이윽고 밤이 되자 천인은 도인을 깨우려고 꾀를 냈다.

"이보게 도인이여, 독사가 다가온다."

그 말에 정신이 퍼뜩 든 도인은 횃불을 치켜들고 이리저리 살펴보았으나 독사는커녕 독사의 꼬리조차 보이지 않았다. 그런데 천인은 계속 같은 말을 되풀이하는 것이었다. 도인은 속은 게 분해서 소리쳤다.

"당신은 천인이면서 어찌 거짓말을 밥 먹듯이 하는가? 도대체 어디에 독사가 있다고 계속 독사 타령을 하는가?"

그러자 천인이 말했다.

"어찌하여 당신 안에 있는 독사를 보지 못하는가? 몸속에 있는 네 마리의 독사도 없애지 못하면서 어찌 밖에서 찾는단 말인가?"

천인의 꾸지람에 도인은 다시 참선에 들어가, 몸을 이루는 사대四大*와 오온五蘊*이 무상함에도 불구하고 억겁을 윤회하며 벗어나지 못하고 있다는 사실을 마침내 깨달았다. 그리하여 곧 사성제의 이치를 분명히 이해해서 새벽이 오기 전 번뇌가 다하여 아라한의 지위에 올랐다.

-잡비유경-

* 사대: 이 세상 만유萬有를 구성하는 4대 원소로 지地, 수水, 화火, 풍風을 가리킴.
* 오온: 중생의 신심身心을 다섯 요소로 나눈 것. 색色, 수受, 상想, 행行, 식識을 이른다.

# 낙타와 항아리를
# 모두 잃다

한 사람이 항아리에 곡식을 담아두었다. 마침 그 집의 낙타가 주위를 어슬렁거리다 항아리에 머리를 집어넣고 곡식을 먹었다. 배부른 낙타가 머리를 빼내려고 했지만 머리가 빠지지 않았다. 주인은 어찌할 바를 몰라 발을 동동 구르고 있었는데, 그때 한 노인이 나타나 말했다.

"걱정할 것 없소. 내가 좋은 방법을 가르쳐주리다. 당장 낙타의 머리를 베도록 하시오. 그러면 저절로 해결될 것이오."

주인은 곧 칼로 낙타 머리를 베었다. 그랬더니 낙타 머리가 떨어지는 동시에 항아리도 땅에 떨어져 깨지고 말았다. 그래서 낙타와 항아리를 동시에 잃고는 세상 사람들의 비웃음을 샀다.

어리석은 범부 역시 그와 같아, 마음으로 보리菩提*를 바라고 뜻으로 삼승三乘*을 구하려면 마땅히 온갖 계율을 지키며 악업을 쌓지 말아야 하거늘 오욕 때문에 청정한 계율을 깨뜨리고 만다. 그리고 이미 계율을 어겼다 해서 삼승 역시 버리고 만다. 그렇게 해서 마음대로 악행을 저지르게 되는 것이다. 그것은 마치 저 어리석은 자가 낙타와 항아리를 동시에 잃는 것과 같다.

-백유경-

* 보리: 깨달음의 지혜.
* 삼승: 성문(聲聞), 연각(緣覺), 보살(菩薩)에 대한 세 가지 가르침을 수레에 비유한 말.

### 16. 월부수진언

모든 때와 장소에서 관청의 환란을
면하려거든 이 진언을 외우라
**옴 미라야 미라야 사바하**

# 죽은 소에게
# 풀을 먹이려 하다

한 현자賢者가 열심히 불법을 따르다가 그만 병이 들어 죽고 말았다. 하루아침에 남편과 아버지를 잃은 처자들은 낙망하여 조금도 사는 재미가 없었다. 그들은 현자를 화장하고 뼈를 수습해 묻은 뒤에는 경전도 읽지 않고 향이나 등불 공양도 하지 않았다.

그러나 남은 재산이 꽤 많아 달마다 초하루나 그믐이 되면 짐승을 잡아 여러 가지 음식을 만들어 무덤 앞에 차리고는 슬피 울며 고인을 기다렸다.

계율을 지킨 공덕으로 천상에 다시 태어난 현자는 그 모습을 보고 가여운 생각이 들어 목동으로 변해 그 무덤 옆으로 갔다. 그때 갑자기 소가 죽어 쓰러지자 목동은 풀을 베어 소의 입 앞에 두고 먹으라고 타일렀다. 그러나 소가 가만히 있자 여러 대 때리면서 어서 일어나라고 울부짖었다. 계속 그렇게 하자 무덤 앞에 있던 사람들은 그 모습을 보고 비웃으며 꾸중을 했다.

"아니, 소가 죽었으면 마땅히 소 주인을 찾아가 알려야지 죽은 소를 앞에 두고 울어서 무슨 소용이 있느냐? 네가 그렇게 운다고 해서 죽은 소가 살아나겠느냐?"

그러자 목동이 말했다.

"그런 당신들은 이미 죽은 사람의 뼈를 묻어놓고 왜 음식을 차리고 그렇게 슬피 울부짖는 것입니까?"

사람들은 말문이 막혔다. 목동이 다시 말했다.

"나는 전생에 너희들의 아버지였다. 평소에 불법을 돈독히 믿은 과보로 천상에 태어났는데, 너희들이 어리석은 짓을 하는 모습을 보고 깨우쳐주려고 이렇게 일부러 온 것이다. 나는 이제 하늘나라로 돌아가려 하니 만일 나처럼 되고 싶다면 더 열심히 부처님 법을 따르거라."

-잡비유경-

# 신선의 눈을 빼앗다

옛날에 한 사람이 깊은 산속에 들어가 도를 닦아 마침내 신통력을 얻게 되었다. 그는 천안天眼으로 땅속에 묻혀 있는 보물을 마치 유리상자 속에 있는 물건처럼 훤히 볼 수 있었다. 그 이야기를 전해 들은 국왕은 매우 기뻐하며 말했다.

"그 신선을 어떻게 대접해야 우리 나라를 떠나지 않고, 또 짐의 창고에 보물을 가득 쌓이게 할 수 있겠소?"

그러자 어리석은 신하가 신임을 얻을 욕심에 당장 그 사람이 있는 곳으로 달려가서, 그의 두 눈을 칼로 뽑았다.

그리고 그는 그것을 들고는 돌아와서 국왕에게 말했다.

"국왕이시여, 지금 제가 그 신선의 눈을 뽑아 왔습니다. 이제 그는 아무 데고 갈 수 없어 늘 우리 나라에 머무를 것입니다."

그러자 국왕은 불같이 화를 내며 말했다.

"경은 도대체 정신이 있는 게요? 그 신선이 우리 나라에 영원히 머물도록 욕심 낸 까닭은 바로 그 천안을 통해 땅속에 묻혀 있는 보물을 찾도록 하기 위해서인데, 경이 무턱대고 신선의 두 눈을 뽑고 말았으니 그가 어찌 보물을 찾을 수 있겠소?"

　세상 사람들 역시 그와 같다. 어디에 훌륭한 큰스님이 계시다는 소문을 들으면 앞다투어 달려가 자신의 복을 쌓고자 공양을 한답시고 야단법석을 피워 도리어 그 스님이 커다란 깨달음을 얻는 일을 방해하고 마는 것이다.

-백유경-

17. 옥환수진언
아들, 딸, 모든 하인을 얻고자
하거든 이 진언을 외우라
**옴 바나맘 미라야 사바하**

# 옷을 벗은 임금과 신하들

　옛날에 어떤 나라에 간혹 악우惡雨가 내렸는데, 그 빗물이 강이나 호수 또는 우물에 스며들어 사람들이 마시게 되면 정신이 이상해졌다. 일단 그렇게 되면 일주일이 지나야 제정신을 회복할 수 있었다.

　그 나라의 국왕은 천문에 밝아 악우가 내릴 징조가 나타나면 백성에게 우물을 덮어두라고 명했다. 그런데 한번은 명령이 제대로 전달되지 않아 조정의 모든 대신들이 악우가 스며든 우물물을 먹고 그만 정신이 이상해졌다. 그들은 머리에 진흙을 바르고 나체로 입조入朝했다. 물론 국왕은 평소대로 왕관을 쓰고 화려한 복장을 하고 있었다. 그런데 대신들은 도리어 왕에게 손가락질하며 저희들끼리 수군거렸다.

　"아마도 왕이 미친 모양이오. 어째서 혼자 저런 옷을 입고 있단 말이오? 미친 왕은 그대로 놔둘 수 없는 노릇 아니오?"

　국왕은 대신들이 미쳐서 모반하지 않을까 두려워 얼른 신하들에게 말했다.

"잠깐만 기다리시오. 짐에게 좋은 약이 있으니 이 병을 고칠 수 있을 것이오. 내전에 들어가서 먹고 곧 다시 나오겠소."

국왕은 다급히 내전으로 들어가 옷을 벗고 머리에 진흙을 바르고 다시 나왔다. 그러자 대신들이 기뻐하며 말했다.

"이제야 국왕께서 정신을 차리신 모양이오."

일주일 후 대신들은 제정신이 들자 스스로의 모습에 깜짝 놀라 부끄러워하며 관복을 챙겨 입고 관을 쓴 후 입조했다. 그런데 국왕은 여전히 발가벗은 몸으로 상석에 앉아 있었다. 대신들은 민망해서 고개를 제대로 들지 못한 채 말했다.

"대왕께서는 슬기로운 분이신데, 이게 어찌 된 일입니까?"

"내 정신은 항상 변함이 없소. 그런데 경들은 자신들이 미쳤으면서 도리어 짐을 미쳤다고 해서 이렇게 한 것뿐이오."

부처님도 마찬가지다. 중생들은 무명의 물을 마시고 늘 미쳐 있는 상태이기 때문에 부처님이 '모든 법은 나지도 않고 멸하지도 않으며 어떤 고정된 모습도 없다'라고 설하시면 이해하지 못하고 도리어 미친 소리라고 한다. 그래서 부처님은 어리석은 중생들을 교화하시고자 선과 악을 구별하여 말씀하셨다.

-잡비유경-

# 입속의 단맛

 우유를 팔아 생계를 유지하던 한 노파가 있었다. 어느 날 노파는 우유항아리를 둘러메고 시장에 내다 팔려고 길을 나섰다. 도중에 노파는 암마륵나무庵摩勒樹에 열매가 가득 열려 있는 것을 보고 몇 개 딴 다음 나무 아래 앉아서 열매를 먹었다.

 그 열매가 매우 달아 노파는 물을 먹기 위해 근처에 있는 우물로 갔다. 거기에는 한 젊은이가 물을 긷고 있어서 노파는 그 젊은이에게 물을 조금 얻어 마셨다. 그런데 입속에 남아 있는 단맛 때문에 물맛이 마치 꿀맛 같았다. 신기하게 생각한 노파가 물었다.

"어떻게 우물물이 이렇게 달 수 있을까? 마치 꿀맛 같네 그려."

"그렇습니까?"

"저기 있는 내 우유 한 항아리와 당신이 뜬 우물물 한 항아리를 바꾸면 어떻겠소?"

 그 젊은이는 속으로 얼씨구나 하면서 얼른 노파의 말대로 우유와 물을 바꾸고는 사라져버렸다. 노파 역시 매우 좋아라 하면서 집으로 돌아왔다. 그러나 그때는 이미 암마륵나무 열매의 단맛은 입속에 남아 있지 않았다.

　노파는 집으로 돌아와 항아리 속에서 물을 한 사발 떠서 마셨다. 그런데 이상하게도 그 물은 아무런 단맛도 나지 않았다. 노파는 이상하다고 생각해서 이웃집 사람을 불러 물맛을 보게 했다. 물을 마시고 난 이웃집 사람이 말했다.

"이 물에서는 나뭇잎 썩은 냄새가 나서 도저히 마실 수가 없소. 왜 이 물을 맛보라는 거요?"

　그 말을 듣고 노파는 다시 물을 떠서 맛보았다. 그랬더니 과연 나뭇잎 썩은 냄새가 났다.

"아이고, 내가 정말 바보 같은 일을 저질렀구나. 우유를 이런 악취 나는 물과 바꾸다니……."

-대장엄론경-

# 독나무의 뿌리

옛날에 공원을 관리하는 한 사내가 있었다. 그 공원에는 독나무 한 그루가 심어져 있었다. 공원에 놀러온 수많은 사람들은 그 나무 아래에서 휴식을 취하곤 했다. 그런데 그 사람들은 얼마 지나지 않아 심한 두통이나 복통을 앓다가 죽고 말았다.

그 사내는 독나무가 바로 그 문제의 근원이라 생각하고 도끼를 들고 가서 그 줄기를 잘라버렸다. 그러나 며칠이 지나자 독나무는 예전과 똑같이 자라났고 도리어 나뭇잎이 더욱 무성해졌다.

또다시 그 사실을 알지 못한 어떤 사람이 뙤약볕을 피하기 위해 그 나무 아래로 와서 땀을 식혔다. 그러나 그 사람은 땀이 다 마르기도 전에 목숨을 잃고 말았다. 공원을 관리하는 사내는 다시 도끼를 가지고 가서 그 나무를 베어버렸다. 그러나 독나무는 죽기는커녕 가지가 무성하게 자라는 것이었다. 사내는 그 이후에도 계속해서 독나무를 베어보았지만 독나무는 끊임없이 자랐다.

결국 그 독나무 밑에서 땀을 식히던 사람들과 심지어는 그 사내의 부모형제와 친척까지 모두 세상을 뜨고 말았다. 사내는 세상에 의지할 사람이 아무도 없음을 비통하게 생각하며 그 지방을 뜨기로 했다.

다른 지방을 향해 길을 가던 도중 그 사내는 한 현인賢人을 만났다. 현인은 그 사내의 얼굴이 수심에 가득 차 있는 것을 보고 이유를 물었다. 사내는 독나무에 얽힌 슬픈 사건을 자세히 이야기해 주었다.

이야기를 다 듣고 난 현인이 그 사내에게 말했다.

"솔직히 말하건대 당신이 당한 일은 모두 당신 자신이 자초한 일이오! 물을 막고자 하면 반드시 제방을 튼튼히 쌓아야 하는 법이고, 나무를 베려면 마땅히 그 뿌리를 뽑아야 하는 법이오. 당신은 독나무가 잘 자라게 도와준 것이나 다름없소. 빨리 돌아가서 독나무의 뿌리를 파버리면 다시는 사람들이 다치는 일이 없을 것이오."

-출요경-

# 장님 부부의 세월

옛날에 사이좋은 젊은 부부가 있었다. 그 부부는 둘 다 남들이 부러워할 만큼의 외모를 갖춘 선남선녀였다. 그들은 서로 너무도 사랑하는 사이여서 상대에게 싫증을 낼 줄 몰랐다.

그러던 어느 날 그 부부는 그만 둘 다 실명失明하고 말았다. 앞을 못 보게 된 부부는 다른 사람에게 속게 될까 걱정했고, 부인은 남편을 또 남편은 부인을 잃을까 시름에 잠겼다. 그래서 그들은 항상 손을 잡고 다니며 잠시도 떨어져 있지 않았다.

세월이 지나 그 부부의 친척이 유명한 의원을 데려와서 그들을 치료해주자, 부부는 다시 앞을 볼 수 있게 되었다. 먼저 눈을 뜬 남편이 옆에 웬 늙은 할머니가 앉아 있자 깜짝 놀라며 소리쳤다.

"당신은 누구요? 분명 누군가 내 부인을 바꿔치기해서 데려갔군."

그때 눈을 뜨게 된 부인 역시 옆에 한 할아버지가 앉아 있는 모습을 보고 기겁하며 비명을 질렀다.

"누가 내 남편을 바꿔치기했단 말이오?"

두 사람은 이내 소리 높여 울기 시작했다. 의원을 소개한 친척은 부부의 행동에 어리둥절해 있다가 이내 그들에게 차근차근 설명을 해주었다.

"자네들이 젊었을 때 실명한 이래 서로를 볼 수 없어서 이런 일이 생겼구먼. 사람이란 나이가 들면 쇠약해지고 얼굴에 주름살이 생기는 것은 자연의 이치라 피할 수가 없다네. 늙어서도 젊었을 때의 어여쁜 얼굴을 바라는 것은 마치 얼음 속에서 불을 구하려는 것과 마찬가지라네. 도대체 왜 우는 것인가? 두 사람 다 지나간 세월이 얼마나 오래되었는지 곰곰이 생각해보게."

-출요경-

18. 백련화수진언
갖가지 모든 공덕을 성취하고자
하거든 이 진언을 외우라
**옴 바아라 미라아 사바하**

# 연자방아를 돌린 전마

옛날에 한 국왕이 적국의 침공에 대비해서 수많은 전마戰馬를 기르고 있었다. 어느 날 이웃 나라 왕이 병사들을 이끌고 쳐들어왔다. 그러나 그 나라에 훌륭한 전마가 무수히 많은 것을 보고 승산이 없다고 판단하곤 돌아갔다. 이에 국왕은 기뻐하면서 속으로 생각했다.

'이제 적들이 모두 돌아갔으니, 이 전마들을 어디에다 쓰면 좋을까? 백성에게 고루 나누어주어 일하는 데 쓰게 하면 유용할 것이다.'

국왕은 대신에게 명을 내려 백성에게 골고루 전마를 나눠주게 했다. 백성은 국왕의 은혜에 감사하면서 나눠받은 전마들을 주로 연자방아를 돌리는 일에 썼다.

그런데 몇 년 후 이웃 나라 왕이 다시 침범해왔다. 국왕은 급히 명을 내려 전마들을 회수해서 국경으로 나가 적을 맞게 했다. 그러나 전마들은 오랫동안 연자방아를 돌렸던 습관 때문에 전진하지를 못하고 원을 그리며 빙빙 돌기만 했다. 병사들이 아무리 채

찍을 휘둘러도 마찬가지였다. 이를 본 이웃 나라 왕은 쾌재를 부르며 공격해와서 이 나라를 전멸시켰다.

-대장엄론경-

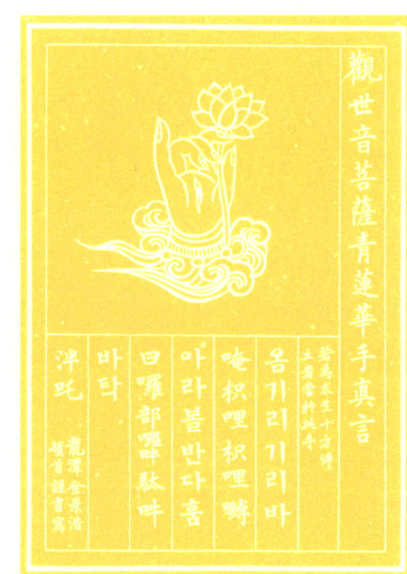

### 19. 청련화수진언
시방 정토왕생을 얻고자 하거든 이 진언을 외우라
**옴 기리기리 바아라 볼 반다 훔 바탁**

# 나찰귀를 탄복시키다

한 상인이 하인들을 거느리고 먼 나라로 장사를 떠났다. 어느 날 그들은 매우 황량한 곳을 지나갔다. 그때 갑자기 거대한 나찰귀羅刹鬼가 입에서 피를 뚝뚝 흘리며 그들 앞을 딱 가로막은 채 무시무시한 목소리로 말했다.

"꼼짝 마라!"

이때 상인은 어떻게 해서든지 이 상황을 극복하고 살아야겠다는 생각에 오른손으로 나찰귀를 쳤다. 그런데 어찌 된 일인지 나찰귀는 말짱했고 도리어 상인의 오른손이 나찰귀의 몸에 딱 달라붙어 떼려고 해도 떼어지지 않는 것이었다. 상인은 이번에는 왼손으로 나찰귀를 쳤는데 왼손 역시 나찰귀의 몸에 붙어버렸다. 다급해진 상인은 양 다리와 머리로 나찰귀를 공격했지만 그 결과는 마찬가지였다. 그러나 상인은 계속해서 필사적으로 반항했다. 이에 나찰귀는 실실 웃으면서 말했다.

"너 지금 뭐하는 거냐? 더 이상 반항하지 말고 순순히 내 밥이 되거라."

그러나 상인은 지지 않고 더욱 소리 높여 말했다.

"내 사지와 머리가 내 몸에 붙어 꼼짝달싹할 수 없지만, 결코 이대로 네 밥이 될 수는 없다. 나는 계속해서 너와 싸울 참이다."

상인의 당당한 말에 나찰귀는 속으로 생각했다.

'세상 사람들은 나를 보자마자 기절하는 게 보통인데, 이 상인은 아주 대담하구나. 잡아먹기 아까우니 풀어주는 게 좋겠다.'

생각을 마친 나찰귀는 상인에게 말했다.

"네 용기에 탄복했다. 너를 잡아먹지 않고 풀어주마."

그리고 나찰귀는 연기처럼 사라져버렸다.

세상 사람들이여, 위험과 곤란에 처했다고 해서 결코 용기를 잃어서는 안 된다. 도리어 운명을 하늘에 맡기고 최후의 일각까지 용기를 내 상황을 극복하고자 해야 한다. 오직 용기 있는 자만이 난관을 돌파할 수 있는 법이다.

-대지도론-

# 타고 남은 재를 먹고
# 깨우치다

 옛날에 한 재상이 죽었는데, 그 아들이 아직 나이가 어려 대를 이을 수 없었다. 그렇게 몇 년이 지나자 아들은 유산을 몽땅 날려 버리고 거리에 나앉게 되었다. 그러나 그 사실을 왕에게 고한 사람은 아무도 없었다. 어느덧 청년이 된 아들은 생각했다.

 '이제 먹고살 일이 까마득하니 이 일을 어쩐다? 그렇다고 귀족으로 태어난 내가 천한 일을 할 수도 없고……. 얼굴이 이미 꽤 알려져 있으니 그 창피를 어찌 감당할 수 있을까? 차라리 도둑이 되는 게 낫겠다. 그리고 이왕 남의 재물을 훔칠 바에야 가난한 집을 털기보다는 차라리 왕의 방을 터는 게 나으리라.'

 청년은 밤을 틈타 궁중으로 침입해서 왕의 방으로 몰래 숨어들어갔다. 왕은 인기척에 잠을 깨기는 했으나 혹 목숨을 잃을까 두려워 잠자는 척하고 있었다.

 청년은 여러 가지 재물을 챙기다가 그만 배가 너무 고파 혹시 먹을 것이 없나 하고 두리번거렸다. 그는 장작이 타다 남은 재를 밀가루로 착각하고 물에 섞어 마셔 배고픔을 달랬다.

잠시 후 그것이 밀가루가 아니라 재라는 사실을 알게 된 청년은 생각했다.

  '이미 재를 먹은 바에야 무엇을 먹지 못할까? 차라리 풀을 먹고 지내는 한이 있어도 도적질을 하지 말아야겠다. 누가 알면 선친의 체면이 말이 아니게 되리라.'

  청년이 빈 몸으로 나서려 하자 그것을 궁금히 여긴 왕이 일어나 물었다.

  "도둑이 이미 물건을 훔쳤으면 마땅히 가져가야 하는 법인데, 왜 빈 몸으로 나가는 게냐?"

  청년이 방금 있었던 일을 자세히 설명하자 왕이 감탄했다.

  "이 사내야말로 진실한 사람이다. 비록 한때 잘못된 마음을 먹기는 했으나 곧 뉘우쳐 고쳤으니 이 어찌 장한 일이 아니더냐?"

  왕은 그 청년이 재상의 아들이란 사실을 알고는 그 자리에서 그를 재상으로 임명했다.

  -대장엄론경-

# 바람난 아내를
# 끝까지 믿은 바보

옛날에 한 바보가 있었는데, 그의 부인이 절세미인이었다. 바보는 그 부인을 끔찍이 사랑했지만, 부인은 품행이 단정치 못하여 외간 남자와 정을 통하고 있었다. 부인은 외간 남자와 관계가 잦아지자 남편을 버리고 그 사내에게 가려는 계획을 세웠다. 그래서 옆집 노파를 불러 부탁했다.

"내가 집을 나가면 여자 시체를 구해다 우리 방에 놓아주세요. 그리고 남편이 돌아오면 내가 죽었다고 말해주세요."

노파는 그 남편이 외출한 틈을 엿보아서 시체를 그 집 방 안에 들여놓았다. 그리고는 남편이 돌아오자 호들갑을 떨며 말했다.

"어디 갔다 이제 오는 것이오? 당신 부인이 이렇게 죽었는데……."

남편은 방에 들어가 시체를 보고는 대성통곡을 했다.

남편은 시체를 끌어내 화장을 하고 남은 뼈를 상자에 담아 밤낮으로 껴안고 지냈다.

그런데 얼마 후 부인은 외간 남자에 싫증이 나서 집으로 돌아와 남편에게 말했다.

"여보, 내가 돌아왔어요."

그러나 남편은 들은 척도 하지 않았다.

"내 아내는 이미 죽었는데, 그게 무슨 소리요? 당신은 도대체 누구인데 내 아내라고 거짓말을 하는 것이오?"

아내가 거듭 말했으나 바보 남편은 도통 믿으려 하지 않았다.

외도들이 삿된 법을 듣고는 혹하여 그것을 진실이라 생각해 고치지 않고, 또 정법을 들어도 믿지 않으려 하는 것과 같다.

-백유경-

# 금방 자라게 하는 약

옛날에 한 국왕이 딸을 낳자 곧 의사를 불러 말했다.
"나는 이 아이가 아리따운 처녀로 자란 모습을 보고 싶다. 어서 약을 처방해서 당장 자라게 하라."
"저는 공주님께 약을 먹여 크게 할 수는 있습니다. 그런데 그 약을 지금 당장 구할 수가 없습니다. 그 약을 얻을 때까지 대왕께선 공주님을 보지 마십시오. 제가 약을 구해 먹인 후 보여 드리겠습니다."
의사는 약을 구한다는 핑계로 공주를 데리고 다른 나라로 나갔다가 18년이 지난 후에 돌아와서 왕에게 공주를 보였다. 왕은 다 자란 딸을 보고는 무척 기뻐하며 생각했다.
'정말 훌륭한 명의다. 공주에게 약을 먹여 갑자기 자라게 하다니!'
왕은 대신에게 명령하여 산더미 같은 보물을 상으로 내리게 했다. 그 이야기를 전해 들은 백성은 왕의 무지를 비웃으며 수군거렸다.
"그동안 18년의 세월이 지난 것은 생각지도 않고, 약의 힘 때문에 자란 거라고 생각하다니."
세상 사람들도 그와 같아서 선지식善知識에게 이렇게 말한다.

"도를 닦고자 하오니 부디 저를 가르쳐서 당장 선지식이 되게 하소서."

스승은 그런 사람들을 잘 구슬러 기초부터 가르쳐 온갖 덕을 쌓아 마침내 아라한이 되게 한다. 그러면 그들은 뛸 듯이 기뻐하며 말한다.

"훌륭하신 스승님이다. 나로 하여금 이렇게 빨리 아라한이 되게 하시다니."

-백유경-

20. 보경수진언
넓고 큰 지혜를 성취하고자 하거든
이 진언을 외우라
**옴 미보라 나 락사 바아라 만다라 훔 바탁**

# 눈앞의 이익만 생각한 우유 장수

옛날에 가난한 두 사람이 우유를 팔아 생계를 꾸려나갔다. 어느 날 시장에 가려고 하는데 비가 내리자 그 중 슬기로운 이는 이렇게 생각했다.

'비가 내리니 길이 질고 미끄러울 것이다. 혹시라도 넘어지면 우유병이 깨지고 말 것이니 오늘은 조금만 가져가자.'

그러나 다른 한 사람은 가지고 있는 모든 우유병에 우유를 가득 담고 시장으로 갔다. 두 사람은 함께 언덕을 넘다가 그만 미끄러져 가지고 있던 병들을 모두 깨고 말았다.

하지만 그 중 한 사람이 태연하게 있자 지나가던 행인이 궁금해하면서 물었다.

"당신들 두 사람은 모두 우유병을 깨는 바람에 손해가 같을 것인데, 왜 한 사람은 울고 다른 한 사람은 태연하게 있는 것이오?"

그러자 울고 있던 사람이 말했다.

"나는 가지고 있던 모든 우유병을 싣고 나왔다가 그만 모두 깨뜨리고 말았습니다. 이제 먹고살 일이 까마득해서 이렇게 울고 있는 것입니다."

다른 사람은 이렇게 말했다.

"저는 오늘 비 때문에 땅이 질고 미끄러울 것이라고 생각했습니다. 그래서 욕심 부리지 않고 조금만 갖고 나왔으니 큰 손해를 보지 않았습니다. 그러니 그리 걱정할 일은 아니랍니다."

병은 우리의 몸을, 우유는 재물을 비유한 것이다. 어떤 이는 재물을 아껴 당장의 이익만을 탐하면서 무상의 이치를 생각하지 않다가 갑자기 목숨을 잃는 바람에 재물도 잃고 만다. 그것은 저 우둔한 우유 장수가 모든 병을 한꺼번에 깨뜨리는 것과 같다.

그러나 또 어떤 이는 후세의 과보를 믿고 가진 재물을 보시하므로 생을 마치더라도 얻을 것이 있다. 그것은 저 슬기로운 우유 장수가 욕심을 내지 않았기 때문에 조그만 손해로 그치는 것과 같다.

-잡비유경-

# 그림자에 홀린 계집종

 옛날에 남의 부러움을 살 만큼 아름다운 며느리가 시어머니의 구박을 참다못해 자살을 하려고 했다. 그러나 마음이 약해 그러지 못하고 집에도 돌아갈 수 없자 나무 위에 올라가 몸을 숨기고 있었다. 그러자 나무 밑에 있던 연못에 그 여인의 아름다운 모습이 비쳤다.
 그때 마침 한 계집종이 물을 퍼가려고 항아리를 지고 연못가에 왔다. 그녀는 그 그림자를 자기 것으로 착각하고 중얼거렸다.
 "내 얼굴이 이렇게 아름다운데 어찌 물 긷는 천한 일만 할 수 있단 말이냐?"
 그녀는 곧 항아리를 던져버린 다음 씩씩거리며 집으로 돌아가 주인에게 따졌다.
 "제가 아름답기 그지없는데 하필이면 물이나 긷는 천한 일을 시키는 이유가 도대체 무엇입니까?"
 그러자 주인은 속으로 생각했다.
 '이 아이가 무엇을 잘못 먹은 것인가? 아니면 귀신에게 홀리기

라도 했단 말인가?'

주인은 다른 항아리를 주며 쓸데없는 소리 하지 말고 물이나 떠오라고 했다. 계집종은 다시 연못으로 갔다가 항아리를 부수며 한탄했다.

그 모습을 지켜본 며느리가 배꼽을 잡고 웃었다. 그제야 계집종은 그 그림자가 자기 모습이 아니라는 사실을 깨닫게 되었다. 나무 위를 올려다본 계집종은 한 아름다운 여인이 빙긋이 웃는 모습을 보고서는 창피해서 얼굴을 들지 못했다.

중생들은 이처럼 뒤바뀐 소견에 미혹되어 있다. 자기 이마에 향수를 바르고서 그 향기가 원래의 이마에서 나오는 것으로 생각하는 것과 같다.

-대장엄론경-

# 슬기로운 새 사냥꾼

 옛날에 사냥꾼이 새를 잡기 위해 강변에 커다란 그물을 쳤다. 그리고는 그물 위에 여러 가지 먹을 것을 매달아 놓아 새를 유인했다. 잠시 후 과연 한 떼의 새들이 날아와 앞다투어 먹이를 집어 먹기 시작했다. 그때를 놓치지 않고 사냥꾼은 재빨리 그물을 잡아당겼다. 정신없이 먹는 것에만 열중하던 새들은 날아가려고 해도 그럴 수 없는 처지가 되고 말았다.

 그런데 그물 안에 있던 새들 중에서 가장 커다란 새가 있는 힘을 다해 날갯짓을 하더니, 그물을 뒤집어쓴 채 하늘로 힘껏 날아올랐다. 다른 작은 새들은 그물을 벗어나지 못했지만 일단 안도의 한숨을 쉬었다. 사냥꾼은 날아가는 그 새 떼를 올려다보며 천천히 따라갔다.

 그때 길 가던 이가 사냥꾼을 비웃으며 말했다.

 "새는 하늘에 있고 당신은 땅 위에 있는데, 어찌 새 떼를 따라가서 잡을 수 있단 말이오? 정말 바보 같구먼."

 그러자 사냥꾼이 태연자약하게 대꾸했다.

"날이 저물면 새들 역시 자기 둥지로 돌아가는 법이오. 하지만 모든 새가 같은 둥지에 사는 게 아니므로 저마다 가는 방향이 다를 겁니다. 두고 보십시오. 이제 곧 해가 지면 저 그물은 땅에 떨어질 것이오."

그리고 사냥꾼은 계속해서 새 떼를 따라갔다. 잠시 후 해가 지고 어두워지자 그물 속의 새들은 저마다 자기 둥지로 가려고 각자 서로 다른 방향으로 날기 시작했다. 그러자 그물은 더 이상 앞으로 나아가지 못하고 공중에서 맴돌더니, 이윽고 새들의 힘이 다 떨어지자 땅바닥을 향해 곤두박질쳤다.

천천히 그물로 다가간 사냥꾼은 그물 속의 새들을 모두 잡을 수 있었다. 사냥꾼은 잡은 새들을 등에 걸머지고는 콧노래를 부르며 집으로 돌아갔다.

-잡비유경-

# 세 가지 보물

옛날에 비사사라는 두 귀신이 있었는데, 그들은 상자 하나와 지팡이 한 개, 그리고 신 한 짝을 같이 쓰고 있었다. 그런데 불편함을 참지 못한 그들은 그것을 혼자 차지하려고 다투기 시작했다. 그러나 해가 저물도록 싸움이 끝나지 않았다.

그때 어떤 사내가 와서 싸우는 모습을 보고 물었다.

"그 상자와 지팡이와 신이 얼마나 대단한 물건이기에 그렇게 심하게 다투는가?"

"이 상자에는 바라는 모든 보물이 들어 있고, 이 지팡이는 모든 원수를 항복시킬 수 있는 힘을 주고, 이 신을 신으면 하늘을 마음대로 날 수 있답니다."

이 말을 듣고 사내가 말했다.

"그렇다면 내가 해결해 드리리다. 두 귀신은 그만 싸우고 잠시 내게서 떨어져 있으시오. 내가 골고루 나누어 드리리다."

그러자 두 귀신은 멀리 떨어졌다. 그 순간 사내는 신을 신더니 상자와 지팡이를 들고 허공으로 치솟았다. 깜짝 놀란 두 귀신은 어안이 벙벙해져 공중에 있는 그 사내를 올려다보았다. 사내는 귀신들에게 외쳤다.

"너희들이 서로 가지려고 다투던 물건을 내가 가져가니 이제 너희들은 더 이상 다툴 필요가 없다."

비사사라는 귀신은 온갖 외도들을 비유한 것이요. 상자는 보시의 복덕을 비유한 것이다. 또 선정은 그 지팡이와 같아 모든 번뇌를 없애고, 계율은 그 신발과 같아 천상에 오르게 하는 도구이다.

외도들이 그 세 보물을 가지려고 서로 다투는 것은 번뇌를 떨쳐버리지 못하면서 좋은 과보를 구하려 하지만 끝내 아무 소득이 없는 것을 비유함이다. 선행과 보시와 계율과 선정을 닦으면 곧 괴로움을 여의고 깨달음을 얻게 되리라.

-백유경-

# 그림자 때문에 싸운 부부

옛날에 한 사람이 부인을 맞이하여 서로 사랑하고 존경했다. 그러던 어느 날 남편이 부인에게 말했다.

"부엌에 가서 포도주를 가져오시오. 함께 마시도록 합시다."

부인은 부엌에 있는 술독을 열다가 그 속에 비친 그림자를 보고는 곧장 남편에게 달려가 화를 내며 소리쳤다.

"당신은 술독 안에 여자를 감추어두고는 왜 또 저를 맞이한 것입니까."

어안이 벙벙해진 남편은 부엌에 달려가 술독을 열었다. 그랬더니 그 속에 웬 남자가 보이는 게 아닌가!

그것은 자신이 비친 모습이었지만, 그것을 모르는 남편은 도리어 부인에게 외간 남자를 숨겨두었다고 불같이 화를 냈다. 그렇게 해서 부부는 서로 자기 말이 맞다고 살림살이를 집어던지며 싸우기 시작했다.

그때 마침 남편 친구인 한 바라문이 그 집에 들렀다가 까닭을 묻고는 부엌에 갔다 돌아와선 친구를 원망했다.

"자네는 친한 친구를 따로 숨겨두고 또 뭘 잘했다고 그렇게 싸우는가?"

그리고는 씩씩거리며 나가버렸다.

부부가 계속 난리를 피우자 한 스님이 달려와 그 모든 일이 그림자에서 비롯된 사실을 알고는 탄식했다.

"세상 사람들은 어리석기 그지없어 공空을 도리어 실實이라 생각하는구나."

스님은 부부를 데리고 함께 부엌으로 들어가 말했다.

"내가 당신들을 위해 독 속에 있는 사람들을 없애 주겠소."

그리고는 돌로 술독을 깨뜨려버렸다. 그제야 부부는 독 안에 든 사람이 자기 그림자였던 사실을 알고 얼굴을 들지 못했다.

부처님은 이야기를 마치시고 이렇게 말씀하셨다.

"그림자를 보고 서로 싸우는 것은 삼계三界\*의 중생들이 오온五蘊\*과 사대四大\*가 괴롭고 공한 것임을 알지 못하고, 삼독심三毒心\*으로 생사가 끊이지 않음을 비유한 것이니라."

-잡비유경-

- 삼계: 중생이 생사에 유전流轉하는 미혹한 욕계欲界, 색계色界, 무색계無色界의 셋을 말한다.
- 오온: 색色-물질, 수受-감각, 상想-개념, 행行-의지, 식識-의식을 함께 이르는 말.
- 사대: 이 세상 만유萬有를 구성하는 4대 원소로 지地, 수水, 화火, 풍風을 가리킴.
- 삼독심: 욕심, 성냄, 어리석음을 이름

# 가난한 이가
원앙을 흉내 내다

어느 나라에서 명절이 되면 아낙네들이 모두 연꽃으로 머리를 장식했다. 그때 한 가난한 이의 아내가 남편에게 말했다.

"모두들 명절이라고 연꽃으로 머리를 장식하는데 난 이게 뭐예요? 만일 당신이 연꽃을 당장 구해오지 못하면 난 떠나버릴 거예요!"

그러나 남편은 연꽃을 살 돈이 없었다. 부인을 놓치고 싶지 않은 남편은 이러저리 궁리한 끝에 자신이 원앙 울음소리를 잘 흉내 내는 것을 믿고 꾀를 내었다. 그리하여 왕의 연못에 숨어들어 원앙 소리를 내면서 연꽃을 훔치고 있었다. 그때 연못을 지키던 병사가 외쳤다.

"거기 누구냐?"

그 소리에 가슴이 철렁 내려앉은 남편은 그만 이렇게 대답하고 말았다.

"나는 원앙입니다."

병사는 곧 남편을 붙잡아 왕이 있는 곳으로 갔다. 가는 길에 그는 진짜 원앙 같은 울음소리를 냈다. 그러자 병사가 말했다.

"아휴, 이 사람아. 지금 그래 봤자 무슨 소용인가?"

세상의 어리석은 이들 역시 마찬가지다. 생전에 온갖 악업을 일삼다가 죽음을 맞이해서야 이렇게 말한다.

"착하게 살걸. 이제부터라도 선업을 쌓고 싶다."

그러나 저승사자가 그를 붙잡아 염라대왕에게 끌고 가면 아무리 선업을 쌓고 싶어도 어쩔 수 없다. 마치 저 어리석은 이가 잡히고 나서야 원앙 울음소리를 흉내 내는 것과 같다.

-백유경-

21. 지련화수진언
시방세계의 모든 부처님을
친견하고자 하거든 이 진언을
외우라
**옴 사라 사라 바아라 가라 훔 바타**

# 엉뚱한 곳에서
# 은발우를 찾다

 한 사내가 배를 타고 바다를 건너다가 그만 잠깐 하는 사이에 귀중한 은발우를 빠뜨리고 말았다. 그는 어떻게 해서든지 은발우를 건져내려고 이러저리 애를 써보았다. 하지만 당장 배를 멈출 수는 없는 노릇이었다.
 '그래, 은발우가 떨어진 곳에 금을 그어 두었다가 기회를 봐서 나중에 다시 찾도록 하자.'
 사내가 타고 있던 배는 두 달 동안이나 항해한 끝에 사자국獅子國에 이르렀다. 사내는 주위 바다를 둘러보더니 곧장 바닷물 속으로 뛰어들었다. 그리고는 전에 잃어버렸던 은발우를 찾기 시작했다. 그 모습을 본 뱃사람이 물었다.
 "도대체 무슨 일로 그러시오?"
 "예전에 은발우를 잃어버렸는데, 지금 찾으려고 하는 것이오."
 "언제 잃어버렸소?"
 "처음 항해를 시작했을 때요."
 "그러면 벌써 두 달 전 일이잖소?"

"걱정하지 마시오. 그때 은발우를 잃어버린 곳에 금을 긋고는 기억해두었소. 지금 뛰어든 곳이 내 기억 속의 그곳과 똑같으니 반드시 찾을 수 있을 것이오."

"세상에. 아니 두 달 전에 잃어버린 은발우를 어떻게 오늘 이곳에서 찾을 수 있단 말이오?"

-백유경-

22. 보협수진언
땅 속에 묻혀 있는 갖가지의 보물을
구하려거든 이 진언을 외우라
**옴 바아라 바사가리 아나 맘라 훔**

# 어리석은 하인

한 사람이 멀리 여행을 떠나기에 앞서 집의 하인에게 분부했다.
"너는 집 대문을 굳게 닫고 나귀와 밧줄도 잘 살피도록 해라."
"알겠습니다, 마님."

주인이 떠난 후 얼마 되지 않아 이웃집에 광대들이 찾아와 장기를 자랑했다. 하인은 그 모습을 구경하고 싶어 안달이 났다.

그러나 주인의 분부를 거역할 수 없는 노릇이었다. 그래서 그는 밧줄로 문을 엮어 나귀 등에 싣고 이웃집으로 가서 광대놀이를 재미있게 구경했다. 그 사이 도둑이 들어 집 안의 재물을 몽땅 쓸어갔다.

집에 돌아온 주인은 깜짝 놀라며 하인에게 소리쳤다.
"도대체 이게 어찌 된 일이냐?"
"마님께서 잘 지키라고 말씀하신 문과 밧줄과 나귀는 여기 있습니다. 그 밖의 것은 제가 알 바 아닙니다."
"문을 지키라 한 것은 바로 집 안에 있는 재물 때문인데, 그 재물을 몽땅 도둑 맞았으니 이제 그 문을 어디다 쓴단 말이냐?"

생사를 윤회하는 어리석은 사람이 애욕의 종이 되는 것도 이와 같다. 부처님께서는 '여섯 가지 감관(感官)의 문을 잘 단속하고 여섯 가지 경계에 집착하지 말며, 무명의 나귀를 지키고 애욕의 밧줄을 잘 지켜보라.' 하고 말씀하셨다.

그런데 어떤 비구들은 부처님의 가르침을 저버리고 이익과 명예를 탐하여 거짓으로 청렴결백한 척 꾸미고 고요한 곳에 앉아 있다. 그러나 속마음은 어지러워 오욕에 따라 천방지축으로 날뛰고 있다. 즉 여섯 가지 경계에 홀려 무명은 마음을 어둡게 하고 애욕의 밧줄에 얽히고 만다. 그리하여 깨달음이란 재물을 모두 잃고 마는 것이다.

-백유경-

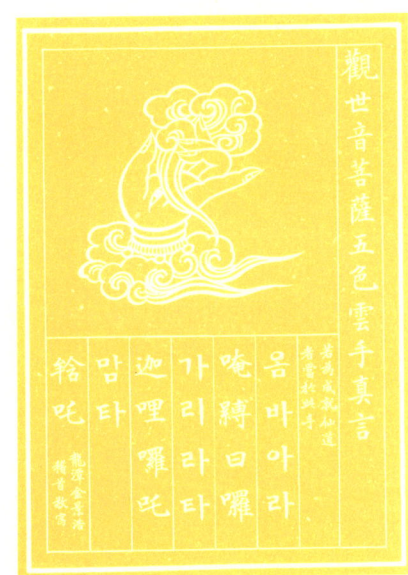

### 23. 오색운수진언
신선도나 부처님 도를 속히
성취하고자 하거든 이 진언을
외우라
**옴 바아라 가리라타 맘타**

# 즐거움에 겨워
# 화禍를 불러들이다

 오곡이 풍성하고 백성은 무병장수하여 밤낮으로 풍악이 울리는 나라가 있었다. 한번은 그 나라 왕이 신하들에게 물었다.
 "듣자니 천하에 화禍라는 것이 있다는데, 그게 도대체 무엇입니까?"
 신하들이 대답했다.
 "저희들도 보지 못했습니다."
 왕은 곧 사신을 이웃 나라로 보내 그것을 구해오라고 했다.
 그때 한 천신天神이 사람으로 변해서 시장에서 그것을 팔고 있었다. 꼭 돼지처럼 생긴 것이 쇠사슬에 묶여 있었다. 사신은 궁금해서 물었다.
 "이게 도대체 무슨 짐승이오?"
 "그것은 화모禍母라고 하오."
 "값은 얼마요?"
 "천만 냥이오."
 "허, 뭐가 그리 비싸오? 그나저나 먹이는 무엇을 먹습니까?"
 "하루에 바늘 한 되씩 먹습니다."

사신은 곧 화모를 사서 본국으로 돌아와 집집마다 바늘을 거두었다. 그렇게 하루 이틀이 지나자 전국에 바늘이 떨어져 백성의 원성이 자자했다. 그러자 한 신하가 왕에게 말했다.
　"대왕이시여, 화모 때문에 백성의 원성이 하늘을 찌르고 있습니다. 죽이는 게 옳을 성싶습니다."
　"그렇게 하라."
　신하들은 곧 화모를 성 밖으로 끌어내 칼과 창으로 찌르고 베었지만, 화모는 꿈쩍도 하지 않았다.
　그래서 나무를 쌓고 그 위에 화모를 올려놓고 불을 질렀다. 그러자 온몸이 새빨갛게 달아오른 화모는 미친 듯이 날뛰면서 달리시 시작했다. 그 와중에 마을과 성이 온통 불길에 휩싸였다. 그렇게 며칠이 지나자 그 나라의 모든 산과 밭이 모두 불에 타서 백성은 모두 굶주리게 되었다.
　즐거움에 겨워 화를 불러들인 결과다.

-구잡비유경-

# 구슬과 바꾼 금대야

 아주 먼 옛날에 한 아이가 외삼촌과 함께 각지를 돌아다니며 행상을 하고 있었다. 어느 날 함께 길을 가던 그들 앞에 커다란 강이 나타났다. 외삼촌이 먼저 강을 건너 장사할 만한 동네가 있는지 살펴보기로 했다.

 강을 건넌 외삼촌은 어느 날 한 과부집에서 지친 다리를 쉬게 되었다. 그 과부집 딸은 집안에 대대로 전해 내려오는 금대야를 상인이 가진 흰 구슬과 바꾸고 싶었다. 어머니에게 승낙을 받은 후, 딸은 금대야를 상인에게 보여줬다. 상인은 곧 칼로 금대야를 긁어보았다. 그 대야가 진품인 것을 알았지만, 그는 짐짓 별것 아니라는 듯 땅에 던져버렸다.

 "쳇, 괜히 내 손만 더러워졌네."

 상인이 욕을 하고 떠나자, 과부와 딸은 부끄러움에 얼굴이 빨갛게 달아올랐다.

 한편 외삼촌을 기다리다 지친 아이는 강을 건너기로 했다. 그리고 아이도 그 과부집에 이르게 되었다. 딸은 또 아이가 가진 흰 구슬과 금대야를 바꾸고자 했다. 그러자 어머니가 말했다.

"너는 전에 그렇게 창피를 당하고도, 또 그러느냐?"

"이 아이는 나쁜 사람 같지 않아요. 그러니 다시 한 번 흥정을 해보겠어요."

딸이 건네준 금대야를 본 아이가 말했다.

"이것은 진짜 금대야군요. 제가 가진 구슬을 다 드릴 테니 제게 주십시오."

"좋아요."

그렇게 해서 아이는 금대야를 짊어지고 외삼촌을 찾아 나섰다.

그때 외삼촌이 다시 과부집으로 들어가 말했다.

"좋소. 내가 인심을 쓰기로 하겠소. 작은 구슬을 줄 테니, 그 대야를 파시오."

이에 과부가 말했다.

"방금 한 착한 아이가 자기가 가진 구슬을 모두 주고 금대야를 사갔소. 그 아이는 그러면서 금대야에 비해 구슬이 모자란다고 오히려 미안해했소. 이런 사기꾼 같은 놈!"

외삼촌은 다시 강변에 이르러 가슴을 치며 한탄했다.

"아! 천금을 주고도 사지 못할 보물을 놓쳤구나."

그런데 너무 심하게 가슴을 치는 바람에 그는 피를 토하고 죽고 말았다. 그 순간 조카는 금대야를 들고 외삼촌에게 달려오고 있었다. 하지만 이미 죽은 외삼촌을 보고 눈물을 흘리며 말했다.

"탐욕이 결국 죽음을 부르는구나."

-육도집경-

# 지혜를 파는 노인

먼 옛날의 일이다. 만물이 풍요로워 곡물과 과일이 넘쳐나고 온갖 재보가 가득하여, 태평성대를 구가하는 나라가 있었다. 상업 역시 번성하여 부족한 물건이라고는 없었지만 국왕은 이에 만족하지 않았다. 어느 날 그는 대신에게 말했다.

"유능한 사신을 뽑아 외국에 보내 우리 나라에 없는 물건을 사오도록 하는 것이 어떻겠소?"

이렇게 해서 사신 한 사람이 외국으로 떠났다.

외국에 도착한 사신은 시장에 나가보았으나 살 만한 물건이 없었다. 눈에 보이는 것이라고는 모두 자기 나라에도 있는 물건들이었다. 실망한 사신은 자기 나라로 돌아갈 생각을 하다가 시장 구석에 한 노인이 빈손으로 앉아 있는 모습을 보았다. 이상하게 여긴 사신이 그 노인에게 다가가 물었다.

"물건도 팔지 않으면서, 빈손으로 이곳에 앉아 무얼 하고 있는 겁니까?"

노인은 웃으면서 대답했다.

"장사를 하고 있는 중이오."

더욱 이상한 생각이 든 사신은 노인의 주위를 자세히 둘러보았으나 팔 만한 물건은 보이지 않았다.

"무엇으로 장사를 하는 겁니까?"

노인이 대답했다.

"나는 이곳에서 지혜를 팔고 있다네."

"노인장이 팔고 있다는 지혜가 도대체 무엇입니까? 또 값은 얼마입니까?"

노인은 사신을 한번 훑어보고선 태연하게 말했다.

"나의 지혜는 오백 냥이나 한다오. 먼저 돈을 내면 지혜를 알려주겠네."

사신은 지혜를 팔다니 참 희한하다는 생각이 들었다. 자기 나라 시장에서는 본 일이 없으므로 사가지고 돌아가도 괜찮으리라고 생각한 사신은 오백 냥을 냈다. 곧 그 노인은 지혜를 알려주었다. 지혜의 내용은 바로 다음과 같았다.

"일을 당하면 여러 번 생각하고, 되도록 화를 내지 말라. 오늘 비록 쓰지 않는다고 해도 유용할 때가 있으리."

사신은 오백 냥을 낭비했다는 생각이 들긴 했지만, 어쨌든 거래는 이루어진 것이라 그 말을 깊이 새기고 본국으로 돌아갔다.

본국으로 돌아온 사신은 자기 집에 들렀다. 그때는 한밤중이라 모든 식구들이 잠들어 있었다. 문을 열고 들어가 달빛에 의지해 얼핏 보니 아내의 침실 앞에 신발이 네 짝 놓여 있었다. 사신은 자기가 없는 틈을 타서 아내가 간통을 저질렀다고 생각하니 갑자기 화가 치밀었다. 그러나 사실 아내는 간통을 한 게 아니라 그날 몸이 아파 어머니가 곁에서 간호를 해주다가 함께 잠든 것이었다. 침상 앞의 신발은 바로 어머니의 것이었다.

이 사정을 알 리 없는 사신은 분기탱천했으나 문득 외국에서 만난 노인이 일러준 지혜의 말이 생각났다. 그래서 그 말을 되뇌며 분노를 삭이고 있었다. 그때 인기척을 느낀 어머니가 자리에서 일어나 혹시나 하는 마음에서 중얼거렸다.

"내 아들이 돌아온 게 아닐까?"

그제야 사신은 자기 아내와 어머니가 함께 잠자고 있었다는 사실을 알게 되었다. 그는 방 밖으로 뛰어나가 펄펄 뛰며 외쳤다.

"정말 싸다! 정말 싸구나!"

의아하게 생각한 어머니가 물었다.

"외국에 무언가 사러 간다더니, 싸다고 하는 말은 또 무슨 말이냐?"

사신은 다시 방으로 돌아와 어머니의 손을 잡고 기뻐하며 말했다.

"내 아내와 어머니는 만 냥을 준다 해도 무엇과도 바꿀 수 없는데, 단돈 오백 냥어치 지혜의 말로 두 분을 지키게 되었으니 이 어찌 싼 게 아니란 말입니까?"

-천존설아육왕비유경天尊說阿育王譬喩經-

# 물거품으로 만든 장신구

옛날 한 국왕에게 열댓 명의 왕자와 한 명의 공주가 있었다. 국왕은 공주를 특히 총애하여 한시도 떨어지지 않고 곁에 있게 하였다. 그리고 공주가 갖고 싶다는 것은 무엇이든지 구해주었다.

그러던 어느 날 저녁 큰비가 내려 빗물이 땅에 흥건히 고였다. 그 위에 빗물이 떨어지자 여러 모양의 물거품이 생겨났다. 물거품은 궁궐의 불빛을 받아 마치 휘황찬란한 보석처럼 보였다. 그 광경에 반한 공주가 국왕에게 말했다.

"아버님, 저 물거품으로 장신구를 만들어 머리에 달면 정말 예쁘겠어요."

국왕은 공주의 말을 듣고 웃으면서 대답했다.

"얘야, 저 물거품은 손으로 잡을 수 없는 것인데, 어떻게 장신구를 만들 수 있겠느냐?"

이에 공주가 말했다.

"몰라요! 사람들을 시켜 만들어주시지 않으면, 죽어버리고 말 거예요."

공주의 성격을 잘 알고 있는 국왕은, 황급히 유명한 장인(匠人)들을 불러모았다.

"너희들은 솜씨가 매우 훌륭해서 만들지 못하는 것이 없다고 들었다. 지금 공주가 물거품으로 장신구를 만들어달라고 하니, 서둘러 만들도록 하라. 만일 만들지 못하면 죽은 목숨으로 생각하라!"

　장인들은 국왕의 말을 듣고 어처구니가 없는지라 서로 멍하니 얼굴만 쳐다보았다. 그리고 이내 물거품으로 장신구를 만들 수는 없는 노릇이라고 서둘러 말하기 시작했다. 그런데 한 늙은 장인이 나서서 충분히 만들 수 있노라고 말했다.

　국왕은 매우 기뻐하면서 그 사실을 공주에게 급히 전했다.

"물거품으로 장신구를 만들 수 있다고 하는 사람이 있으니, 직접 와서 만나보도록 해라."

　그 소식을 들은 공주가 늙은 장인 앞에 나타나자, 그 늙은 장인은 공주에게 말했다.

"공주님, 저는 하잘것없는 사람이라 아름다운 물거품을 분간해 낼 수 없으니, 먼저 공주님께서 직접 물거품을 가지고 오시면 장신구를 만들어 드리겠습니다."

　그러자 공주는 물거품을 가지고 오겠다고 나섰다. 그러나 물거품은 손을 대기만 하면 이내 사라져 도저히 잡을 수가 없었다. 공주는 하루종일 애써 보았지만 허리만 아플 뿐이었다. 지친 공주는 화를 내며 포기하고선 돌아서 버렸다.

　국왕은 공주가 돌아오는 모습을 보고 물었다.

"그래, 물거품으로 장신구를 만들었느냐?"

공주는 자기 볼을 치면서 대답했다.

"물거품으로 만든 장신구 따위는 필요없어요. 물거품은 실제로 존재하는 것도 아니고 오랫동안 있는 것도 아니에요. 대신에 금으로 장신구를 만들어주세요. 그것은 쉽게 부서지지 않을 테니 밤낮으로 머리에 꽂을 수 있을 거예요."

-출요경出曜經-

24. 군지수진언
모든 범천이나 천상에 태어나고자
하는 자는 이 진언을 외우라
**옴 바아라 서가 로타 맘타**

# 포악한 왕을 일깨운
# 슬기로운 아이

 옛날에 어느 국왕이 밤낮으로 잠을 자지 않았다. 그 국왕의 곁에는 보초를 서는 사람을 두었는데, 만약 잠시 졸기라도 하면 그 자리에서 죽여버렸다. 그렇게 해서 죽은 이가 499명에 달했다.
 어느 장자의 아들 차례가 되자 그 집 사람들은 모두 슬피 울면서 아들을 보내려 하고 있었다. 이때 한 소년이 지나가다 물었다.
 "무슨 일로 그렇게 온 가족이 울고 있는 겁니까?"
 가족들이 사실대로 이야기하자 소년이 말했다.
 "그렇다면 저를 고용해서 대신 가게 해주십시오."
 그러자 장자는 몹시 기뻐하며 금 천 냥을 소년에게 주며 아들 대신 입궐하게 했다. 소년이 국왕의 침소로 가자 국왕이 물었다.
 "왜 네가 왔느냐?"
 "사정이 있어 제가 장자의 아들을 대신해서 왔습니다."
 "그럼, 이미 잘 알고 있겠지만 너는 절대 잠을 자지 말라. 잠시라도 졸면 당장 네 목을 베고 말리라."
 그런데 잠시 후 국왕이 돌아보자 소년이 자기 집 안방처럼 편한 자세로 누워 잠을 자고 있지 않은가? 국왕은 검을 빼들고 소년을 탁탁 쳐서 깨우더니 말했다.

"자면 죽인다고 했는데 내 말이 우습더냐?"

"국왕이시여, 저는 잠을 잔 게 아니라 골똘히 생각에 잠겨 있었습니다."

"무슨 생각을 했단 말이냐?"

"한 되짜리 그릇에 두 되의 물건을 넣을 수 있을까 하고 말입니다. 생각해보니 모래 한 되를 담고 물 한 되를 부으면 한 되 짜리 그릇에 두 되의 물건을 넣을 수 있지 않을까 합니다."

호기심을 느낀 국왕은 소년의 말대로 실험해보고는 사실이 그러하자 잠자코 있었다.

소년은 다시 방바닥에 누워 잠을 잤다. 이에 국왕이 죽이려 하면서 물었다.

"이번엔 분명히 자고 있었겠다?"

"아닙니다. 생각을 하고 있었습니다."

"또 무슨 생각을 했단 말이냐?"

"한 자 깊이의 구덩이를 판 후, 그곳에서 나온 흙으로 다시 구덩이를 메꾸면 왜 여덟 치쯤밖에 차지 않을까 하고 말입니다."

국왕은 곧 병사 하나를 불러 그대로 시행하게 한 후 사실로 밝혀지자 소년을 죽이려던 검을 내려놓았다.

잠시 후 소년은 방바닥에 엎드린 채 잠을 잤다. 국왕은 국이 당돌한 꼬마를 이번에야말로 죽이리라 마음먹고 흔들어 깨우면서 물었다.

"죽음이 두렵지 않으냐? 태평스럽게 짐 앞에서 잠을 자다니?"

"저는 국왕에 관한 생각을 하고 있었을 뿐 결코 잠을 잔 게 아닙니다. 국왕께서 허물을 잡지 않으신다면 사실대로 말하겠습니다."

"말해 보아라."

"국왕은 꼭 귀신과 같습니다."

말을 마치자마자 소년은 번개같이 국왕의 처소를 빠져나가 버렸다.

그 말을 듣고 왕은 속으로 생각했다.

'왜 그 꼬마가 나를 귀신 같다고 했을까.'

국왕은 모후母后를 찾아가 방금 들은 이야기를 들려주었다. 그러자 모후가 말하는 것이었다.

"상감은 정말 귀신일지도 모르오. 내가 꿈에 귀신을 만나 동침했는데, 그때 상감을 잉태했으니까 말이오."

모후의 말을 듣고 깜짝 놀란 국왕은 깨달은 바가 있어 사람을 죽인 자신의 허물을 뉘우치며 그 후로는 선정善政을 베풀었다.

-경률이상-

## 목수와 화가

 북인도에 손재주가 아주 좋은 목수가 있었다. 그는 나무를 깎아 여인의 조각을 만들었는데 그 모습이 아름답기 그지없었다. 목수가 그 나무여인에게 옷을 입히고 머리에 장식을 달아주었더니 마치 살아 있는 사람과 다름없었다. 나무여인은 신기하게 움직일 수도 있었고 손님의 술시중도 들 수 있었으나, 아쉽게도 말은 할 수 없었다.
 그때 남인도에는 신기에 가까운 그림 솜씨를 가진 화가가 있었다. 목수는 그 소문을 듣자 좋은 술과 안주를 준비해서 남인도의 화가를 초청했다. 화가가 오자 목수는 나무여인으로 하여금 술시중을 들게 했다. 화가는 나무여인이 진짜 사람이 아니라는 사실을 몰랐기에 아름다운 그녀를 좋아하게 되었다.
 밤이 되자 목수는 자기 침실로 돌아가면서 일부러 나무여인을 화가의 방에 남겨두며 말했다.
 "시녀더러 여기에 남아 있으라고 할 테니, 시키실 일이 있으면 시키도록 하시오."
 화가는 무척 좋아하며 목수가 나가기를 기다렸다가 나무여인을 불렀다. 그러나 나무여인이 한마디 말도 없자, 그는 부끄러워서 그러는 줄 알고 그녀의 손목을 끌어당겨 안았다. 순간 목수는 그녀가 사람이 아니라 나무 인형이라는 사실을 알게 되었다. 화가는 그제야 목수의 장난에 속았다는 생각이 들었다.

'내가 정말 바보였구나. 목수의 장난질에 속다니……. 그렇다고 가만 있을 내가 아니지.'

화가는 목수의 장난을 되받아칠 꾀를 생각했다. 벽에 목을 메고 죽은 자신의 모습을 그려 목수를 놀라게 할 작정이었다. 역시 신기를 가진 화가답게 그 그림은 마치 죽은 사람 같았다. 그림을 다 그린 화가는 방문을 닫고 침상 밑에 들어가 숨었다.

다음 날 아침 목수는 창문을 통해 방 안을 들여다보고는 깜짝 놀라 문을 박차고 들어갔다. 목수는 화가가 목을 메고 죽은 것으로 알고 다급히 칼로 줄을 끊으려고 했다. 그때 줄이 맥없이 찢어지자 목수는 그것이 그림이라는 사실을 알게 되었다. 침상 밑에 숨어 있던 화가가 그제야 웃으면서 기어나왔다. 목수는 속았다는 생각에 얼굴이 화끈거렸다. 이에 화가가 말했다.

"당신이 나무여인으로 나를 속였기에, 나도 그림으로 당신을 놀려본 것뿐이니 너무 노여워 마오."

화가와 목수는 자신들의 장난을 통해 세상 만사가 모두 같은 이치라는 사실을 깨닫게 되었다. 그래서 그들은 더 이상 환영이 판치는 세상에 남아 있고 싶은 생각이 없어져 마침내 출가하기로 마음먹고 길을 떠났다.

-잡비유경-

# 목수의 꼭두각시 아들

 옛날에 솜씨 좋은 목수가 살았다. 그는 솜씨를 부려 만든 물건을 사람들에게 구경시켜 번 돈으로 생계를 유지했다. 여러 나라를 돌아다니던 중 한 나라에 잠시 머물렀는데 그 나라의 왕은 신기한 물건을 매우 좋아했다. 그래서 목수는 나무로 꼭두각시 하나를 만들어 그 내부에 여러 가지 장치를 달았다. 꼭두각시의 얼굴은 매우 잘생긴데다 정밀하여 진짜 사람과 구별할 수 없을 정도였다. 사람과 똑같이 행동하고 노력하며 춤추는 모습을 보면 도저히 꼭두각시라고 생각할 수 없었다. 목수는 사람들에게 이렇게 말하곤 했다.

 "이 아이는 내 아들이오."

 그 나라 백성은 꼭두각시를 무척 좋아해서 여러 가지 재물을 서슴없이 내놓았다. 그 이야기를 전해 들은 국왕은 그들을 초빙해서 노래와 춤을 추도록 했다. 국왕과 왕비가 누각에 올라 구경을 하는데, 목수의 아들이 노래하고 춤추는 모습은 신기하기 그지없어 진짜 사람도 따르지 못할 정도였다. 국왕과 왕비는 구경을 하며 너무나 좋아했다.

그때 목수의 아들이 춤을 추며 곁눈질로 왕비를 훔쳐보았다. 그 모습을 본 국왕은 대단히 화가 났다.

"너는 왜 곁눈질로 왕비를 훔쳐보는 게냐? 이 호색한 같은 놈아!"

이렇게 말한 국왕은 주위에 있던 병사들에게 명령했다.

"당장 저놈의 목을 쳐라!"

깜짝 놀란 목수는 눈물을 흘리며 국왕 앞에 무릎을 꿇고 말했다.

"저는 자식이라고는 이 아이밖에 없어서 무척 아끼는 바입니다. 이 아이를 보고 있노라면 모든 걱정이 사라집니다. 이 아이가 그런 실수를 하리라곤 조금도 생각하지 못했습니다. 대왕께서 굳이 이 아이를 죽이시겠다면, 저도 함께 죽을 작정입니다. 대왕이시여, 부디 이 아이의 죄를 용서해주십시오."

그러나 국왕은 목수의 간절한 부탁을 전혀 들어줄 것 같지 않았다. 목수가 다시 국왕에게 말했다.

"정녕 죽이시겠다면 제가 직접 죽이겠습니다. 다른 사람을 시키지 말아 주십시오."

그 말에는 국왕도 동의했다. 목수가 아들의 어깨에서 조그만 막대 하나를 뽑아내자 아들의 몸은 금방 분해되었다. 땅바닥에 나무토막들이 여기저기 흩어진 모습을 본 국왕은 깜짝 놀라며 말했다.

"아니, 내가 나무토막을 보고 화를 냈단 말이냐? 이 목수의 솜씨는 그야말로 천하 제일이다. 그가 만든 꼭두각시는 수백 개의 나무토막으로 만든 것임에도 사람보다 행동이 더 자연스럽구나."

감탄한 국왕은 그 목수에게 억만 냥의 황금을 주었고, 목수는 그 돈을 받아 고향으로 돌아가 부모형제들과 일생 동안 편안하게 살았다.

-생경-

25. 홍련화수진언
모든 하늘의 궁전에 태어나고자
하는 자는 이 진언을 외우라
**옴 상아례 사바하**

# 노인의 '도끼' 계산법

옛날에 가난하게 홀로 사는 한 노인이 있었다. 그는 어느 날 우연히 시장에서 도끼 한 자루를 샀다. 이 도끼는 보배 중의 보배였는데, 그는 그 사실을 모르고 있었다. 노인은 그 도끼로 나무를 해서 땔감을 팔아 생계를 유지했다. 그렇게 계속 쓰자 도끼는 날이 무뎌지고 말았다.

그때 살박薩薄이라는 대상인이 그 나라에 왔다. 그러던 차 우연히 노인이 들고 있던 도끼를 보았다. 살박은 한눈에 그 도끼가 값어치가 대단한 보물이라는 사실을 눈치챘다. 그래서 그 노인에게 물었다.

"그 도끼는 파는 것입니까?"

노인이 탄식하듯 대답했다.

"나는 이 도끼로 땔나무를 해다가 입에 풀칠하고 있는데, 어떻게 판단 말이오?"

"비단 백 필을 주면 팔겠습니까?"

노인은 화려한 옷을 입고 있는 살박을 훑어보며 속으로 생각했다.

'이 도끼가 무슨 비단 백 필만한 가치가 있단 말인가? 돈 있는

자들은 그저 돈만 믿고 남을 놀리려 드니 정말 못 봐주겠군.'

노인은 살박의 물음에 대답조차 하지 않았다.

그러자 살박이 계속해서 물었다.

"노인장, 왜 대답하지 않는 것입니까? 다시 잘 흥정해봅시다. 비단 이백 필이면 어떻겠습니까?"

그 말을 듣고 노인은 얼굴이 더 험악해졌다. 그러자 살박이 이상하다는 듯이 말했다.

"돈이 적으면 더 쓰겠습니다. 그런데 왜 기뻐하시지 않는 것입니까? 그렇다면 삼백을 더해 비단 오백 필에 그 도끼를 사겠습니다."

노인은 갑자기 대성통곡을 하며 말했다.

"값이 적어서가 아니라 내가 대단히 멍청했던 사실이 후회스러워서 그러오. 이 도끼는 원래 길이가 1척 반이었는데, 계속해서 땔나무를 하느라 닳아서 5촌 밖에 남지 않았다오. 5촌 길이의 도끼가 비단 오백 필이라니 원래대로였으면 그 값이 얼마란 말이오? 정말 후회되는구려!"

살박은 노인의 말에 기쁘게 웃으면서 말했다.

"노인장, 언짢아 하지 마십시오. 내 비단 천 필을 드리리다."

이렇게 해서 두 사람은 거래를 끝냈다. 살박은 도끼를 사가지고 갔고, 노인은 비단 천 필을 얻게 되었다.

원래 이 도끼는 값을 매길 수 없는 보배였다. 그 어떤 물건이라도 도끼 위에 올려놓고 땔나무로 태우면 보물로 변하게 하는 보배였던 것이다.

-천존설아육왕비유경-

# 왕의 환생

아주 오랜 옛날 설두라건녕說頭羅健寧이라는 왕이 대국大國을 다스리고 있었다. 그는 팔만 사천의 소국과 팔십억 개에 이르는 마을을 통치하였으며, 이만 명의 부인과 시녀들을 거느리고 있었다. 그는 자비심으로 모든 백성을 보살피는 어진 왕이었다. 백성 역시 그러한 왕을 마치 친아버지처럼 따르고 존경했다.

그러던 어느 날 하늘에 혜성이 출현하자 천문관天文官이 왕을 찾아와 말했다.

"예부터 혜성이 출현하면 십이 년간 큰 가뭄이 든다고 하는데, 이 일을 어찌하면 좋겠습니까?"

천문관의 보고를 받은 왕은 수심에 잠겼다.

'정말 그렇게 큰 가뭄이 들면 어쩌나? 그렇게 되면 수많은 백성이 굶주려 죽을 텐데……'

곧이어 왕은 여러 대신을 소집하여 대책을 세웠다. 그때 회의에 참석한 한 대신이 이렇게 말했다.

"왕이시여, 우선 시급히 전국의 인구와 비축되어 있는 양식의 양이 얼마나 되는지 조사해야 합니다. 그래야 얼마나 버틸지 알 수 있을 것입니다."

왕은 그 대신의 말에 따라 조사를 진행시켰다. 그 결과 아무리 최소 수준으로 배급량을 줄인다 할지라도 몇 년 버티지 못한다는 참담한 계산이 나왔다.

얼마 지나지 않아 천문관의 예측대로 전국은 큰 가뭄에 시달리게 되었다. 이어 몇 년이 흐르자 마을마다 굶어죽은 백성의 시체가 산더미를 이루었다. 평소에 백성을 끔찍이 아끼던 왕은 이 일로 잠을 편히 이룰 수 없었다.

그러던 어느 날 왕은 수심에 잠긴 마음을 조금이나마 달래보려고 부인과 몇몇 시녀들을 데리고 근처에 있는 강을 찾았다. 왕은 그녀들과 함께 강변을 거닐다가 홀로 조용한 곳을 찾아 생각에 잠겼다.

'백성이 제 명대로 살지 못하고, 이다지도 참담한 지경에 이른 것은 모두 내가 부덕한 탓이다. 무슨 수를 써서라도 더 이상 가뭄에 희생되는 백성이 없도록 해야 한다.'

생각을 마친 왕은 강변의 한 언덕 위로 올라가 천지신명에게 기원했다.

"만백성이 굶주려 죽는 모습을 차마 눈 뜨고 지켜볼 수가 없습니다. 이제 제 몸을 버리나니 원컨대 커다란 물고기로 다시 태어나 그 살로 굶주리는 백성의 배를 채워주게 하소서."

왕은 기원을 끝내자 시퍼런 강물로 뛰어들었다. 잠시 후 왕은 커다란 물고기로 환생하게 되었는데, 그 길이는 무려 오백 유순由旬*

이나 되었다. 그때 나무껍질을 벗겨 주린 배를 채우고 있던 다섯 사람이 물을 마시기 위해 강변으로 왔다가 큰 물고기를 보게 되었다. 큰 물고기는 그들에게 말했다.

"배가 고프면 어서 내 살을 먹도록 하시오. 그리고 살을 베어 집으로 가지고 돌아가 다른 이들에게도 나누어주도록 하시오. 또 이 이야기를 뭇 사람들에게 알려 배고픈 자는 모두 내게 오도록 하시오."

다섯 사람은 큰 물고기의 말을 듣고 무척 기뻐하며 허겁지겁 배를 채우고선 각기 물고기의 살을 한 덩이씩 가지고 집으로 돌아갔다. 그리고 사람들에게 그 이야기를 전했다. 이윽고 소문은 급속도로 퍼져 그 나라 모든 백성이 큰 물고기의 살을 먹고 목숨을 부지하게 되었다. 이 물고기의 살은 신기하게도 한 덩이를 베어내면 금방 다시 새살이 돋아났다. 큰 물고기는 살점이 뜯겨나가 피를 흘리는 고통 속에서 가뭄이 끝날 때까지 계속해서 굶주린 백성의 유일한 먹을거리가 되었다.

곤경에 처한 백성을 차마 그냥 두고 볼 수 없어 자신의 몸을 버리면서까지 커다란 서원을 세웠던 설두라건녕왕, 그의 환생인 그 신비롭고 커다란 물고기를 먹은 백성은 마침내 천수를 다한 뒤에도 천상에 태어나는 복을 얻었다.

-현우경賢愚經-

• 유순: 고대 인도의 단위. 소달구지가 하루에 갈 수 있는 거리.

# 염라대왕에게 뇌물을 주다

아들 하나만 바라보며 어렵게 살아가는 과부가 있었다. 모자는 독실한 불교신자로 매일 불경을 외워 적지 않은 지혜와 덕을 쌓아가고 있었다.

그런데 그들이 살던 나라는 그 꼴이 엉망이었다고 한다. 국왕은 백성이 도탄에 빠진 것을 전혀 생각하지 않고 정사도 돌보지 않으면서 머릿속에는 그저 재물과 여색을 탐하는 욕심으로 가득했다. 그러면서도 국왕은 한편으로 죽음을 어지간히 두려워하여 속으로 이렇게 생각했다.

'내가 죄를 많이 지었으니 죽으면 지옥에 떨어져 이루 말할 수 없는 고통을 받을 게 뻔하다. 이를 모면할 방법이 없을까? 그래, 한량없는 재보를 염라대왕에게 바치면 죄를 면제받을 수 있으리라.'

이렇게 생각한 국왕은 전국의 황금을 모두 회수하라는 명령을 내렸다.

"단 한 냥의 황금이라도 숨겨두는 자가 있다면 사형을 면치 못하리라."

무려 삼 년에 걸쳐 민간에 있는 황금을 모두 거두어들이자 백성은 모두 너 나 할 것 없이 거지꼴이 되고 말았다. 그러나 국왕은 거기에서 그치지 않고 더욱 욕심을 부려 다음과 같은 방을 전국에 돌렸다.

"한 냥의 금이라도 더 가져오는 자가 있으면, 대신의 자리를 주고 또 부마로 삼겠노라."

어느 날 과부의 아들은 이 방을 보고 혼자 골똘히 생각하다가 어머니에게 말했다.

"어머니, 지금 이 나라는 망국의 길로 가고 있습니다. 저는 이 모습을 그대로 보고 있을 수만은 없습니다. 국왕이 어리석기 그지없으나, 제게 국왕을 설득할 만한 좋은 방법이 있습니다. 아버님이 돌아가실 때 우리가 아버님의 입에 물려둔 황금이 있지 않습니까? 저승에서 필요한 일이 있을 때를 대비해서 마련해 드린 황금 말입니다. 제가 그 황금을 가지고 가서 왕에게 직언을 해볼 작정이니 허락해주십시오."

어머니가 아들의 말에 동의하자 아들은 무덤을 판 후 아버지의 입에 물려 있던 황금을 빼내 왕궁으로 갔다.

국왕은 황금을 가지고 온 사내를 보자 한편으로 놀라고 또 한편으로 기뻐하며 물었다.

"이 황금을 어디서 얻었느냐?"

"이 황금은 저희 아버님이 돌아가실 때 저승에서 필요한 일이 있으면 쓰시라고 저희 모자가 마련해 드렸던 것입니다. 대왕께서 황금과 대신의 직위를 바꾸시겠다고 한 말씀을 듣고 제가 아버님

무덤을 파서 황금을 꺼내온 것입니다."

"너희 부친이 죽은 지는 얼마나 되었느냐?"

"올해로 십일 년 되었습니다."

"그렇다면 너희 부친은 저승에서 그 황금을 쓰지 않았더란 말이냐?"

"대왕이시여, 저는 부처님의 정법을 믿는 사람입니다. 부처님께서는 선인선과 악인악과善因善果 惡因惡果를 말씀하셨습니다. 길흉화복은 마치 그림자와도 같은 것입니다. 사람이 아무리 몸을 빠르게 움직인다고 해도 제 그림자를 떼어버릴 수 있겠습니까?"

"그건 안 되는 일이지."

"저도 그렇게 생각합니다. 사람의 몸은 지수화풍地水火風의 4대 원소로 이루어져 있습니다. 그리고 사람이 일단 죽으면 이 4대 원소는 흩어져버리고 맙니다. 인간의 영혼 또한 영원한 것이 아닌데 어찌하여 대왕께서는 염라대왕에게 뇌물을 주어 죄를 사면받겠다는 생각을 하십니까? 대왕께서는 전세에 보시를 많이 한 공덕으로 당세에 국왕이 되신 것입니다. 비록 깨달음을 얻지 못했다 할지라도 자비로운 마음으로 보시하고 도덕을 숭상한다면 내세에 다시 국왕이 되실 것입니다."

사내의 말을 들은 국왕은 자기가 우매해서 수많은 악행을 저질렀던 것을 후회하고 감옥문을 열어 죄 없는 죄수들을 모두 풀어주었다. 또 더 이상 금은보화를 수탈하는 짓도 하지 않게 되었다.

-육도집경-

# 전쟁에서 졌지만 이긴 왕

옛날에 한 나라의 왕이 군사를 일으켜 이웃 나라를 치자, 그 나라의 신하들이 곧 왕에게 달려가 입을 모아 말했다.

"대왕이시여, 이웃 나라가 군사를 일으켜 이미 국경 근처에 도달했습니다. 대왕께서도 병사를 소집하여 국경으로 나가셔야 합니다."

왕은 짐짓 아무 일도 아니라는 듯 말했다.

"별일도 아닌데, 무슨 호들갑을 그렇게 떠느냐?"

적군이 성을 둘러싸고 공격을 시작하자 신하들이 다시 다급히 말했다.

"적군이 바로 성문 앞에 도달하여 공격하고 있습니다."

"아직 성이 함락된 것도 아닌데, 뭐가 그리 무섭다고 그러느냐? 각자 할 일이나 하도록 해라."

적군은 곧 성벽을 넘어들어와 닥치는 대로 부수고 불을 질러댔다. 이에 신하들이 발을 동동 구르며 말했다.

"적군이 이미 성벽을 넘어섰습니다."

"그런 하찮은 일도 나에게 알릴 필요가 있단 말이더냐?"

잠시 후 적국의 왕이 기세 좋게 진군하여 전각에 이르자 신하들이 다시 말했다.

"적국의 왕이 이미 전각에 올라섰습니다. 대왕께서는 무슨 다른 생각이라도 가지고 계신지요?"

그러자 왕이 말했다.

"지금껏 세상을 살아보니 무상하기 그지없다. 흥하면 반드시 쇠하고 만나면 그 또한 언젠가 이별하게 되는 법. 그런데 무슨 욕심이 있겠느냐? 나는 저 사문들처럼 스스로 물러나 깊은 산속으로 들어가서 도덕을 생각하며 조용히 살겠노라. 만일 적국의 왕이 나를 찾아와 죽인다 해도 전혀 원망하지 않을 것이다. 왜냐하면 나라가 망하고 국토를 빼앗기는 것이 다 이 한 몸으로 말미암기 때문이다. 내가 죽어 만백성이 편안해진다면, 그 어찌 다행스러운 일이 아니겠느냐?"

왕이 태연자약하게 하는 소리를 들은 적국의 왕은 지금껏 듣지 못한 말이라고 찬탄하면서 목청 높여 외쳤다.

"장하고 장하십니다. 예부터 지금까지 이런 일은 들어본 적도 본 적도 없습니다. 제가 비록 전쟁에 이기기는 했지만 아직 대왕께는 미치지 못합니다. 대왕께서는 마음속에 큰 도를 품고 세상의 부귀영화를 탐하지 않으십니다. 지금 대왕의 나라를 다시 돌려드리오니, 부디 덕화德化를 멈추지 마옵소서."

그로부터 두 왕은 마치 형제처럼 친한 사이가 되었다.

-경률이상-

# 나라를 구한
# 노인의 지혜

 아주 오랜 옛날 기로국이라는 나라가 있었다. 그런데 그 나라 법은 사람이 늙으면 멀리 내다 버리도록 규정되어 있었다.
 그 나라에 효심이 깊은 한 대신이 있었다. 그의 아버지가 늙게 되자 어쩔 수 없이 국법에 따라 멀리 내다 버려야 했다. 그러나 그 대신은 감히 아버지를 내다 버릴 수 없었기 때문에 땅굴을 파 밀실을 만든 다음 아버지를 그곳에 모셔 놓고 계속해서 봉양했다.
 그러던 어느 날 한 천신天神이 똑같이 생긴 뱀 두 마리를 들고 궁궐에 나타나 국왕에게 말했다.
 "이 뱀들의 암수를 구별할 수 있다면 내가 너희 나라를 잘 보살필 것이요, 그렇지 못하면 일주일 내에 너희 나라를 멸하리라."
 이 말을 들은 국왕은 너무나도 두려워 여러 신하와 상의해보았지만 천신이 낸 문제에 답할 자가 아무도 없었다. 그러자 국왕은 방을 내걸어 그 문제를 맞힐 수 있는 사람에게는 큰 상을 내리겠노라고 발표했다.
 효심이 지극한 그 대신은 집에 돌아와 밀실에 있는 아버지를 찾아뢰고 나라에 생긴 커다란 우환을 전했다. 그러자 대신의 아버지가 이렇게 대답하는 것이다.

"그것을 구별하는 것은 별로 어려운 일이 아니란다. 아주 가늘고 부드러운 실을 뱀 위에 올려놓으면 조급하게 이러저리 움직이는 것이 수놈이고, 가만히 있는 것은 암놈이란다."

대신이 아버지의 말을 그대로 천신에게 하자 천신은 고개를 끄덕였다. 그러나 천신은 거기서 그치지 않고 계속해서 문제를 냈다.

"어떤 이가 잠들어 있는 이 중에서 깨어난 자요, 또 어떤 이가 깨어난 이 중에서 잠들어 있는 자인가?"

이번에도 국왕과 여러 신하들은 이 질문에 답할 수 없었다. 그래서 대신은 집에 돌아가 아버지에게 물었다. 아버지는 이렇게 대답했다.

"그것은 학인學人을 두고 하는 말이다. 학인은 범부凡夫에 비하자면 깨어난 사람이지만, 아라한에 비하자면 잠들어 있는 사람이란다."

이렇게 해서 대신은 천신이 낸 두 번째 문제에 답할 수 있었다.

그랬더니 천신은 커다란 코끼리를 몰고 와서는 말했다.

"이 코끼리의 무게는 얼마인가?"

국왕에서 일개 백성에 이르기까지 온 나라 사람들은 이 문제에 속수무책이었다. 그래서 대신은 다시 아버지에게 답을 구했다.

"코끼리를 배에 태우고 배가 가라앉은 만큼 배 옆에 선을 그은 다음 코끼리를 내리게 한다. 그리고 코끼리 대신 돌을 실어 배가 처음에 그었던 선만큼 가라앉으면 그 돌들을 들어내서 돌들의 무게를 합산하면 될 것이다. 그러면 바로 그게 코끼리의 무게가 된단다."

천신의 질문은 계속되었다.

"내 손 안에 있는 한 줌의 물은 저 바다의 물보다 많다. 이 말 속에 깃든 뜻을 알겠느냐?"

국왕은 방방곡곡에 이 문제에 답할 수 있는 자를 찾아보았지만 허사였다. 그래서 대신은 또 아버지에게 사정을 말할 수밖에 없었고, 이런 대답을 듣게 되었다.

"별로 어려운 얘기는 아니구나. 어떤 이가 깨끗한 마음으로 한 줌의 물을 부처님이나 부모 또는 가난한 이 내지 병든 이에게 보시한다면 그 공덕은 수만 년이 지나도 없어지지 않을 것이다. 바닷물이 많기는 하지만 한 사람의 목숨도 구할 수 없으니, 이렇게 따진다면 한 줌의 물이 저 바닷물보다 천만 배는 많다고 할 수 있지."

대신의 답을 들은 천신은 그 자리에서 피골이 상접한 사람으로 변신한 채 물었다.

"이 세상에 나보다 더 배고프고 빈궁한 자가 있는가?"

이번에도 대신은 아버지의 말을 듣고 와서 이렇게 대답했다.

"욕심 많고 성격이 못된 탓에 부처님의 바른 법을 믿지 않고, 부모와 스승을 공경하지 않는 자가 있다면, 그 자는 장차 내세에 아귀로 태어날 것입니다. 그래서 수만 년 동안 먹을 것이라곤 구경도 못하게 될 것이오. 태산만 한 몸뚱어리에 뱃속은 커다란 계곡처럼 텅 비어 있고, 목구멍은 바늘구멍만큼 작고 송곳처럼 날카로운 머리카락이 온몸을 칭칭 감아 조금이라도 움직이려 하면 마치 온몸에서 불꽃이 튀는 듯한 고통을 받게 될 것이오. 이런 사람은 당신에 비한다면 천만 배는 더 배고프고 빈궁한 사람이 아니겠소?"

대신이 문제를 맞추자 천신은 다시 한 사람의 죄수로 변신했다. 그는 수갑과 족쇄를 차고 목덜미에는 칼을 두르고 있었다. 또 방금 화형이라도 당한 듯 온몸에는 불에 그을린 흔적이 있었다. 그 천신이 물었다.

"세상에 나보다 더 고통스러운 사람이 있는가?"

대신은 또 집에 돌아가 아버지에게 물었고 아버지는 이렇게 대답했다.

"부모에게 불효하고 스승을 공경하지 않으며 또 주인을 배반하고 부처님을 비방한 자는 죽은 후 칼산 지옥에 떨어져 온몸이 갈갈이 찢기고, 화탕 지옥에 들어가 온몸이 마치 석탄처럼 벌겋게 타오를 것이며, 똥물에 빠져 기약 없이 무수한 고난을 당할 것이다. 그러한 자가 받는 고통은 죄수에 비한다면 천만 배나 더한 것이지."

그러자 이번에 천신은 화려한 옷을 걸치고 이 세상에서 비할 바 없이 아름다운 연인으로 변신했다. 그리고 이렇게 물었다.

"세상에 나처럼 아름다운 이가 있는가?"

이번에도 대신은 아버지의 조언에 따라 대답했다.

"부처님의 가르침을 믿고 부모에게 효성하며 가난한 이들을 위해 집을 보시하고 굴욕을 참아내며 계율에 의지하여 일신을 잘 지키는 사람은 내세에 천상에 태어나 당신보다 훨씬 아름다운 모습을 지니게 될 것이오. 그 모습에 비한다면 당신은 애꾸눈 원숭이에 불과하오."

천신은 상하가 똑같이 생긴 각목을 꺼내 들고 또 하나의 수수께끼를 냈다.

"어느 쪽이 머리인가?"

간단한 것 같으면서도 실로 대답하기 어려운 문제였다. 대신은 또 아버지의 도움을 요청해서 천신에게 답했다.

"각목을 물에 담그면 뿌리 쪽은 물 밑으로 가라앉을 것이요, 머리 쪽은 물 위로 뜰 것이오."

또 천신은 똑같이 생긴 백마 두 마리를 끌고 와서 물었다.

"어느 쪽이 어미 말이고, 또 어느 쪽이 새끼 말인가?"

역시 궁궐 안에는 대답할 이가 없었다. 대신은 아버지에게 조언을 들은 후 천신에게 이렇게 대답했다.

"풀을 먹여 보면 될 것이오. 어미 말은 반드시 풀을 새끼 말 쪽으로 밀어줄 터이오."

이렇게 해서 대신은 천신이 낸 문제를 모두 맞힐 수 있었다. 천신은 매우 기뻐하며 국왕에게 수많은 보물을 주면서 말했다.

"너희 나라 사람들은 정말로 총명하구나! 이후로 내가 너희 나라를 도와 아무도 업신여기지 못하게 하리라."

이 말을 들은 국왕은 기뻐서 어쩔 줄 몰랐다. 그리고 국왕은 그 대신에게 이렇게 물었다.

"경이 천신의 문제에 대답한 것은 스스로 생각해낸 것이오, 아니면 다른 사람이 가르쳐준 것이오? 어쨌든 경의 지혜 덕분에 우리 나라는 안녕을 누릴 수 있게 되었고, 또 많은 보물을 얻게 되었소. 이 일은 모두 경이 세운 공이라 할 수 있을 것이오."

"아뢰옵기 황공하오나 저 스스로 생각해낸 것이 아닙니다. 제 죄를 용서해 주신다면 감히 말씀드리고자 합니다."

"경이 세운 공로가 크니 설사 만 가지 죽을 죄를 저질렀다고 해도 용서할 생각이오. 그래, 어디 말해보시오."

"우리 나라 법은 노인을 봉양하지 못하도록 규정하고 있습니다. 소신에게는 늙은 아버님이 계시는데 차마 내다버릴 수 없어서 국법을 무릅쓰고 땅굴에 아버님을 숨겨두고 봉양해왔습니다. 제가 천신의 물음에 답할 수 있었던 것은 모두 제 아버님의 지혜에서 비롯된 것입니다. 바로 아버님이 일러주신 대로 대답한 것입니다. 원컨대 대왕께서는 백성으로 하여금 노인을 봉양하게 하옵소서!"

대신의 이야기를 들은 국왕은 매우 기뻐하며 대신의 아버지를 스승으로 삼았다. 그리고 국왕은 이렇게 포고령을 내렸다.

"지금부터 절대로 노인을 버려서는 안 된다. 효심으로 노인을 봉양하고 그들이 편안한 만년을 보내도록 하라. 만일 부모에게 불효하고 노인을 버리며 스승을 공경하지 않는 자가 있다면 엄벌에 처하리라."

-잡보장경-

# 나인국에서
# 지켜야 할 예절

 옛날에 신심이 두터운 두 형제가 있었다. 그들은 여러 나라를 돌아다니며 장사를 했다. 그러던 어느 날 그들은 나인국裸人國에 물건을 팔러 가게 되었다.

 길을 가면서 동생이 형에게 말했다.

 "형님, 듣자 하니 나인국은 아직 문명화된 나라가 아니라 그곳 사람들은 알몸으로 지내고, 또 풍습도 우리들과는 완전히 다르다고 합니다. 그들의 풍습에 따라 알몸을 드러낸 채 아무런 옷도 걸치지 않는다는 것은 우리네 정서로는 정말 어려운 일입니다. 하지만 만일 옷을 입은 채 나인국에 들어간다면 그곳 사람들은 우리들을 괴물 바라보듯 하고, 상대하려 들지 않을 것입니다. 그러니 제 생각엔 그들의 풍습에 따라 알몸으로 장사를 하는 것이 좋을 듯합니다."

 동생의 말을 들은 형은 동의할 수 없다는 듯이 말했다.

 "어떤 곳을 간다 해도, 설사 그곳이 제일 야만스러운 곳이라 해도 예의와 도덕을 어길 수는 없는 법이다. 알몸으로 장사하러 가는 것은 분명 예의와 도덕에 크게 어긋나는 일이다."

동생은 계속해서 형을 설득했다.

"옛날부터 현자들은 수행할 때 겉모습에는 신경을 쓰지 않았다고 합니다. 심지어 수행을 위해서라면 자신의 몸도 돌보지 않았다고 하니, 그것을 일러 '몸은 버리되 수행은 버리지 않았다.'라고 합니다. 이것은 계율이 허락하는 바입니다."

형은 동생과 언쟁을 하고 싶지 않다는 듯이 말했다.

"그렇다면 네가 먼저 나인국에 가서 상황을 살펴본 후, 사람을 보내 알리도록 해라."

이렇게 해서 먼저 나인국에 들어간 동생은 십여 일이 지나자 형에게 사람을 보내 장사를 하되 그들의 풍습을 따르면 크게 성공할 수 있으리라는 말을 전했다. 그 말을 들은 형은 크게 화를 냈다.

"아무리 장사를 한다고 해도 짐승처럼 알몸을 드러내는 것은 사람이 할 일이 아니다. 나는 절대로 너처럼 할 수 없다."

나인국의 풍습에 따르면 매월 초하루와 보름에 축제를 벌였다. 사람들은 축젯날 밤이 되면 얼굴에 기름을 바르고 온몸에는 백토로 갖가지 무늬를 그린 다음 머리에는 동물의 뼈로 만든 장신구를 달았다. 그리고 돌로 만든 악기를 두드리며 남녀노소가 함께 노래하고 춤추며 놀았다.

동생은 그들의 모습을 흉내 낸 채 함께 노래하고 춤추며 즐겁게 놀았다. 나인국 사람들은 위로는 왕에서부터 아래로는 일반 백성에 이르기까지 동생을 좋아하지 않는 자가 없었다. 나인국 왕은 동생이 가지고 온 물건들을 충분한 값을 치르고 모조리 사들였다.

형은 마차를 타고 나인국에 들어왔다. 그는 옷을 단정히 입고 엄한 어조로 나인국 사람들의 풍습은 인의도덕에 어긋나는 것이라고 지적했다. 그러자 왕과 백성은 모두 크게 화를 내며 한꺼번에 달려들어 형이 가지고 온 물건들을 빼앗고 뭇매를 때렸다. 그 때 동생이 달려나와 만류하자 나인국 사람들은 그제야 겨우 형을 풀어주었다.

형과 동생이 나인국을 떠날 때가 되었다. 그러자 나인국 사람들은 모두 몰려나와 동생을 둘러싼 채 칭찬을 하며 환송했고, 형에게는 욕을 했다. 형은 부끄러워 어찌할 줄을 몰랐다.

-육도집경-

### 26. 보극수진언
외지의 적과 원한의 적을 물리치고자 하는 자는 이 지언을 외우라
**옴 삼매야 기니하리 훔 바탁**

# 태자와 호리병 속의 미녀

옛날에 궁중의 여자들을 매우 엄격하게 단속하는 한 국왕이 있었다. 어느 날 정부인正夫人이 태자에게 말했다.

"나는 네 어머니잖니? 그런데 나는 평생 궁궐 밖을 나가 보지 못했단다. 이제는 세상 구경도 좀 하고 싶으니 네가 부왕에게 말해주렴."

정부인이 세 번 말하고 태자가 부왕에게 세 번 간청한 다음에야 국왕은 그 청을 들어주었다.

그렇게 해서 왕자가 직접 마차를 몰고 외출하게 되었는데, 여러 신하가 길가에 늘어서서 환송했다. 정부인은 손으로 마차의 휘장을 걷어 뭇사람들에게 얼굴을 보였다. 태자는 모친의 행동에 품위가 없다고 생각하자 갑자기 배가 아프다는 핑계를 대고 궁궐로 돌아와버렸다. 그러자 정부인이 말했다.

"궁 밖에 나가자마자 돌아왔으니, 재미있는 것은 하나도 못 보았구나."

그 말을 들은 태자는 속으로 생각했다.

'어머니는 정부인임에도 이러한데, 나머지 궁녀들이 밖에 나간다면 화를 불러일으킬 게 불을 보듯 뻔하구나.'

태자는 밤이 되자 궁궐을 나와 깊은 산속으로 들어가버렸다.

그 산속에 난 오솔길 옆에는 커다란 나무가 있었고 그 아래에는 맑은 샘물이 흘렀다. 태자는 한 수행자가 오는 모습을 보고 그 나무 위로 올라갔다. 수행자가 샘물로 세수를 한 다음 음식을 풀어놓고 도술을 부리자 입에서 호리병 하나가 튀어나왔다. 그리고 그 호리병 속에서 한 아리따운 여인이 나타났다. 그들은 나무를 병풍 삼아 마치 방 안에 있는 것처럼 함께 드러누웠다.

잠시 후, 수행자가 잠이 들자 그 여인은 도술을 부려 입에서 호리병을 토해냈는데, 그 안에서 젊은 남자가 나타났다. 여인은 그 젊은 남자와 함께 즐기다가 다시 호리병 속에 그 남자가 들어가게 한 다음 호리병을 삼켜버렸다.

얼마 후 잠에서 깬 수행자는 그 여인을 호리병 속에 들어가게 한 다음 호리병을 삼키고 지팡이를 들고 길을 떠났다.

그 모습을 끝까지 지켜본 태자는 궁궐로 돌아와서 국왕에게 말했다.

"수행자를 초대해서 공양하고자 하니 음식 3인분을 차리도록 해주십시오."

초대를 받고 온 수행자는 혼자 중얼거렸다.

"한 사람을 초대해놓고 음식은 3인분을 차리다니……."

그러나 태자가 말했다.

"수행자여, 당신 호리병 속에 있는 그 미녀를 불러내셔야죠."

수행자는 할 수 없이 호리병 속의 미녀를 불러냈다. 태자는 또 그 미녀에게 말했다.

"당신 호리병 속에 있는 젊은 남자도 불러내서 같이 식사를 하도록 하죠."

　미녀도 어쩔 수 없이 자신의 호리병 속에 있는 그 젊은 남자를 불러냈다.

　그들이 공양을 끝내고 돌아가기를 기다렸다가 국왕이 태자에게 물었다.

"너는 어떻게 수행자의 비밀을 알게 되었느냐?"

"어머니가 외출하실 때 제가 직접 마차를 몰았습니다. 그때 어머니는 마차의 휘장을 걷어 뭇사람들에게 얼굴을 내보였습니다. 저는 여인들이란 호기심이 많은 존재라고 생각하게 되었습니다. 그래서 배가 아프다는 핑계를 대고 곧바로 궁궐로 돌아와버렸습니다. 그리고 밤이 되자 산속으로 들어갔는데 그곳에서 아까 그 수행자가 호리병 속에서 미녀를 불러내어 함께 즐기는 모습을 보게 되었습니다. 그런데 수행자가 잠이 들자 미녀 또한 젊은 남자를 호리병 속에서 불러내어 정을 통하는 것이었습니다. 보아하니 남녀가 서로에게 이끌리는 것은 사람의 힘으로는 막을 수 없는 일인가 보옵니다. 원컨대 부왕께서는 궁녀들에게 관대함을 베풀어 그녀들이 원하는 대로 바깥 출입을 할 수 있게 하옵소서."

　태자의 말을 들고 난 국왕은 일리가 있다고 생각하여 궁녀들이 자기 뜻에 따라 바깥 출입을 할 수 있게 허락했다고 한다.

-구잡비유경-

# 미녀에게 현혹된 왕

우전왕優塡王은 대단한 호색한이었다. 그런데 출세에 눈이 먼 어떤 사람이 우전왕의 그런 점을 알고선 비위를 맞추고자 천하절색의 미녀를 구해다 바쳤다.

그녀는 얼굴이 얼마나 예쁜지 날아가는 새들도 그녀의 미모를 흠모할 정도였다. 우전왕은 그런 그녀에게 빠져 정신을 차리지 못했다. 그 미녀가 우전왕의 총애를 받는 바람에 미녀의 아버지는 하루아침에 대신이 되었고, 미녀를 데려온 그 사람은 한 재산 모았을 뿐만 아니라 가장 총애받는 신하가 되었다.

우전왕은 미녀가 원하는 것은 무엇이든지 들어주었고, 새로운 궁전을 지어 수많은 몸종을 딸려주었다. 또 일천 명의 가무歌舞 악대를 만들어 미녀가 언제나 감미로운 음악과 춤을 즐기게 해주었다. 그는 미녀에게 완전히 빠져 그녀를 왕비로 삼을 생각을 했다. 그러자 지금의 왕비가 점점 눈엣가시처럼 보이는 것이었다. 그래서 그는 독화살로 왕비를 죽일 작정을 하였다.

왕비는 독실한 불교신자로 여러 해에 걸친 수행으로 수다원須陀

証의 경지에 이르렀기 때문에 칼과 창으로도 죽일 수 없는 존재가 되어 있었다. 그러나 우전왕은 그 사실을 전혀 모르고 있었다.

어느 날 그는 왕비가 산책을 나가자 독화살을 준비하고 산책로 근처에 숨었다가 왕비에게 독화살을 날렸다. 독화살이 왕비의 등에 꽂히려는 순간 마치 마술처럼 독화살은 왕비의 몸을 세 바퀴 돌고 도리어 우전왕의 얼굴 앞에 떨어지는 것이었다. 우전왕은 갖고 있는 독화살을 모두 쏘았지만 그 결과는 매한가지였다. 왕비는 우전왕이 독화살로 자기를 죽이려 하는 모습을 두 눈으로 똑똑히 보았지만 화를 내지 않고 도리어 입으로는 염불을 하며 그를 향해 미소를 지어 보였다. 이에 우전왕은 왕비의 법력法力에 깜짝 놀라 급히 독화살을 내던졌다. 그는 미녀에게 넋을 잃고 방탕한 생활을 했던 일을 왕비 앞에서 참회했다.

그 뒤 우전왕은 부처님을 찾아가 계戒를 받고 자신의 잘못을 용서해달라고 하기 위해서 코끼리가 끄는 수레를 타고 궁을 나섰다. 부처님이 계신 곳에 온 우전왕은 부처님께 예배를 드린 후 고개 숙여 참회했다.

"제가 큰 잘못을 저질렀습니다. 미녀에게 현혹되어 방탕한 생활을 일삼았고, 부처님의 제자인 왕비를 죽이려고까지 했습니다. 그러나 왕비는 무량한 자비심으로 저의 죄를 뉘우치게 만들었습니다. 이제 저는 부처님의 높고 높은 법력을 믿지 않을 수가 없습니다. 원컨대 부처님께 귀의하오니, 대자대비하신 부처님이시여, 제가 과거를 뉘우치고 새 사람이 되게 하옵소서."

-불설우전왕경佛說優塡王經-

# 어리석은 남자는
# 여자의 욕심 때문에
# 화를 당한다

  옛날에 용왕의 딸이 혼자 용궁 밖으로 놀러 나갔다가 그만 목동에게 붙잡히고 말았다. 그때 민정 시찰을 나왔던 국왕이, 목동에게 매를 맞고 있는 그녀의 모습을 보고 가엾게 여겨 그녀를 풀어주었다. 용녀가 용궁으로 돌아오자, 용왕은 엉망이 된 딸의 모습을 보고 기겁해서 물었다.

  "얘야, 도대체 이게 무슨 일이냐? 어떤 녀석이 감히……."

  "전 아무런 잘못이 없는데, 국왕이 저를 이렇게 만들었어요."

  "국왕은 인자하기로 소문이 자자한데, 왜 아무 이유 없이 너를 그 꼴로 만들었겠느냐?"

  딸의 말을 곧이곧대로 받아들일 수 없었던 용왕은 뱀으로 변해 궁중으로 들어갔다. 그리고는 국왕의 침상 밑에 숨어 동정을 살폈다. 그때 국왕이 왕비에게 이야기하는 것이었다.

  "오늘 백성이 사는 모습을 살피러 나갔는데, 목동이 웬 소녀를 때리고 있지 않겠소? 가엾은 생각이 들어 곧 풀어주라고 했소."

  그 말을 들은 용왕은 자신의 생각이 역시 틀리지 않았음을 알 수 있었다.

 다음 날 용왕은 다시 사람으로 변해 국왕을 직접 만나러 갔다.

 "대왕님의 은혜에 감사드립니다. 제 딸이 어제 목동에게 붙들려 매를 맞을 때, 바로 대왕님께서 도와주셨습니다. 사실 전 용왕입니다. 대왕께서 갖고 싶은 것이 있다면 말씀하십시오. 무엇이든 드리겠습니다."

 "허허, 보물은 내 창고에도 가득 쌓여 있소. 다만 난 동물들의 말을 알아듣기를 원하오."

 "그러시다면 칠 일 동안 목욕 재계하고 기도를 하셔야 합니다."

 그렇게 해서 칠 일이 지나자 용왕이 나타나서 말했다.

 "한 가지 꼭 지키셔야 할 것이 있습니다. 대왕이 얻은 능력을 결코 남에게 말해서는 안 됩니다."

 용왕이 사라지고 난 후, 국왕은 왕비와 함께 점심을 들었다. 그때 암나비가 수나비에게 말하는 것이었다.

 "여보, 저 맛있는 밥 좀 갖다 주세요."

 그러자 수나비가 퉁명스럽게 말했다.

 "당신은 손이 없소? 발이 없소? 먹고 싶으면 당신이 직접 갖다 드시오."

 "전 지금 배가 아파 도저히 움직일 수 없단 말예요."

 그 대화를 들은 국왕은 자기도 모르게 허허 웃음을 터뜨리고 말았다. 그러자 왕비가 의아한 표정으로 물었다.

 "진지 드시다 말고 갑자기 왜 웃으십니까?"

 그러나 국왕은 못 들은 척 아무 말도 하지 않았다.

잠시 후 국왕이 왕비와 함께 차를 마시고 있는데, 수나비와 암나비가 부부 싸움을 벌이더니 그만 동시에 땅에 떨어지고 말았다. 그 싸우는 소리가 어찌나 재미있던지 국왕은 또 껄껄 웃었다. 무슨 일인지 궁금한 왕비가 또다시 물었다.

"왜 또 웃으시는 거죠?"

국왕은 짐짓 못 들은 척했지만, 왕비가 끈질기게 세 번이나 묻자 마침내 입을 열었다.

"그 이유는 절대 말할 수 없소."

"정녕 말해주시지 않는다면 전 지금 당장 목을 매고 죽어버리겠습니다."

"허허, 그 성질 하고는……. 잠시 일 좀 보고 와서 말해 주리다."

그리고서 국왕은 밖으로 나가 강변을 거닐었다. 그때 용왕이 이번에는 수백 마리의 양으로 변해 강을 건너고 있었다. 그 중에 새끼를 배서 배가 남산만 한 암양이 숫양에게 말했다.

"힘들어 죽겠으니 날 좀 도와주세요."

"나도 힘들어 도저히 도와줄 수 없소."

"그렇다면 전 이 자리에서 혀를 깨물고 당장 죽으렵니다. 당신은 저 국왕이 왕비 때문에 이제 얼마 지나지 않아 곧 죽을 것을 모르십니까?"

"그야 국왕이 죽는 것은 그가 지극히 어리석어 왕비에게 함부로 비밀을 누설했기 때문이지. 하지만 난 당신이 죽는다고 해도 상관없소. 내게는 다른 암양이 얼마든지 있으니까."

그 대화를 들은 국왕이 무릎을 탁 쳤다.

'허, 일국의 왕이 저 숫양보다 못한 사람이 될 뻔했군.'

국왕이 궁중으로 돌아오자 왕비가 다시 말을 꺼냈다.

"정말 이야기 안 해주실 거예요? 제가 지금 당장 죽는 꼴을 보시렵니까?"

"마음대로 하시오. 내 궁중에 궁녀가 어디 한둘이오?"

이 이야기를 들려주신 스승님께서 덧붙이셨다.

"어리석은 남자는 여자의 욕심으로 인해 스스로를 죽이고 마느니라."

-구잡비유경-

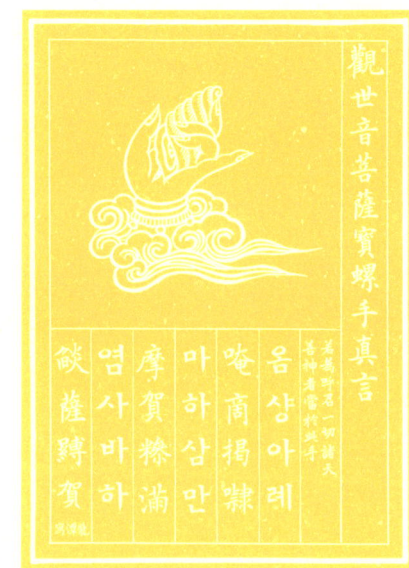

27. 보라수진언

일체의 모든 천신과 선신들을 청하고자 하는 자는 이 진언을 외우라

**옴 샹아례 마하 삼만염 사바하**

# 귀신을 팔아먹은 사내

옛날 남양南陽에 사는 송정백宋定伯이라는 사내가 젊었을 때 밤길을 가다가 귀신을 만나자 정신을 바짝 차리고 물었다.

"너는 누구이기에 남의 앞길을 가로막느냐?"

그러자 귀신이 대답했다.

"나는 귀신이다. 그러는 너는 누구냐?"

이에 정백은 꾀를 쓰기로 하고 짐짓 점잖게 말했다.

"나도 귀신이다."

"어디로 가는 길이오?"

귀신은 동료를 만났다고 생각한 탓인지 부드럽게 물었다.

"완시宛市로 가는 길이네."

"그거 잘됐네. 나도 지금 완시로 가는 중인데."

그리하여 둘은 함께 몇 리를 갔다. 그때 귀신이 말했다.

"둘 다 힘들게 걸을 것이 아니라, 서로 번갈아 업고 가는 게 어떤가?"

"그렇게 하지."

이렇게 해서 귀신이 먼저 정백을 업고 몇 리를 가다가 갑자기 매서운 눈빛을 하고 다그쳤다.

"너는 너무 무겁다. 그러니 귀신이 아닌 게 틀림없다."

"나는 죽은 지 얼마 되지 않았기 때문에 아직 몸이 무거운 거라네."

 귀신은 일리 있는 말이라고 생각해서 더 이상 추궁하지 않았다. 이번에는 정백이 귀신을 업을 차례였는데, 귀신은 거의 무게가 느껴지지 않을 정도로 가벼웠다. 이렇게 번갈아 업고 길을 가다가 정백이 물었다.

"나는 이제 막 죽어서 귀신의 세계를 잘 몰라 하는 말인데, 귀신이 가장 두려워하고 무서워하는 게 무엇인가?"

"모든 귀신들은 사람의 침을 제일 싫어한다네."

 잠시 후 그들은 조그만 강을 만났다. 정백은 귀신에게 먼저 건너라고 했다. 그가 귀기울여 들어보니 귀신이 물을 건널 때 아무 소리도 들리지 않았다. 정백이 강을 건널 때는 당연히 찰랑찰랑하는 물소리가 났다. 이에 귀신이 다시 의심을 품고 물었다.

"아니, 귀신이 강을 건너는데 물소리가 난단 말이냐?"

 정백은 당황하지 않고 태연자약하게 말했다.

"나는 금방 죽은 탓에 아직 물 건너는 법을 배우지 못해서 그런 것뿐이네. 이상하게 생각하지 말게."

 이윽고 완시에 가까이 이르자 정백은 업고 있던 귀신의 머리채를 단단히 부여잡고 뛰기 시작했다. 등에 업힌 귀신은 제발 내려 달라고 고함을 쳤다. 그러나 정백은 들은 척도 하지 않고 더욱 빨리 달려 완시에 들어서자 귀신을 땅바닥에 집어던졌다. 그러자 귀신은 곧 한 마리 염소로 변해버렸다. 정백은 귀신이 또 다른 재주를 피울까 염려하여 한입 가득 침을 뱉고는 어느 상인에게 천오백 전에 받고 팔아버렸다.

-법원주림-

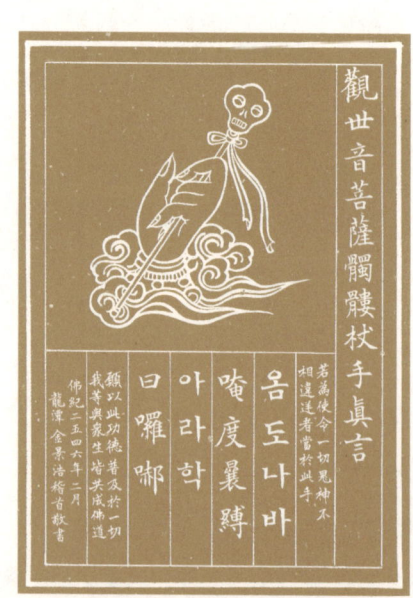

### 28. 촉루장수진언
모든 귀신들에게 시킨대로 하게
하고자 하는 자는 이 진언을 외우라
**옴 도나 바아라 학**

## 소로 태어난 아우

 옛날 큰 부잣집에 두 형제가 살고 있었는데, 부모가 돌아가시자 마땅히 의지할 사람이 없었다. 한배에서 나온 형제이지만 둘은 생각이 전혀 딴판이었다. 형은 도 닦는 것에 관심을 두었고, 동생은 세속의 부귀영화만을 탐했다. 그들은 서로 의논한 끝에 파리波利라는 명호를 가진 부처님이 계시는 계명정사鷄鳴精舍 근처로 집을 옮겼다. 형은 오직 공부와 수도에 힘쓰고 집안 살림에는 도통 관계하려 들지 않았다. 동생은 그런 형을 원망하며 말했다.

 "같은 형제로 부모님이 돌아가셨으면 마땅히 힘을 모아 가업을 이어야 할 텐데, 형은 어찌하여 집안일에는 전혀 신경 쓰지 않고 사문들과 어울려 다니기만 하십니까? 그렇게 하면 돈이 생깁니까 옷이 생깁니까? 날이 갈수록 살림이 축나 남들의 비웃음을 살 지경이니, 남들이 보면 게을러서 유산을 탕진했다고 하지 않겠습니까? 자식이라면 마땅히 부모의 유훈을 받들어 가업을 일으켜야 효자라 할 것입니다."

 그러자 형이 말했다.

"오계五戒•를 지키고 십선十善•을 행하며 삼보三寶•를 공양하고 육바라밀•에 의지하여 부모를 교화하는 것이야말로 진정한 효도라고 할 것이다. 대저 도道와 속俗은 함께할 수 없는 법이다. 네가 추구하는 것은 내가 미워하는 것이요, 내가 추구하는 것은 네가 싫어하는 바다. 그러나 네가 추구하는 것은 진실한 것이 아니며, 영원히 의지할 만한 것도 아니다."

그러나 아우는 고개를 설레설레 흔들며 형의 말을 한쪽 귀로 흘리면서 속으로 원망했다. 형은 체념한 듯 아우에게 말했다.

"나는 이제 출가하여 도를 구할 테니, 너는 네 뜻대로 가업을 잇도록 하라."

형은 말을 끝내고 곧 출가하여 사문이 되었다. 그리고 밤낮을 가리지 않고 열심히 정진하여 오래지 않아 깨달음을 얻게 되었다. 형은 가장 먼저 속진에 붙는 동생을 구제하고자 집으로 돌아가 그를 위해 설법하려고 했다. 그러나 동생은 불같이 화를 내며 언성을 높였다.

"형 말대로 하면 우리 가문은 망하고 말 것입니다. 그렇게 좋은 도는 형님 혼자 닦으시고 저를 가르치려 들지는 마십시오. 이제 다시 그런 소리를 하려거든 다시는 이 집에 발을 들여놓지 마십시오."

형은 어쩔 수 없어 집을 나갔다. 그 후로도 아우는 세속의 일을 탐하며 쉬지 않고 돈을 벌 궁리만 하며 살다가 목숨을 마쳤다. 그리고는 건장하고 살진 소로 다시 태어났다.

한 장사꾼이 그 소를 사서 소금수레를 끌게 하였는데, 그 일이 너무 힘들어 오래지 않아 소는 기진맥진하여 언덕 아래 쓰러지고 말았다. 장사꾼은 채찍으로 사정없이 소의 등짝을 내리쳤고 그때서야 소는 겨우 몇 발자국 움직이기 시작했다. 한편 형은 하늘을 날아가다 이 광경을 보고 그 소의 전생을 살펴보다 본래 자기 아우임을 알고는 내려가 소의 귀에 대고 말했다.

"아우여, 네가 그렇게 탐하던 가업과 처자는 어디에 두고 소로 태어나 이 고생을 하고 있는가?"

형은 곧 신통력을 써서 소가 그 전생을 볼 수 있게 했다. 그러자 소는 눈물을 흘리며 한탄했다.

"저는 생전에 불법을 믿지 않고 업신여기며 마음대로 행하고 형님의 말을 조금도 믿지 않았습니다. 그 과보로 이렇게 소로 태어나서 죽을 고생을 하고 있으나 이제 와서 후회한들 무슨 소용이 있겠습니까?"

형은 장사꾼에게 자초지종을 설명하고 소를 달라고 했다. 장사꾼은 세상에 참 기막힌 일도 다 있다면서 소를 건네주었다. 형은 소를 끌고 절로 가서 부처님을 생각하게 하고 때를 맞춰 밥을 주었다. 소는 마침내 목숨을 마치자 도리천에 환생했다.

-잡비유경-

- 오계: 재가불자가 지켜야 하는 가장 기본적인 계율. 첫째, 살생하지 말라. 둘째, 도둑질하지 말라. 셋째, 삿된 음행을 하지 말라. 넷째, 거짓말하지 말라. 다섯째, 술 마시지 말라.
- 십선: 열 가지 선을 행하는 것. 1. 불살생不殺生, 즉 살생하지 않음. 2. 불투도不偸盜, 즉 도둑질하지 않음. 3. 불사음不邪淫, 즉 간음하지 않음. 4. 불망어不妄語, 즉 거짓말하지 않음. 5. 불기어不綺語, 즉 실없고 잡된 말을 하지 않음. 6. 불악구不惡口, 즉 욕하거나 멸시하는 말을 하지 않음. 7. 불양설不兩舌,

즉 이간질하지 않음. 8. 불탐욕不貪欲, 탐욕을 부리지 않음. 9. 불진에不瞋恚, 즉 노여워하지 않음. 10. 불사견不邪見, 즉 그릇된 견해에 빠지시 않음.

- 삼보: 세 가지 보배, 즉 불교도라면 마땅히 존경하고 공양해야 하는 불佛, 법法, 승僧, 세 가지는 마치 보배와 같이 고귀한 것이라는 뜻.
- 육바라밀: 생사의 고해를 건너 열반의 피안에 이르기 위해 닦아야 할 여섯 가지 실천덕목. 바라밀은 바라밀다波羅蜜多의 준말로, 저 언덕[彼岸]에 이른다는 뜻이다. 대승불교의 보살은 이 육바라밀의 실천을 통해 자신의 완성을 이룩해가는 동시에 다른 사람들도 완성시켜 정토淨土를 건설해 간다. 육바라밀은 구체적으로 보시布施·지계持戒·인욕忍辱·정진精進·선정禪定·지혜智慧의 여섯 가지를 말한다.

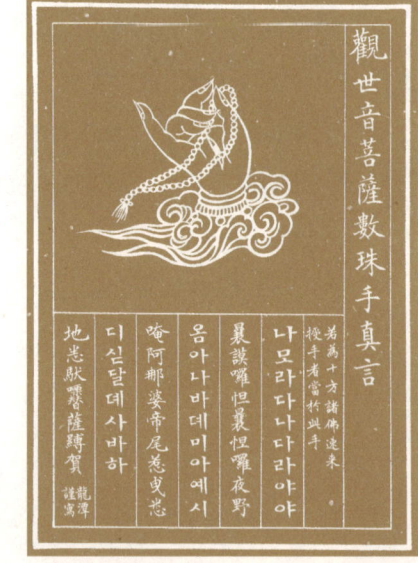

### 29. 수주수진언

시방의 부처님이 속히 오셔서 도와주기를 바라는 자는 이 진언을 외우라

**나모라 다나다라 야야 옴 아나바뎨 미아예 시디 싣달뎨 사바하**

# 누구의 복이 제일 많은 것일까?

옛날 인도의 송사松寺에 여섯 가지 신통력을 갖춘 네 명의 도인이 살고 있었다. 그 나라의 거사居士 네 사람은 각기 한 도인씩을 맡아 항상 공양했다.

네 도인은 각기 제석천왕과 용왕 그리고 금시조金翅鳥왕과 인간의 왕에게 가서 교화를 행했다. 네 도인은 각기 그곳에서 공양을 받고 혹 발우에 남은 음식이 있으면 시주인 네 거사에게 먹게 했다. 거사들은 그 음식을 먹고는 이 세상의 것이 아니라고 찬탄하면서 어디에서 얻은 음식인지 물어보았다. 도인들은 각기 그 음식의 내력을 설명해주었다. 네 거사는 그 이야기를 듣고 각자 원을 세워, 제석천왕과 용왕, 그리고 금시조왕과 인간의 왕이 되기를 바랐다.

이윽고 세월이 흘러 목숨을 마치자 그들은 모두 바라던 바대로 환생했다. 어느 날 그들은 팔관재八關齋를 닦기 위해 마땅한 장소를 물색하다가 마갈摩竭왕의 후원이 고요한 것을 보고 그곳으로 내려갔다. 그들은 각기 나무 하나씩을 차지하고는 그 밑에 앉아 하룻낮 하룻밤 동안 조용히 지내고는 그 이튿날이 되자 서로 담소를 나누었다. 그 모습을 본 마갈왕이 다가와 물었다.

"그대들은 도대체 누구이기에 짐의 후원에서 놀고 있는가?"

그 넷은 돌아가면서 대답했다.

"나는 제석천왕이오."

"나는 용왕이오."

"이 몸은 금시조왕이라오."

"나는 당신과 똑같은 인간의 왕이오."

그들이 서로 마갈왕과 인사를 나누고 여러 가지 이야기를 하는데 갑자기 제석천왕이 물었다.

"우리 모두 함께 팔관재를 닦았는데 누구의 복이 제일 많겠소?"

먼저 인간의 왕이 말했다.

"나는 동산 바깥쪽에 있는 때라도 음악 소리가 그곳까지 들려 마음을 집중할 수 있으니 내 복이 제일이오."

그러자 제석천왕이 말했다.

"내가 사는 천상은 칠보로 된 궁전에 온갖 산해진미와 미녀가 있는데, 그것을 생각지 않고 여기 와서 재를 무사히 닦았으니, 내 복이 제일 클 것이오."

다음으로 금시조왕이 말했다.

"내가 제일 좋아하는 음식은 바로 용이오. 용의 맛은 이 세상 그 어떤 음식도 따를 수 없소. 그러나 나는 이곳에 와서 용을 잡아먹으려는 흉악한 생각을 일으킨 적이 없으니 내 복이 제일일 것이오."

마지막으로 용왕이 말했다.

"우리는 금시조의 먹잇감으로 항상 붙잡혀 먹힐까 전전긍긍하는데, 죽음을 무릅쓰고 한곳에 머물면서 재를 마쳤으니 그 누구 복이 나를 따르리오."

이렇게 서로 우기면서 조금도 양보하지 않자 마갈왕이 끼어들었다.

"내게 피타류(*卑陀類*)라고 하는 총명한 신하가 있으니 그를 불러 결정하게 합시다."

그들이 모두 찬성하자 마갈왕은 피타류를 불렀다. 피타류는 궁중 안으로 가서 파랑, 노랑, 하양 그리고 깜장 비단 깃발을 가지고 와서 물었다.

"이 네 가지 색깔은 같습니까, 다릅니까?"

"물론 각기 다르지."

"비단 깃발의 그림자는 색깔에 따라 다릅니까?"

"아니다, 똑같다."

"지금 대왕들의 형상이 다른 것은 비단 깃발의 색깔이 다른 것과 같습니다. 지금 재를 닦은 마음이 한뜻인 것은 깃발의 그림자가 다름이 없는 것과 같습니다. 이제 네 분의 대왕이 재를 닦은 공덕으로 성불할 때는 그 공덕이 똑같을 것입니다."

피타류가 말을 마치자 네 왕은 박수를 치며 좋아하고는 곧 깨달음을 얻게 되었다.

-잡비유경-

• 금시조: 양쪽 날개의 넓이가 3백6만 리나 되고 독수리처럼 사나운 성질을 가진 괴수로, 용을 잡아먹는다고 하는 신화적인 새.

- 팔관재: 출가하지 않은 자가 하룻밤 하룻낮 동안 지키는 계율. 첫째, 살생하지 말라. 둘째, 도둑질하지 말라. 셋째, 음행하지 말라. 넷째, 거짓말하지 말라. 다섯째, 술마시지 말라. 여섯째, 장신구로 꾸미고 노래하고 춤추며 구경 다니지 말라. 일곱째, 편안한 침상에서 자지 말라. 여덟째, 때아닌 때 먹지 말라.

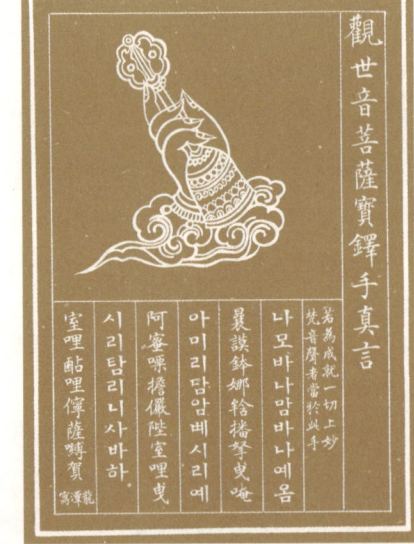

### 30. 보탁수진언

일체의 오묘한 범천의 소리를 얻고자 하려는 자는 이 진언을 외우라

**나모 바나맘 바나예 옴 아미리 담암베 시리예 시리탐리니 사바하**

# 전생의 약속

반제(槃是)라는 나라에 우달나(優達那)라는 왕이 있었다. 그 나라는 매우 풍요로워 백성은 왕의 선정을 칭송해 마지않았다. 우달나왕은 이만 명의 부인을 거느리고 있었는데, 그 첫째 부인의 이름은 월명(月明)이었다.

우달나왕은 특히 월명부인을 몹시 사랑하여 때때로 잔치를 베풀어 음악을 연주하게 하고는 그녀의 춤을 바라보는 것을 최고의 즐거움으로 삼았다. 그녀가 가장 좋은 옷을 입고 여러 가지 보석으로 만든 장신구를 달고 춤을 추면 마치 천녀가 하강한 듯해서 뭇사람들이 넋을 잃고 지켜보곤 했다.

평소 왕은 관상을 잘 보았는데, 어느 날 월명부인의 관상을 보자 죽을 날이 머지 않았음을 알 수 있었다. 기껏해야 육 개월 정도 살 운명이었던 것이다. 왕은 사랑하는 사람이 곧 죽으리라는 사실에 마음이 아파 월명부인을 보지 않고 애써 피하려 했다. 그녀는 갑자기 변한 왕의 태도를 의아하게 여겨 그 이유를 물었으나 왕은 대답해주지 않았다. 그러나 그녀가 끈질기게 묻자 왕은 입을 열지 않을 수 없었다.

"그대의 관상을 보니 죽을 날이 머지않았소. 사랑하는 사람과 헤어질 것이 가슴 아파 애써 피하려 했던 것이오."

"대왕이시여, 생명 있는 자가 죽게 되는 것은 우주의 원리인데 어찌 가슴 아파하시는 것입니까? 대왕께서 저를 정말 사랑하신다면 죽기 전에 제가 출가수도할 수 있게 해주십시오."

"부인이 출가수도하면 비록 도를 깨닫지 못한다고 해도 그 공덕으로 반드시 천상에 태어나게 될 것이오. 천상에 태어나게 되면 다시 내게로 돌아온다고 약속하시오. 그러면 출가를 허락하리다."

월명부인은 우달나왕과 약속했다. 그러고는 곧 출가수행에 들어갔다. 일국의 왕비가 욕심을 버리고 출가했다는 소식을 듣자 수많은 사람들이 찾아와 그 공덕을 칭송했다. 그러나 월명부인은 그것이 수행 생활에 도리어 방해가 됨을 알고 그들을 피해 이곳저곳으로 돌아다니며 수행을 계속했다. 그러기를 육 개월 만에 그녀는 아나함과阿那含果를 얻을 수 있었다.

얼마 후 그녀는 수명을 마치고 색계色界의 하늘에 태어났다. 그녀는 우달나왕과의 약속을 기억하고 왕을 찾아가기로 했다. 그러나 그때 왕은 여러 가지 욕망에 빠져 진리의 가르침을 쉽게 받아들일 수 있는 상황이 아니었다.

그녀는 생각 끝에 무서운 나찰羅刹로 변신하여 왕의 침상 곁에 홀연히 나타났다. 그때 잠에서 깬 왕은 나찰의 모습을 보고 깜짝 놀랐다. 그러자 나찰이 말했다.

"네 아무리 수많은 백성을 가지고 있다 해도 네 목숨은 이제 내

손안에 있다. 죽음이 임박했으니 무슨 인연으로 살아남겠는가?"

"나는 특별한 인연은 없고 그저 과거에 지은 선업으로 천상에 태어날 수 있다고 믿는 바이오."

"그러한 인연만이 의지할 만한 것이고, 다른 이치는 없는가?"

"그런데 당신은 도대체 무슨 신이기에 나를 이처럼 놀라게 하는 것이오?"

"대왕이시여, 저는 원래 월명입니다. 전생에 왕과 했던 약속 때문에 오늘 이렇게 찾아온 것입니다."

"무서운 나찰의 모습을 하고 있는데 어찌 그 말을 믿을 수 있겠소? 본래의 월명부인 모습을 다시 보여준다면 믿겠소."

그러자 나찰은 곧 생전의 아름다운 월명부인의 모습으로 변해 왕의 옆에 섰다. 왕은 그 사랑스러운 모습에 월명부인을 껴안으려고 했다. 그녀는 왕이 아직 애욕을 버리지 못했음을 안타깝게 생각하며 몸을 허공으로 띄운 다음 말했다.

"대왕이시여, 육신은 무상한 것으로 눈 깜짝할 사이에 지탱하기 어렵습니다. 마치 아침 이슬이 해가 뜨면 사라지고 마는 것과 같이 덧없는 것인데, 어찌 대왕께서는 육신을 탐하는 것입니까? 젊음과 건강함도 늙음으로 인해 멸하고, 모든 감각 기능이 둔해져 눈이 있어도 잘 보지 못하고 귀가 있어도 잘 듣지 못하게 됩니다. 또 형상이 무너지고 살이 썩으면 아무런 가치도 없으니 마치 술을 빚고 난 후 그 찌꺼기가 아무 쓸모없는 것과 같습니다. 대왕의 육신도 이젠 늙었으니 즐길 만한 것은 남아 있지 않고 오직 죽음만이 기다리고 있을 뿐입니다. 아무리 아직 육신이 살아 있다고 해도 항상 죽음의 그림자는 같이 있는 것입니다. 대왕께서는 보지 못하셨습니까? 어머니 뱃속에서 죽는 이도 있고, 태어나자마자 죽는 이도 있습니다. 또 젊어서 요절하는 이도 있고, 늙어서 죽는 이도 있습니다. 이처럼 육신은 약하고 위태로운 것으로 죽음이라는 도둑이 항상 따르는 이상 잠시라도 믿을 수 없습니다. 그렇건만 대왕께서는 아직도 제 몸을 탐하시는 것입니까? 수많은 궁녀와 여러 가지 욕망, 나라와 재물 그리고 처자식 모두가 '나'의 것은 아닙니다. 그러한 것들 중에서 죽은 후에도 '나'를 따르는 것은 아무것도 없고 자기 몸도 예외일 수 없습니다. 그러나 어리석은 이들은 욕심을 버리지 못하고 계속해서 생사의 바다를 전전하고 있습니다. 대왕께서는 본래 지혜로운 분이신데 어찌 출가수도할 생각을 하지 않으십니까?"

우달나왕은 월명부인의 가르침을 듣고 출가수도하기로 결심했다. 이에 월명부인은 마지막 당부를 남기고 떠나갔다.

"출가수도하시려면 반드시 좋은 스승을 만나 진리의 가르침을 받도록 하세요. 그리고 그 가르침을 밤낮없이 잘 받들어 행하시기 바랍니다."

다음 날 아침 우달나왕은 마침내 출가를 단행했다. 그러다가 마가다국에 이르러 부처님의 설법을 듣고 아라한의 지위를 얻게 되었다.

어느 날 그는 왕사성에 들어가 음식을 구걸한 다음 숲 속으로 돌아와 먹고 있었다. 그때 병사왕瓶沙王이 그 모습을 보고 이렇게 말했다.

"그대는 원래 왕으로 얼마나 큰 부귀영화를 누렸었는가? 그런데 이제 거지꼴로 걸식하니 무슨 즐거움이 있겠는가? 만약 지금이라도 수행을 포기하면 그대에게 이 나라의 절반을 통치하게 하리라."

"나는 출가하기 전에 큰 나라의 왕이었음에도 불구하고 그 모든 것을 버렸는데, 이제 어찌 작은 것을 다시 취할 마음이 있겠는가?"

"그대가 왕이었을 때에는 아름다운 접시에 담긴 산해진미를 먹었을 텐데 이제 질그릇 발우에 남이 먹다 남긴 밥을 먹으려 하니 어찌 목에 넘어가겠는가? 또 외출할 때에는 수많은 병사들이 호위했을 텐데 지금은 혼자 돌아다니려니 어찌 두렵지 않겠는가? 그리고 궁전에 있으면 수많은 궁녀들에게 둘러싸여 그녀들의 재롱을 즐기며 편히 잤겠거늘 지금은 홀로 풀 위에 드러누워 잠을 자야 하니 어찌 괴롭지 않겠는가?"

"나는 지금의 상태로도 만족하며 더 이상의 쾌락을 탐하지 않소."

"그대는 정말 불쌍한 사람이오."

"정말 불쌍한 사람은 바로 당신이오. 그대는 아직도 여러 가지 욕망에 쫓겨 자유롭지 못하나 나는 이제 모든 욕심으로부터 자유로워졌으니, 이 어찌 기쁜 일이 아니겠소?"

병사왕은 우달나왕의 말을 듣고 아무 대꾸도 못한 채 돌아갔다.

-불설잡장경佛說雜藏經-

# 두 명의 수행자

옛날에 두 명의 수행자가 살고 있었는데, 한 사람의 이름은 나뢰였고, 다른 사람의 이름은 제기라였다. 그들은 깨달음을 얻겠다는 서원誓願을 세우고 속세를 떠나 깊은 산속으로 들어갔다. 춘하추동을 막론하고 그들은 동굴 속에서 잠자고 풀로 만든 옷을 입고 살았다. 배가 고프면 열매를 따먹고 목마르면 샘물을 마시면서 조용하게 수행에 전력했다.

오랜 세월이 흐르자 그들은 속세의 유혹을 물리칠 수 있었고, 다섯 가지의 신통력을 얻게 되었다. 그 첫째는 천안통天眼通으로 이 세상에서 보이지 않는 것까지 볼 수 있는 능력이고, 둘째는 천이통天耳通으로 그 어떤 소리라도 들을 수 있는 능력이다. 셋째는 비행통飛行通으로 공중을 자유롭게 날 수 있는 능력이며, 넷째는 타심통他心通으로 다른 사람의 마음을 읽을 수 있는 능력이다. 마지막으로 예지력豫知力까지 갖춰 미래를 예측할 수 있었다.

어느 날 밤 제기라는 경전을 독송讀誦하다가 피곤해서 자리에 누웠다. 그때 나뢰 역시 독송을 하고 있었는데, 동굴 안이 너무 좁아 그만 실수로 제기라의 머리를 발로 차게 되었다. 그러자 제기라가 벌떡 일어서며 말했다.

"내 머리를 걷어찬 자는 내일 아침 해가 대나무 키만큼 떠올랐을 때 머리가 일곱 조각 나리라."

그 말을 들은 나뢰 역시 화를 내며 대꾸했다.

"내가 실수로 자네의 머리를 걷어찬 것인데, 어찌 그리 심한 저주를 할 수 있는가? 물건을 함께 두어도 부딪히는 일이 비일비재한데, 하물며 이 작은 동굴 안에 두 사람이 살면서 어찌 뜻밖의 실수가 없겠는가? 어쨌든 자네가 이미 그렇게 말해버렸으니, 나는 내일 태양이 떠오르지 못하게 할 것이네."

나뢰가 신통력을 쓰자 과연 그 다음 날 해가 떠오르지 않았.

계속해서 오일 동안 해가 떠오르지 않고 세상이 암흑천지가 되자 위로는 왕부터 아래로는 일반 백성에 이르기까지 모두 두려움에 떨게 되었다. 이에 왕은 한 도사를 불러다가 그 연유를 물었다. 잠시 후 도사가 왕에게 대답했다.

"대왕이시여, 제가 점을 쳐보니 이 일은 산속에 살고 있는 두 수행자가 다투는 바람에 생긴 일입니다."

"그러면 어떻게 해야 한단 말인가?"

"대왕이시여, 서두르지 마십시오. 내일 아침 일찍 대왕께서 남녀노소를 막론한 모든 백성을 데리고 수행자들이 머물고 있는 곳으로 가서 두 분이 화해해달라고 간절하게 부탁하십시오. 그들은 자비로운 수행자들이므로 백성의 안녕을 위해서라면 결국 화해를 할 것입니다."

왕은 다음 날 도사가 말한 대로 모든 백성을 거느리고 산으로 갔다. 왕은 먼저 나뢰를 발견하자 무릎을 꿇고 간절하게 말했다.

"우리 나라가 풍요롭고 백성이 편안하게 살 수 있었던 것은 모두 두 분 도인의 덕택이었습니다. 지금 두 분이 다투는 바람에 해가 뜨지 않는 변고가 생긴 것은 모두 제가 부족한 탓이지 백성은 아무 죄가 없습니다. 바라건대 백성의 안녕을 위해서라도 화해 하십시오."

그러자 나뢰가 대답했다.

"나도 화해할 생각은 있습니다. 만일 제기라도 화해를 바란다면 당장이라도 해가 떠오르게 하겠습니다."

이에 왕은 곧장 제기라에게 달려가서 나뢰의 뜻을 전했다. 그러자 제기라가 말했다.

"저도 딴마음은 없습니다. 하지만 해가 떠오르기 전 진흙으로 나뢰의 머리를 일곱 개 만들어야 할 것입니다."

국왕은 서둘러 제기라가 시키는 대로 했다. 곧이어 해가 떠올라 사방을 환하게 비추자 모든 백성은 환호성을 치며 좋아했다. 그리고 해의 높이가 대나무 키 정도가 되자 진흙으로 만든 일곱 개의 머리가 단숨에 갈라져 버렸다. 그러나 나뢰의 머리는 말짱했다. 그 후 두 수행자는 왕을 도와 나라를 잘 다스렸다.

그런데 사실 이 사건은 두 수행자가 일부러 계획한 것이었다. 왕과 백성이 부처님의 인과법을 믿지 않는 것을 가엾게 여긴 수행자들은 이 일을 통해 그들을 교화하려고 했던 것이다.

-육도집경-

## 비구와 주모

옛날 마투라국에 사는 한 남자가 세속을 싫어하여 불제자 우파급다를 스승으로 모시고 출가했다. 이렇게 해서 비구가 된 그 남자는 우파급다에게 부정관不淨觀을 전수받아 번뇌를 끊고자 했다. 부정관이란 인간의 육체가 추하고 더러운 것임을 관찰하여 탐욕의 번뇌를 없애는 관법觀法이다. 그런데 그 비구는 부정관을 완전히 다 익히기도 전에 이미 번뇌를 모두 멸했다고 자신하였다. 그래서 스승 우파급다를 찾아가 말했다.

"저는 이미 부정관을 통해 모든 번뇌를 멸했습니다."

우파급다는 이 비구가 비록 바탕이 총명하기는 하나 모든 일을 너무 쉽게 생각하는 단점을 가지고 있다는 것을 알기에 이렇게 말했다.

"어찌 한두 번 부정관을 수행했다고 해서 번뇌가 끊어지랴? 게으름 피우지 말고 더욱 열심히 노력하거라."

"스승님, 저는 정말 아라한의 경지에 이른 것 같습니다."

"너는 건타라국建馱羅國에 사는 주모酒母 이야기를 듣지 못했느냐? 그녀는 재가在家 신자인데, 마치 너처럼 충분한 수행을 다 하지도 않은 채 아라한의 경지에 이르렀다고 주장하는 여자다. 수많은 번뇌의 고통 없이 해탈을 얻을 수는 없는 법이다. 어쨌든 정 네가 그렇게 말한다면 건타라국에 가서 그 주모를 만나 보고 오너라."

비구는 스승의 말에 따라 행장을 챙겨 건타라국으로 떠났다. 이윽고 건타라국에 도착한 비구는 토석사土石寺라는 절에 묵게 되었다. 다음 날 아침 탁발을 나간 비구는 사람들에게 그 주모가 살고 있는 곳을 물어보았다. 그 주모는 대단히 유명했던지 사람들은 즉시 그 거처를 알려주었다.

비구가 그 집으로 찾아갔더니 한 여자가 마당에서 바삐 움직이며 일을 하고 있었다. 주모는 한 비구가 문 앞에 와 있는 것을 보고는 보시할 음식을 준비해서 나왔다. 그 순간 비구의 눈은 휘둥그레졌다. 주모는 날씬한 몸매에 아주 아름다운 얼굴을 감추고 있었기 때문이다. 비구는 자기도 모르는 사이에 욕정이 솟아오름을 느꼈다.

또 이미 아라한의 경지에 이르렀다고 스스로 말하는 주모 역시 비교적 잘생긴 편에 속하는 비구를 보자 마음이 흔들려 그만 욕정을 느끼고 말았다. 주모는 백옥처럼 흰 치아를 드러내며 미소를 짓고는 비구의 발우를 받아들려고 했다. 그러다가 두 사람의 손이 서로 부딪혔다.

이때 비구는 갑자기 스승 우파급다가 생각났다. 그리고 자기 마음속에 음욕이 완전히 제거되지 않았음을 깨달았다. 아직 번뇌를 다 끊지도 못했는데 아라한의 경지를 얻었다고 하는 것은 그야말로 어불성설語不成說이라는 생각이 들었다. 또 비구는, 주모 역시 아라한의 경지에서 아주 멀리 떨어져 있음을 알아차릴 수 있었다. 비구는 부정관을 사용하여 주모의 아름다운 육체 역시 본질적으로는 더럽고 추한 것에 불과하다는 사실을 재차 확인하고서야 음욕을 제어할 수 있었다. 그때서야 비구는 스승 우파급다 앞에서 자만했던 자신이 무척 부끄럽게 생각되었다.

나중에 그는 마투라국으로 돌아와 다시 열심히 수행해서 마침내 아라한의 지위를 얻었다.

-아육왕경阿育王經-

### 31. 보인수진언
구변과 인사가 뛰어남을 얻고자
하는 자는 이 진언을 외우라
**옴 바아라 녜담 아예 사바하**

# 구두쇠 이리사

 옛날에 이리사라는 사람이 있었는데 대단히 큰 부자였다. 그러나 그는 지독한 구두쇠라서 남에게 조그만한 물건도 보시하는 법이 없었다. 뿐만 아니라 자기가 먹는 것도 거의 맨밥에 가까웠고 옷도 다 낡은 옷만 입었다.
 반면 이리사의 이웃집 사람은 그렇게 부자가 아닌데도 매일 밥 먹을 때마다 고기와 생선이 끊이질 않았다. 그 모습을 본 이리사는 생각했다.
 '나는 저 사람보다 훨씬 부자인데 도리어 더 불쌍하게 사는구나.'
 이리사는 마음을 독하게 먹고 닭 한 마리를 잡은 다음 백미 한 됫박을 챙겨 마차를 타고 아무도 없는 벌판으로 나갔다. 그곳에서 그는 닭을 굽고 밥을 해서 혼자서만 배불리 먹으려 했다.
 이리사가 구두쇠인 것을 알고 있던 제석천은 그 우매함을 깨우쳐주려고 마음먹었다. 그래서 한 마리 개로 변신해서 이리사의 주위를 얼쩡거렸다. 그는 닭 뼈다귀까지 꿀꺽 삼켜 개가 먹을 것이라곤 조금도 주지 않았다. 그러나 그 개는 계속해서 꼬리를 흔들며 입에는 침을 잔뜩 물고 있었다.

그 모습을 본 이리사가 말했다.

"네가 네 발을 하늘로 향한 채 공중에 뜰 수 있다면 한 점 주마."

말이 떨어지기가 무섭게 개는 이리사의 말대로 공중에 떴다. 그는 깜짝 놀라긴 했지만, 닭고기를 주는 게 아까워 닭껍질을 조금 떼어 주었다. 그러나 그 개는 닭껍질을 먹지 않았다. 그러자 이리사가 말했다.

"그렇다면 좋다. 네가 네 눈을 뽑아 준다면 닭고기를 조금 주지."

곧이어 탁탁 소리가 들리더니 어느새 개 눈이 땅바닥에 떨어졌다. 이리사는 매우 기뻐하며 속으로 쾌재를 불렀다.

'잘됐다. 이제 저놈의 개가 눈도 없으니 따라오지 못하겠지? 이제 이 어른께서는 조용히 음식 맛을 즐기겠다.'

이리사는 재빨리 음식을 챙긴 다음 자리를 옮겨 천천히 음미하기 시작했다.

이리사가 멀리 가기를 기다린 제석천은 이리사의 모습으로 변신하여 마차를 타고 이리사의 집으로 갔다. 집으로 들어서자마자 그는 문지기에게 명령했다.

"집에 들어오려고 하는 자는 누구를 막론하고 매를 때려 쫓아내도록 하라."

그리고 이리사로 변신한 제석천은 집 안에 있던 모든 재물을 가난한 이들에게 보시해버렸다.

한편 자리를 옮겨 음식을 다 먹은 이리사는 마차가 있는 곳으로 돌아갔다. 그러나 마차는 온데간데없었다. 그래서 씩씩거리며 집에 도착해서 문을 들어서려 하는데 문지기가 무조건 몽둥이를 휘둘러대는 게 아닌가? 화가 머리끝까지 난 이리사가 소리쳤다.

"아니, 감히 나를 때리려 한단 말이냐?"

문지기는 조금도 봐줄 수 없다는 듯이 말했다.

"우리 주인마님께서 누구를 막론하고 집에 못 들이게 하셨소."

"내가 바로 너희 주인인데 어느 주인마님이 그랬다는 게냐?"

"뭐라고? 정말 참지 못하겠군. 내 너를 때려죽이리라."

문지기로부터 뭇매를 맞은 이리사는 넋을 잃고 주저앉았다. 그런데 먼 발치에서 집 안을 들여다보니 온갖 재물은 간 곳이 없고 집 안이 텅텅 비어 있었다. 마음이 다급해진 이리사는 큰소리로 울기 시작했다.

그때 제석천이 수행승의 모습으로 변신해서 이리사 앞에 나타나 합장을 한 다음 물었다.

"시주께선 무슨 일로 그리 슬피 울고 있는 것입니까?"

"어떤 놈의 농간으로 가산을 탕진하게 되었다오."

"시주, 잘 들으시오. 재물이 많으면 번뇌와 화가 따르는 법이오. 당신처럼 돈을 목숨처럼 여겨 제대로 먹지도 않고, 가난한 이들에게 보시도 하지 않으면 죽어서 아귀의 몸을 받게 될 것이오. 그리고 세월이 흘러 설사 아귀의 몸을 벗어나 인간으로 태어난다고 해도 항상 천한 사람이 될 것이니, 잘 생각해보시오."

수행승의 말을 들은 이리사는 갑자기 깨닫는 바가 있었다. 그는 개과천선하여 보시행을 즐기는 사람이 되었다.

-구잡비유경-

## 고행 육 년의 인연

　불심이 깊어 계율을 잘 지키며 선정을 베푼 한 국왕이 있었다. 백성은 인자한 국왕 덕에 태평성세를 구가하였다. 그때 한 수행자가 속세와 인연을 끊고 산속에 살면서 수도생활을 하고 있었다.

　어느 날 그는 걸식을 하러 나왔다가 몹시 목이 말라 연못물을 한 모금 마셨다. 그러고는 고개를 들어 연못 속에 연꽃이 여러 송이 피어 있는 모습을 보았다. 수행자는 이내 후회스러운 마음이 들었다.

　'아차, 내가 잘못을 저질렀구나. 연못 주인이 연꽃을 심어 기른 후 부처님에게 공양하려고 했을 터인데, 내가 주인에게는 한마디 말도 없이 연꽃이 취할 물을 마시고 말았구나. 도둑질한 죄를 지으면 내생에 축생으로 태어나 갖은 고생을 다할 것이고, 사람으로 태어난다 해도 노비가 되어 등이 휘어지게 일해야 할 것이다. 정말 두려운 일이 아닐 수 없구나. 당장 죄를 자백하고 용서를 구해 내생에 그와 같은 과보를 받지 않아야겠구나.'

　이렇게 생각한 수행자는 서둘러 국왕을 만나러 갔다.

"대왕이시여, 저는 다른 사람의 물건을 훔쳤으니 법대로 처벌해주십시오. 저는 이 세상에서 그 죄의 대가를 치러 내세에는 또다시 죄과를 받지 않으려 합니다."

국왕은 자리에 앉아 수행자가 하는 말을 처음부터 끝까지 자세히 듣고 나서 박장대소하며 말했다.

"수행자여, 당신은 왜 그렇게 세상 물정에 어두운 것이오? 당신이 마신 물은 하늘이 준 자연의 물이오. 그리고 그것은 보물도 아니니 죄를 범했다고 할 수 없소."

"대왕이시여, 그렇지 않습니다. 집안에 있는 우물이나 밭에 있는 채소를 그 주인에게 알리지 않고 마시거나 먹는 것이 바로 도둑질입니다. 원컨대 대왕께서는 부디 저를 처벌해주십시오."

"지금은 처리해야 할 일이 너무 많아 바쁘니, 정녕 그대의 뜻이 그러하다면 후원에 가서 기다리고 있으시오. 내가 사람을 보내 다시 부르리다."

그러자 옆에 있던 태자가 국왕의 말에 따라 그 수행자를 데리고 후원으로 안내했다.

그런데 국왕은 국사가 너무 바쁜 바람에 수행자가 기다리고 있다는 사실을 까맣게 잊어버리고 말았다. 그러다가 칠 일째 되는 날 아침 국왕은 갑자기 그 일이 생각나서 곁에 있던 신하에게 급히 물었다.

"그 수행자가 아직도 후원에 있는가? 있다면 어서 데려오도록 하라."

수행자는 후원에서 육 일 동안 아무것도 먹지 않은 채 왕이 다시 불러주기만을 기다리고 있었다. 국왕을 다시 만나게 된 수행자는 몸이 극도로 쇠약해져서 그만 그 자리에서 쓰러지고 말았다. 그 모습을 본 국왕은 자책하지 않을 수 없었다.

"아, 모든 게 나의 잘못이다."

국왕은 곧 신하들에게 명하여 그 수행자에게 진수성찬을 대접했다. 그러고는 수행자에게 고개를 숙여 참회했다.

"나는 일국의 왕이오. 백성이 굶주리면 나도 밥이 넘어가지 않고, 또 백성이 헐벗고 있으면 나 또한 마음이 편치 못한 법이오. 그런데도 지금 나는 악행을 저질러 수행자를 괴롭게 만들었소. 내가 이전에 아무리 좋은 일을 했다고 해도 이 죄를 피할 수는 없을 것이오. 국가가 평안하고 백성이 잘 먹고 잘 살 수 있는 것은 모두 왕의 덕행에 기인하는 것이오. 주인에게 알리지 않고 물 한 모금 마신 것이 죄가 된다면, 내가 수행자를 기다리게 한 것은 더욱 중한 죄임에 틀림없소. 수행자여, 당신의 죄는 내가 용서할 테니 앞으로 그 일은 잊어버리도록 하시오."

"대왕의 은혜에 감사드립니다. 앞으로 더욱 열심히 수행해서 대왕의 은덕에 보답하겠습니다."

수행자는 말을 끝내고 깊은 산속으로 들어가 수행에 더욱 힘썼다.

그 이후 국왕은 생사의 바다를 윤회하면서 끊임없이 계속 불도를 닦은 덕에 마침내 깨달음을 얻었다. 그러나 그 옛날 수행자를 육 일 동안 고생시킨 죄과로 육 년 동안 제대로 먹지도 마시지도 못한 수행의 과정을 치르고 나서야 성불할 수 있었다.

-육도집경-

# 신통력을 얻어
# 전생의 다섯 어머니를 보다

옛날에 부처님의 가르침을 좋아한 한 어린아이가 일곱 살이 되자 출가하여 사미가 되었다. 사미는 아라한인 스승을 따라 산중에 거처하며 열심히 수도를 했다.

사미는 여덟 살이 되자 네 가지 신통을 얻었는데, 그 첫째는 보는 것을 꿰뚫어 보는 천안통天眼通이요, 둘째는 이 세상 모든 소리를 들을 수 있는 천이통天耳通이며, 셋째는 공중을 날아다닐 수 있는 비행통飛行通이고, 넷째는 스스로의 전생을 알아낼 수 있는 숙명통宿命通이었다.

어느 날 사미는 자신의 전생을 돌이켜보다가 그동안 다섯 어머니의 아들이었음을 알아내고는 피식 웃었다. 그러자 스승이 물었다.

"갑자기 왜 웃느냐?"

"스승님을 보고 웃는 게 아닙니다. 제가 전생을 돌이켜보니 다섯 어머니가 있는데 밤낮으로 슬퍼하며 '내 아들을 잊은 적이 없다.' 하고 말하고 있습니다. 그래서 이 한 몸이 다섯 집을 괴롭게 하는구나 하는 생각이 들어 웃은 것입니다.

제가 첫째 어머니의 아들이었을 때 이웃집에도 저와 같은 날 태어난 아이가 있었습니다. 제가 죽고 나서 그 아이가 동네를 아장아장 걸어다니는 모습을 보고 어머니는 이렇게 생각했습니다.

'내 아들이 살아 있었으면 저렇게 귀엽게 걸어다녔을 텐데……'

첫째 어머니는 이렇게 몹시 슬퍼하면서 저를 생각하고 있습니다.

또 둘째 어머니의 아들이었을 때도 태어난 지 얼마 되지 않아 죽었는데, 어머니는 다른 사람이 아들에게 젖을 먹이는 모습을 보면 이내 마음이 아파 저를 생각하면서 슬피 울고 있습니다.

셋째 어머니의 아들이 되어서도 저는 얼마 살지 못하고 죽었는데, 어머니는 밥 먹을 때만 되면 눈물 짓고 있습니다. '아들이 살아 있었다면 나와 함께 오순도순 밥을 먹었을 텐데……. 왜 나를 버리고 떠났느냐?'

넷째 어머니의 아들로 태어나서는 청년이 될 무렵에 죽었습니다. 어머니는 제 또래의 청년들이 장가 드는 모습을 보자 이렇게 생각하며 슬퍼하고 있었습니다.

'내 아들이 살아 있다면, 저들처럼 장가를 갔을 텐데……'

마지막으로 다섯째 어머니의 아들로 태어나서는 오늘날까지 이렇게 살아 있습니다만, 제가 출가를 하자 어머니는 매일 슬피 울면서 이렇게 걱정하고 있습니다.

'아들이 출가한 뒤 죽었는지 살았는지 알 수 없구나. 살았다면 밥이라도 제대로 먹는지…….'

다섯 어머니가 함께 모여 모두 저마다 죽은 자식을 생각하며 흐느끼고 있는데, 그 자식은 바로 저 한 사람이기 때문에 그만 웃음이 나온 것입니다.

　세상 사람들은 죽으면 후생이 있다는 사실을 모르고 그저 끝이라고 생각합니다. 사람은 착한 일을 하면 복을 받고 악한 일을 하면 벌을 받게 마련인데도, 살아 있을 때의 길흉화복만 걱정하고 죽은 후에 받을 벌은 신경 쓰지 않습니다. 악도惡道에 떨어지고 나서는 후회해도 아무런 방법이 없습니다. 저는 그런 세상이 싫어 출가하여 도를 구하며, 지옥과 축생 그리고 아귀餓鬼\*의 세계에 날까봐 두려워 모든 행동을 삼가고 있습니다.

　저는 이제 훌륭한 스승을 만나 이미 제도濟度\*되었다고 할 수 있지만, 전생의 다섯 어머니는 아직 제도받지 못하고 있으면서 도리어 저를 걱정하고 있습니다."

-경률이상-

- 아귀: 전생에 악업을 짓고 탐욕을 부린 자가 아귀로 태어나 항상 배고픔과 목마름으로 고통을 받는다.
- 제도: 미혹한 세계에서 생사만 되풀이하는 중생을 건져내어 생사 없는 열반의 언덕에 이르게 함.

## 깨달음이 없는 신통력

옛날에 계빈국의 한 비구는 수백 명의 제자를 두었는데, 그중에는 각각 사선정四禪定*과 오신통五神通*, 수다원과須陀洹果와 아라한과阿羅漢果*를 얻은 이가 여럿 있었다.

이때 안식국 출신의 어떤 이가 계빈국에 와서 그 비구의 교화를 보고 신심이 생겨 기꺼이 제자가 되었다. 그리하여 얼마 지나지 않아 오신통을 얻어 여러 사람들 앞에서 신족통神足通*을 자랑했다.

그러자 스승이 그를 불러다 말했다.

"너는 이미 오신통을 얻긴 했으나 아직 깨달음을 얻었다고 할 수 없으니, 신통력을 함부로 부리지 말거라."

그러나 그는 도리어 스승을 원망하고 자신의 능력을 시기하는 것이라고 생각했다.

그래서 본국으로 돌아가서 교화하리라 작정하고 곧 안식국 왕의 궁전으로 날아갔다.

그 모습을 보고 놀란 왕은 그에게 예배하고 물었다.

"도인께서는 어느 나라 분이십니까?"

그러자 비구가 대답했다.

"나는 원래 안식국 사람으로 계빈국에 가서 불법佛法을 배우고 돌아온 것입니다. 그렇게 해서 이 나라를 복되게 하여 이 땅에 태어난 은혜를 갚으려 하는 것입니다."

왕은 매우 기뻐하며 털썩 꿇어앉아 말했다.

"바라건대 도인은 지금부터 늘 궁중에 머무르면서 제 공양을 받아주시옵소서."

그렇게 해서 비구가 궁중에 머무르게 되자 왕은 자신이 직접 공양을 가지고 오기도 하고, 때로는 왕비나 궁녀를 시키기도 했다.

그런데 청정한 계율을 지켜야 할 그 비구는 오히려 한 궁녀에게 흑심을 풀었다. 그 사실을 알게 된 신하들은 왕에게 간언했지만 왕은 그럴 리가 없다며 도리어 신하들을 호되게 꾸짖었다. 왕은 그 비구가 날아서 자신의 궁전으로 오는 모습을 보았기 때문에 그를 믿지 않을 수가 없었다.

그러나 오래지 않아 그 궁녀의 배가 남산만 해지자 신하들은 다시 왕에게 그 사실을 고했다. 왕은 왕비를 시켜 조사해본 뒤 사실임이 밝혀지자 곧 가사를 빼앗고 병사들을 시켜 궁 밖으로 쫓아버렸다.

쫓겨난 비구는 이곳저곳을 돌아다니며 행인의 물건을 빼앗는 강도가 되었다. 하지만 아무도 그를 당할 자가 없었다. 이에 왕은 힘센 장사들을 모집해서 그 강도를 잡아오게 했다.

강도의 얼굴을 본 왕은 깜짝 놀랐다. 얼마 전에 쫓겨난 바로 그 비구였기 때문이었다. 이에 왕이 물었다.

"너는 비구로서 계율을 범한 것만 해도 큰 잘못인데, 이제는 강도질마저 하는가?"

"거의 굶어죽을 지경이라 달리 선택의 여지가 없었습니다."

"나는 네가 신통력을 부리는 것을 직접 보았기 때문에 차마 죽이지는 못하고 용서하는 것이니, 다시는 이 나라 안에서 죄를 범하지 마라."

그렇게 해서 풀려난 비구는 일을 해서 먹고살아야겠다는 생각을 하고 이곳저곳을 기웃거리다가 마침내 한 백정의 집에서 일을 거들게 되었다.

어느 날 비구는 소뼈를 쪼개다가 날카로운 소뼈가 튕겨 나가면서 눈을 찌르는 바람에 장님이 되고 말았다. 주인은 앞을 못 보는 비구를 더 이상 심부름꾼으로 쓸 이유가 없었다. 다시 길거리에 나앉게 된 비구는 깨진 그릇 하나를 들고 시장 거리에서 동냥을 하는 거지 신세가 되었다.

그렇게 수년이 지나간 어느 날, 계빈국의 스승은 천안天眼으로 그 비구가 거리에서 동냥하고 있는 모습을 보게 되었다. 그때 그의 제자들 중에는 깨달음에는 관심이 없고 신통력만 얻어 보려고 하는 자들이 5백이 넘었다. 스승은 그들에게 가르침을 줄 때가 되었다고 생각해서 이렇게 말했다.

"너희들은 길을 떠날 준비를 하거라. 우리 모두 옛날 안식국 출신의 제자를 만나러 가자."

제자들은 그 말을 듣고 기뻐하며 수군거렸다.

"그는 분명 높은 경지에 이르렀을 것이다. 그러니 스승님께서 친히 보러 가겠다고 하시는 게 아닌가?"

스승과 제자들은 신통력을 부려 한걸음에 거지가 된 그 비구 앞에 홀연 나타났다.

스승이 이름을 부르자 깜짝 놀란 그 비구가 인사했다.

"스승님께서 오셨습니까?"

"그렇다. 내 너를 만나러 이렇게 직접 왔다. 비구가 거지 노릇을 하고 있다니 도대체 어찌 된 일이냐?"

비구는 그동안 있었던 일을 소상히 말씀드렸다. 이에 스승이 말했다.

"오신통은 견고한 도가 아니므로 믿을 만한 것이 못 된다. 제자들은 이 점을 명심해야 할 것이다."

그러자 5백 제자들은 깨달음 없는 오신통의 획득은 백해무익함을 알고 곧 아라한과를 얻게 되었다. 거지가 된 비구는 부끄러워 고개를 숙인 채 아무 말이 없었다.

-잡비유경-

- 사선정: 선정의 네 가지 단계로 초선初禪, 2선, 3선 그리고 4선으로 이루어진다.
- 오신통: 일종의 초능력으로 천안통天眼通, 천이통天耳通, 타심통他心通, 숙명통宿命通, 신족통神足通의 다섯 가지를 함께 이르는 말이다.
- 아라한과: 아라한은 보통 소승불교에서 최고의 깨달음을 얻은 이를 가리키는 말이고, 과는 지위라는 뜻으로 이해하면 된다.
- 신족통: 오신통의 하나로 자유자재로 날아다니는 힘을 말한다.

## 배우는 자의 자세

옛날에 계빈국의 한 아이가 출가하여 스님이 되었는데, 지혜가 출중하여 감히 따를 자가 없었다. 그런데 그는 행실이 방탕하여 법도가 없었지만, 이상하게도 그의 설법을 듣는 사람은 모두 도를 얻었다.

그때 청정한 계율을 지키며 몇 년을 보낸 두 비구가 깨달음을 얻을 수 없자 고민에 빠졌다. 그러자 한 천신이 나타나 말했다.

"계빈국에 지혜가 매우 출중한 스님이 있으니 가보시오."

두 비구는 곧 길을 떠나 그 스님을 찾아갔다. 그런데 그 스님은 음녀와 함께 있는 게 아닌가! 이에 두 비구 중 한 비구가 먼저 방 안으로 들어가 설법을 청하고는 한쪽으로 물러나 앉아 있었다.

그 음녀는 일부러 음탕한 표정을 짓고 있었는데, 그 미모는 가히 경국지색이라 할 만했다. 먼 길을 온 비구는 그녀에겐 전혀 신경 쓰지 않고 전심으로 법을 들은 결과 깨달음을 얻고는 머리를 조아리고 밖으로 나왔다.

또 다른 비구는 방 안으로 들어가 그 음녀를 보고 이렇게 생각했다.

'저 스님은 더럽기 그지없는 작자다. 내가 공연히 먼 길을 온 게 분명하다.'

그리고는 그는 곧 방 밖으로 나와버렸다. 그러자 먼저 나온 비구가 물었다.

"왜 벌써 나오는가? 이미 깨달음을 얻었는가?"

"저자에게서 배울 것이 무엇이 있겠는가? 우리는 헛수고만 한 것이다."

그러자 먼저 나온 비구가 말했다.

"그대의 행동은 배우는 자의 법에 어긋난다. 그저 마음을 집중해서 슬기로운 법을 들으면 그뿐이지 왜 옳고 그름을 따지고 스스로 나쁜 생각을 품어 아무 소득이 없게 하는가? 다시 마음을 가다듬고 같이 들어가 설법을 듣도록 하자."

그리하여 한 비구는 아라한이 되었고, 얼마 후 본국으로 돌아갔다.

그 후 스님은 절의 살림을 맡게 되었는데, 여전히 음녀와 관계를 가지면서 대중의 물건을 제 마음대로 썼다.

그래서 여러 스님들이 합세하여 그를 쫓아버리려고 했다.

그때 한 스님이 말했다.

"우선 잠시 참아보자. 비록 그가 방탕한 생활을 해도 많은 사람들로 하여금 도를 얻게 하지 않았는가?"

그 덕분에 스님은 쫓겨나지 않을 수 있었다.

한편 본국으로 돌아온 아라한에게 여러 스님이 찾아와 말했다.

"계빈국의 그 스님의 제자이니 그를 찾아가 여러 재물을 빌어다

가난한 스님들을 위해 쓰는 게 어떻겠소."

그 비구는 계빈국으로 가서 그 스님에게서 많은 재물을 얻어와서는 여러 스님들에게 보시했다.

-잡비유경-

### 32. 구시철구수진언
선신과 용왕이 항상 옹호해 주기를
바라는 자는 이 진언을 외우라
**옴 아가로 다라가라 미사예 나모
사바하**

## 도의 이치

부처님께서 사문沙門들에게 물었다.
"사람의 목숨이 얼마만큼의 시간에 달려 있다고 생각하느냐?"
한 사문이 대답했다.
"며칠 사이에 달려 있습니다."
부처님께서 덧붙이셨다.
"너는 아직 도를 모르는구나."
이에 또 다른 사문이 말했다.
"한 끼 밥을 먹는 사이에 달려 있다고 생각합니다."
"너도 아직 도를 깨닫지 못했구나."
그러자 마지막 사문이 말했다.
"제 생각으로는 사람의 목숨은 한 호흡 사이에 달려 있는 듯합니다."
"정말로 그렇도다. 너야말로 도의 이치를 깨달았구나."

-사십이장경四十二章經-

# 중도의 비유

한 사문이 밤에 독경을 하다가 갑자기 집 생각에 마음에 서글퍼져서 출가한 것을 후회하였다. 생각 끝에 그는 다시 환속할 마음을 먹었다. 이를 감지하신 부처님은 그 사문을 불러다가 물었다.

"너는 속세에서 무슨 일을 했느냐?"

"거문고 타는 일을 했습니다."

"거문고 줄이 느슨하면 소리가 어떻더냐?"

"그러면 제대로 소리가 나지 않습니다."

"줄이 너무 팽팽하면 또 어떻더냐?"

"줄이 끊어져 소리가 나지 않게 됩니다."

"줄이 느슨하지도 팽팽하지도 않고 적당할 때가 어떠한가?"

"그러면 모든 소리가 고르게 납니다."

"수행도 이와 마찬가지이니라. 정신을 집중함에 그 적당함을 아는 자가 도를 얻을 수 있을 것이다. 무릇 도를 닦는 사람은 쇠붙이에 비유될 수 있다. 쇠를 두드리며 점차로 몹쓸 부분을 버리면 나중엔 좋은 쇠그릇을 얻게 된다. 도를 닦을 때에는 점진적으로 마음의 때를 제거하며 한 발 한 발 깊이 들어가야 하는 법이다. 급하게 굴면 몸이 괴롭고 몸이 괴로우면 번뇌가 생긴다. 번뇌가 생기면 곧 수행하기 어려워지고 수행을 멈추면 죄를 짓기가 쉬운 법이니라."

-사십이장경-

### 33. 석장수진언
모든 중생들을 자비로 보호해
주고자 하는 자는 이 진언을 외우라
**옴 날디 날디 날타바디 날데
나야바니 훔 바탁**

## 사미승과 금덩이

부처님께서 제자들에게 말씀하셨다.

어떤 사미승이 스승과 함께 길을 가다가 땅에 금덩이가 떨어져 있는 것을 보고 슬며시 자신의 품에 넣었다. 그러고 나서 그 사미승은 스승에게 말했다.

"스승님, 빨리 가시죠. 이곳은 사람들이 없는 곳이라 무서운 생각이 듭니다."

그러자 스승이 말했다.

"네가 금덩이를 숨기고 있기 때문에 무서운 생각이 드는 것이다. 그 금덩이를 버리면 무서운 생각이 들지 않을 것이다."

사미승은 금덩이를 버리고 난 후 스승에게 절을 하며 말했다.

"제가 어리석었습니다. 스승님 말씀대로 금덩이를 버리고 나니 더 이상 무섭다는 생각이 들지 않습니다."

제자들아, 학인學人이 도를 탐하길 그 사미승이 금덩이를 탐하듯 하면 어찌 도를 얻지 못하겠느냐?

-불설처처경佛說處處經-

# 물거품 산

어느 바닷가에 울창한 숲이 있었는데, 그곳에는 5백여 마리의 원숭이가 살고 있었다. 그때 바닷가에는 파도가 만든 거대한 물거품 덩어리가 있었는데, 마치 커다란 산처럼 보였다.

그 모습을 본 원숭이들이 서로 말했다.

"야, 저 산 정말 크네. 저기 가서 뛰놀면 얼마나 재미있을까?"

그때 한 원숭이가 그 물거품 산에 오르는가 싶더니 곧 그 속으로 빠지고 말았다. 아무리 시간이 흘러도 그 원숭이가 나오지 않자 다른 원숭이들이 수군거렸다.

"저 물거품 산 속은 정말 즐거운 곳인가 보다. 그러니까 안 나오는 게 분명해."

그리고는 앞다투어 물거품 산으로 뛰어들었다가 모두 빠져죽고 말았다.

부처님께서는 말씀하셨다.

"바다란 생사의 바다를 가리키는 것이고, 물거품 산은 오온五蘊으로 된 몸을 말한 것이요. 원숭이는 사람의 마음을 빗댄 것이다.

중생들은 오온이 공함을 깨닫지 못하고 어리석게 애욕에 집착한다. 그래서 생사의 바다에 빠져 언제 나올지 기약할 수 없노라."

-잡비유경-

● 오온: 색(色)-물질, 수(受)-감각, 상(想)-개념, 행(行)-의지, 식(識)-의식을 함께 이르는 말.

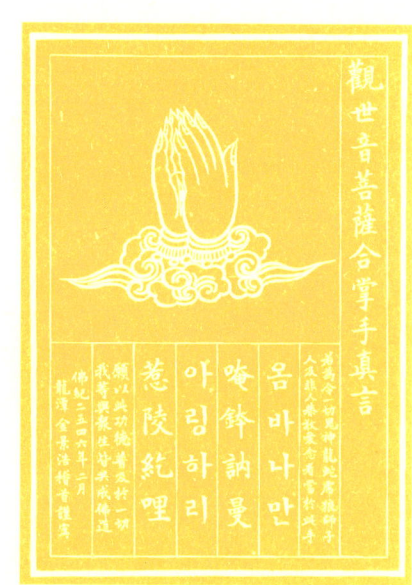

34. 합장수진언
모든 중생이 서로 공경하고
사랑하게 하고자 하거든 이 진언을
외우라
**옴 바나만 아링 하리**

# 목동의 소 떼

부처님께서 어떤 이의 공양을 받고 저녁 무렵 라열기성羅閱祇城에서 나오시다가 많은 소 떼를 몰고 성안으로 들어가고 있는 목동을 만나셨다. 살이 찐 소들은 모두 이리 뛰고 저리 뛰며 장난을 하고 있었다.

그 모습을 보신 부처님은 게송을 읊으셨다.

목동이 막대기를 들고
초원에 가서 소을 먹이듯
늙음과 죽음 역시
사람의 목숨을 몰고 간다네

부처님이 처소로 돌아와 좌정하시자 아난이 앞으로 나와 예배드리고는 여쭈었다.
"부처님, 아까 길에서 읊으신 게송의 의미는 무엇입니까?"
"아난아, 너는 아까 소 치는 목동을 보았느냐?"

"예, 그렇습니다."

"그 소 떼는 백정 집의 것이다. 원래는 1천 마리였는데, 목동을 시켜 초원에서 배불리 풀을 먹여 살찌운 다음 매일 한 마리씩 골라 죽이는 바람에 지금은 5백 마리밖에 남지 않았다. 그런데 남은 소들은 그 사실을 모르고 서로 떠받고 뛰어다니면서 좋아하고 있다. 그 모습이 가여워서 게송을 읊은 것이다.

아난아, 어찌 저 소 떼뿐이겠느냐? 세상 사람들 역시 마찬가지 이니라. 항상 '나'에 집착하여 무상의 도리를 알지 못하고 오욕五欲*에 탐닉하여 서로 해치고 죽이기 일쑤다. 죽음은 아무런 예고 없이 갑자기 닥쳐오지만 사람들은 깨닫지 못하고 있으니 저 소 떼와 다를 게 무엇이란 말이냐?"

-법구비유경-

* 오욕: 눈·귀·코·혀·피부(身)의 오관이 그 대상인 빛깔·소리·냄새·맛·닿는 것觸覺에 대해 일으키는 욕망. 또 재육財慾·색욕·음식욕·명예욕·수면욕睡眠慾을 이르는 수도 있다.

# 가난한 노파가 깨달은 법안

옛날에 부처님이 타사라의 악음樂音이란 마을에 계실 때 가난한 노파가 부처님을 찾아뵙고 말씀드렸다.

"부처님, 여쭐 말씀이 있습니다."

"무엇이든 말해 보아라."

"생명은 어디에서 와서 어디로 가고, 죽음은 어디에서 와서 어디로 가는 것입니까? 또 늙음과 병은 어디에서 와서 어디로 가는 것입니까?"

"생명이란 오는 곳도 없고 가는 곳도 없다. 또 죽음과 늙음과 병도 마찬가지이니라. 비유하자면 두 나무를 서로 문지르면 불이 일어나 도리어 그 나무들을 태우다가 나무가 다 타면 꺼지고 마는 것 같다. 노파여, 그 불은 어디에서 와서 어느 곳으로 간 것이냐?"

"인연이 합하여 불이 일어났고 인연이 떨어지자 불이 꺼진 것입니다."

"그렇다. 모든 존재는 이처럼 인과 연이 합치면 생겨나고 인과 연이 떨어져 흩어지면 없어지는 것이니, 이 세상 만물은 오는 데가 없고 가는 곳이 따로 없느니라. 이 이치를 이해하는 자는 모름지기 있음(有)에 집착하지 않는 법이니라."

"감사합니다, 부처님. 부처님의 설법으로 법안(法眼)을 얻었으니, 비록 몸은 늙었지만 이제야 깨달음을 얻게 되었나이다."

-불설노여인경佛說老女人經-

### 35. 화불수진언
태어나는 곳마다 부처님 곁에
있기를 바라는 사는 이 진언을
외우라
**옴 전나라 바맘타 리 가리 나기리
나기리니 훔 바탁**

# 금괴가 독사가 되다

부처님이 사위국舍衛國에 계실 때 하루는 아난과 함께 들판을 거닐다가 땅 밑에 묻혀 있는 금괴를 보고 말씀하셨다.

"아난아, 여기 커다란 독사가 숨어 있구나."

그러자 아난이 말했다.

"그렇습니다, 세존이시여. 정말 커다란 독사가 있습니다."

그때 곁을 지나던 한 농부는 부처님과 아난이 나눈 대화를 듣고 속으로 생각했다.

'아무것도 보이지 않는데 어디에 독사가 있다는 거지? 내가 한번 땅을 파보아야겠다.'

농부는 땅을 파서 금괴를 얻고는 무척 좋아하며 말했다.

"사문들이 말한 독사는 바로 이 금괴구나."

그때 국법에 따르면 땅속에서 얻은 것은 모두 왕의 소유였다. 그러나 농부는 금괴를 집에 숨겨두고 조금씩 떼어내 호의호식했다.

가난한 농부가 갑자기 씀씀이가 커지자 그 소문은 곧 왕의 귀에

까지 들어갔다. 수상하게 생각한 왕은 농부를 잡아다 문초한 끝에 농부가 국법을 어겼다는 사실을 알아내고는 사형을 명했다.

사형장에 도착한 농부가 울부짖으며 말했다.

"부처님, 정말 독사가 있었습니다. 아난존자여, 그것은 틀림없는 독사입니다."

그러자 왕은 농부의 말을 듣고 이상한 생각이 들어 물었다.

"그게 무슨 소리냐?"

"제가 부처님과 아난존자가 '독사가 저기에 있다.'라고 하시는 말씀을 듣고 그 금괴를 얻었습니다. 그때 부처님과 아난존자가 왜 금괴를 보고 독사라고 말씀하시는지 이유를 알 수 없었습니다만, 이제야 확실히 깨닫게 되었습니다."

-대장엄론경-

# 차라리 혼자서
## 수도修道하라

부처님이 왕사성王舍城의 영취산靈鷲山에서 여러 대중을 위해 설법하고 계실 때 용맹스러운 한 비구가 있었다. 부처님은 그 비구의 기질을 파악하시고 산 뒤편에 있는 귀신곡鬼神谷에 가서 좌정하고 수식數息\*을 닦게 하시며 말씀하셨다.

"호흡의 길고 짧음을 헤아려 안반安般\*으로 뜻을 지키고, 구하는 마음을 끊고 괴로움을 없애야 비로소 열반을 얻을 수 있느니라."

비구는 부처님의 분부대로 귀신곡에 가서 좌정하고 앉았다. 그런데 그곳에는 형상은 보이지 않지만 귀신들이 내는 목소리가 들렸다. 비구는 너무나 무서워서 덜덜 떨면서 이렇게 생각했다.

'출가하지 않고 집에 있었으면 부자로 살았을 것이다. 그래도 이제 출가하여 마음의 안정을 얻으려 했는데, 이 귀신곡에는 친구도 아는 이도 없고 오직 귀신들만이 나를 무섭게 한다.'

잠시 후 커다란 코끼리가 다가와 비구 곁에 있는 나무에 기댄 채 속으로 생각했다.

'코끼리 무리에서 멀리 떨어져 있으니 이 얼마나 유쾌한가?'

부처님은 코끼리의 마음을 읽으시고 그 비구에게 말씀하셨다.

"이 코끼리가 온 곳을 아느냐?"

"모르겠습니다."

"이 코끼리는 그 무리를 귀찮게 여겨 홀로 이곳에 왔다. 이 코끼리는 비록 짐승이지만 오히려 고요한 것을 좋아하는데, 너는 출가하여 생사의 굴레를 벗어나고자 하면서 고독감을 못 이겨 친구를 구하려 하는가? 어리석은 친구는 다만 손해가 될 뿐이다. 혼자 있으면 적도 없고 또 일을 꾸미느라 복잡하게 의논할 일도 없다. 그러니 차라리 혼자서 수도할지언정 어리석은 친구와 짝해서는 안 되느니라."

-법구비유경-

- 수식: 출입하는 호흡을 세어 마음을 통일하는 방법.
- 안반: 수식과 같은 말.

# 소가 되려고 한 나귀

부처님이 사위국에 계실 때 여러 비구에게 말씀하셨다.

성질이 유순한 소 떼가 초원에서 맛있는 풀을 먹고 시원한 물을 먹고 평화롭게 지내고 있었다. 그때 그 모습을 본 한 나귀가 생각했다.

'나는 매일 죽도록 일만 하는데, 저 소들은 성질이 선량하여 어디를 가나 부드러운 풀을 가려서 먹고 시원하고 깨끗한 물을 마신다. 나도 저렇게 살아야겠다.'

나귀는 곧 소 떼 속으로 들어갔으나 본래 성질을 버리지 못하고 뒷발로 땅을 파 먼지를 일으켜 다른 소들을 괴롭혔다. 그리고는 소의 목소리를 흉내 내서 외쳤다.

"나도 소다! 나도 소다!"

나귀가 소란을 일으키자 소들은 뿔로 나귀를 떠받아 죽이고는 다른 초원으로 떠나버렸다.

이처럼 어떤 비구는 정진하지 않고 온갖 악행을 저지르면서도 선한 비구가 갖가지 공양을 받는 모습을 보면 곧 시기하여 저도 그렇게 받고자 한다. 그래서 짐짓 겉모습만 비구답게 꾸미고는 외친다.

"나도 비구다! 나도 비구다!"

그러나 그 비구의 속셈을 잘 알고 있는 다른 비구들은 저 선량한 소들이 나귀를 몰아내는 것처럼 절 밖으로 쫓아내 버린다. 그러므로 비구들이여, 결코 비구의 법에 맞지 않는 행동을 해서는 안 되느니라.

-불설군우비경佛說群牛譬經-

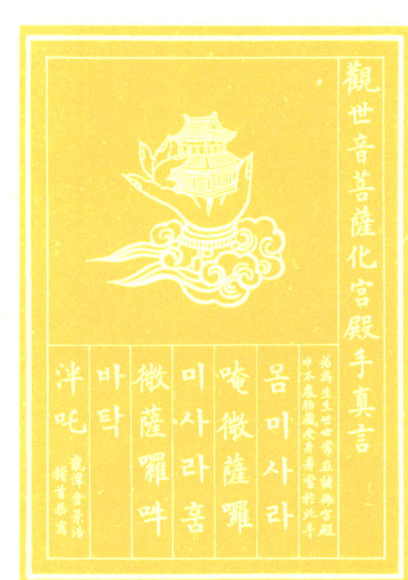

36. 화궁진수진언
세세생생 부처님 궁전에 머물며
태생을 면하려거든 이 진언을
외우라
**옴 미사라 미사라 훔 바탁**

# 독화살의 비유

부처님이 사위국 기수급고독원에 계실 때였다.

그때 마라구마라摩羅鳩摩羅 존자는 조용한 곳에서 번뇌에 빠져 있었다.

'이 세계는 영원한 것인가, 아닌가? 영혼과 몸은 같은 것인가, 다른 것인가? 사람이 죽으면 내생이 있는가, 없는가? 부처님께서는 이러한 문제에 대해 단언을 내리신 적이 없다. 나는 이러한 문제가 궁금해 참지 못하겠다. 부처님께 직접 가서 물어보자. 만일 부처님께서 이에 대한 답을 해주시면 수행을 계속할 것이고 그렇지 않으면 수행을 단념하리라.'

마라구마라 존자는 부처님이 계시는 곳으로 가서 예배를 드리고 조용히 물러앉은 후 자기가 생각한 문제를 부처님께 말씀드렸다. 이에 부처님께서 말씀하셨다.

"마라구마라여, 비유를 들어 말하겠다. 어떤 사람이 전쟁터에 나가서 독화살을 맞았다고 하자. 이제 그 사람의 목숨은 경각에 달려 있다. 그런데 전우들이 바로 독화살을 뽑을 생각은 않고, 이 독화살을 쏜 사람이 누구인지, 이 독화살의 독은 무슨 종류인지, 또 독화살의 재료가 무엇인지를 알기 전에는 독화살을 뽑을 수 없다고 한다. 그러면 독화살을 맞은 사람은 그 사이에 죽고 말 것이다. 네가 말한 질문에 어떤 대답을 한다 해도 현실의 생로병사를 막을 수 없는 법이다. 마라구마라여, 나는 말해야 할 것을 말하고 말해서는 안 될 것은 말하지 않는다. 네가 제기한 문제는 인간의 의식 범위를 넘어선 것이다. 그러기에 어떤 방식으로도 논증할 수 없으므로 참된 의미를 갖지 못한 것이며, 또 수행에 아무런 도움도 되지 못한다. 그러한 문제를 해결하고자 한평생을 보낸다면 저 독화살을 맞은 사람처럼 끝내 치료를 하지 못하고 죽음을 맞는 것과 같다. 나의 가르침은 현실의 생로병사를 제거하기 위함이지, 어떤 말에 대한 해답을 보여 주기 위함이 아니다."

부처님께서 말씀을 마치자 마라구마라 존자는 진심으로 기뻐하며 수행의 길을 계속 가게 되었다.

-불설전유경佛說箭喩經-

# 물 위를 걸어다니는 사람

 옛날에 사위성의 동남쪽에는 큰 강이 흐르고 있었는데, 그 기슭에는 5백여 민가가 있었다. 그런데 그 마을 사람들은 도덕을 존중하지 않고 서로 이익을 탐해 속이고 해치며 방탕하게 살고 있었다.
 부처님은 그 마을 사람들을 제도하시고자 곧 강가로 가셔서 나무 밑에 앉아 계셨다.
 부처님은 모여든 마을 사람들에게 자리를 권하고 설법을 하셨으나 그들은 악습을 버리지 못해 좀처럼 믿으려 하지 않았다.
 그러자 부처님은 신통력을 써서 사람 하나를 만들어 강을 건너오게 했다. 그 사람이 강 위를 걸어오는데, 놀랍게도 겨우 복사뼈 정도만 물에 잠길 뿐이었다. 잠시 후 그는 부처님 앞에 다가와 예배를 드렸다. 마을 사람들은 무척 신기해하면서 그 사람에게 물었다.
 "우리는 먼 조상 때부터 이곳에 살았지만 아직 물 위로 걸어다니는 사람이 있다는 소리를 듣지도 못했고 이렇게 직접 본 일도 없소. 당신은 도대체 무슨 도술을 익혔기에 그렇게 할 수 있는 것이오?"
 "나는 강 건너편에 사는 어리석은 범부일 따름이오. 그런데 부처님께서 훌륭한 설법을 하신다는 말을 듣고 직접 찾아뵈려고 했으나 강이 앞을 가로막고 있었소. 그래서 근처에 있는 사람에게 물이 얼마나 깊으냐고 물었더니 그는 복사뼈밖에 차지 않는다면서 어서 건너라고 했소. 나는 그 사람의 말을 믿고 건너왔을 뿐 무슨 특별한 도술 같은 것은 익힌 적이 없소."

그때 부처님께서 말씀하셨다.

"굳은 믿음과 정성을 가지면 생사의 대해도 건널 수 있거늘, 몇 리의 강을 건너는 것이 무어 그리 신기한가"

-법구비유경-

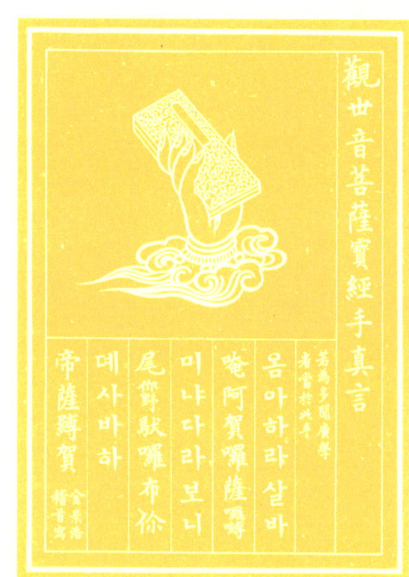

37. 보경수진언
총명하여 많이 듣고 널리 배우고자 하는 자는 이 진언을 외우라
**옴 아하라 살바미나 다라 보니데 사바하**

# 새똥이 빠진 국물

 옛날에 외국의 한 상인은 밤낮없이 열심히 일하느라 잠시도 쉬는 법이 없었다. 그는 일꾼들이 열심히 일하는 모습을 보고 맛있는 고깃국과 요리를 준비하게 했다.
 잠시 후 국이 끓자 맛있는 냄새가 사방에 진동했다. 그때 마침 솔개 한 마리가 지나가다 그만 똥을 쌌는데, 공교롭게도 끓고 있는 국물 속에 빠지고 말았다. 요리사는 곧 국자로 똥을 퍼내려고 했으나 똥은 눈 깜짝할 사이에 풀리고 말았다. 그는 생각했다.
 '새로 국을 끓이자니 시간이 없고, 그렇다고 똥이 들어 있는 국물을 먹일 수도 없고……. 이것 참 어쩐다? 그래, 새똥이 한 사발이나 되는 게 아니니 국물 맛을 버리진 않았을 거야. 모르는 척하고 나만 먹지 않으면 될 것 아닌가.'
 잠시 후 일꾼들이 몰려와 자리를 잡자 요리사는 고깃국과 요리를 돌렸다. 일꾼들은 맛이 일품이라며 허겁지겁 먹었지만, 요리사는 배가 고프면서도 음식에는 손을 대지 않았다. 일꾼들이 왜 먹지 않느냐며 자꾸 권하자 요리사는 혹 의심을 살까 두려워 억지로 국물을 삼키지 않을 수 없었다. 그러나 도통 제맛을 느낄 수 없었다.

부처님께서 말씀하셨다.

"삼계三界의 중생들이 미색美色의 욕심에서 벗어나고자 하면서도, 그 더러운 면을 보지 못하고 이러저리 끌려다니며 빠지고 마는 것은, 마치 일꾼들이 새똥이 빠진 국물을 먹는 것과 같다. 그리고 보살이 일부러 생사의 세계를 윤회하지만 미색에 홀리지 않음은 그 요리사가 국물을 삼키면서도 맛있다고 생각하지 않는 것과 같으니라."

-잡비유경-

### 38. 불퇴금륜수진언
이생으로부터 성불할 때까지
보리심을 가지려거든 이 진언을
외우라
**옴 셔나미자 사바하**

# 마음 속의 활과 칼

옛날에 사위국에 가난한 부부가 살고 있었는데, 그들은 인색하기 짝이 없고 악독하여 도덕을 존중하지 않았다. 부처님은 그들을 가엾게 여겼다. 그래서 그들을 제도하기 위해 남루한 법복을 걸친 사문으로 변신하여 그 집을 찾아가 걸식을 청하셨다.

그때 그 집 남편은 출타 중이었는데, 부인은 밥을 주기는커녕 욕지거리를 해댔다. 그러자 사문이 사정했다.

"나는 구걸해서 살아가는 도사입니다. 그러니 욕하지 마시고 한 끼 밥이나마 베풀어주십시오."

"네가 거기 서서 기다리다 죽는다 해도 밥을 얻기 어렵거늘 하물며 멀쩡한 몸으로 무슨 밥을 바라는 게냐? 헛수고하지 말고 당장 사라져라."

그러자 사문은 그 자리에서 쓰러져 죽었다. 몸은 곧 퉁퉁 부어 터지고 코와 입에서는 벌레가 기어나오고 심한 악취를 풍겼다.

그 모습을 본 부인은 비명을 지르고는 방 안으로 뛰어들어가 문을 걸어 잠갔다. 사문은 부인이 사라지자 자리에서 일어나 몇 리 떨어진 나무 밑에 가서 쉬고 있었다.

집으로 돌아온 남편은 아내가 방 안에 숨어 있는 것을 보고 이상한 생각이 들어 물었다.

"도대체 무슨 일로 방 안에 숨어 있는 겁니까?"

"한 사문이 저를 놀라게 만들었습니다."

"그자는 지금 어디 있소?"

"집 문 앞에서 죽어 쓰러졌는데, 지금은 보이지 않습니다. 아마 어디로 갔다 해도 그리 멀리 가지는 못했을 겁니다."

남편은 곧 활과 칼을 들고 사문의 뒤를 쫓아갔다. 잠시 후 사문을 본 남편은 칼을 휘둘러 목을 베려고 했다. 그러나 사문은 신통력으로 조그만 유리벽을 만들어 자기 몸을 감쌌다. 그러자 남편이 외쳤다.

"빨리 문을 열어라. 이 고약한 놈아."

"문을 열게 하려거든 먼저 그 활과 칼을 버려라."

남편은 속으로 생각했다.

'일단 저자의 말을 따른 다음에 맨주먹으로 혼내주리라.'

그는 활과 칼을 버리고 문을 열려고 했으나 문은 조금도 움직이지 않았다.

"네 말대로 했는데, 왜 문을 열지 않느냐?"

"나는 네 마음속의 활과 칼을 버리라고 말한 것이지, 네 손에 있는 활과 칼을 버리라고 한 것이 아니다."

남편은 깜짝 놀라 이렇게 생각했다.

'아니 어떻게 내 마음을 다 알고 있는 것이지? 아무래도 보통 사

문이 아닌 모양이다.'

그는 곧 머리를 조아리며 참회했다.

"아내가 어리석어 아라한을 알아보지 못하고, 또 저를 충동하여 독한 마음을 품게 했습니다. 그러나 그녀를 가엾게 여겨 버리지 마십시오. 지금 당장 가서 아내를 데려올 테니, 부디 착한 사람이 되게 하여 주십시오."

남편이 집으로 돌아오자 아내가 물었다.

"그래, 사문을 잡았습니까?"

남편은 사문의 신통력을 자세히 설명하고는 덧붙였다.

"그분은 보통 사문이 아니오. 그러나 당신은 얼른 가서 참회하고 용서를 빌어야 하오."

잠시 후 부부는 사문을 찾아가 온몸이 땅에 닿도록 절하고는 참회하며 말했다.

"도인의 신통과 지혜를 따를 사람이 없습니다. 도대체 어떤 도덕을 닦아야 그런 신령스러운 법을 이룰 수 있습니까?"

"나는 널리 배워 싫증을 내지 않고, 법을 받들어 게으르지 않았으며, 꾸준히 노력하며 청정한 계율을 지켰다. 그 인연으로 도를 얻어 마침내 열반涅槃을 이룬 것이니라."

-법구비유경-

# 마음이 도의 근원이다

부처님이 사위국 기수급고독원에서 여러 천인들과 사부대중四部大衆에게 설법하고 계실 때의 일이다.

그때 한 젊은 비구가 있었는데, 그는 성격이 완고하고 어리석어 도를 알지 못했다. 그리고 항상 탐욕을 떨치지 못했고 또 양기陽氣가 왕성하여 주체할 줄 몰랐다. 이 때문에 늘 번뇌에 시달려 깨달음을 얻지 못하자 그는 이렇게 생각하게 되었다.

'남근을 끊어버리면 청정한 마음을 얻어 도의 흔적이나마 얻을 수 있을 것이다.'

마침내 그는 한 시주의 집에 가서 도끼를 빌려 왔다. 그리고 방으로 들어가 문을 닫고 나무판자 위에 앉아 남근을 끊으려 하면서 생각했다.

'이 남근 때문에 나는 무수한 세월 동안 생사를 전전해 왔다. 삼도와 육취는 모두 색욕에서 비롯된 것이다. 남근을 자르지 않는다면 도를 깨닫지 못하리라.'

그때 부처님은 그 어리석은 비구의 마음을 꿰뚫어보시고 이렇게 생각했다.

'어리석기 그지없구나. 도는 마음을 제어하는 데에서 얻어지므로 마음이 바로 도의 근원이다. 그런데 스스로 몸을 해쳐 죄에 떨어져 오랫동안 고통을 받으려 하다니……'

부처님은 그 비구의 방으로 들어가 물었다.

"너는 지금 무엇을 하려고 하느냐?"

비구는 도끼를 내려놓고 옷을 걸친 후 부처님에게 예배하고 나서 대답했다.

"도를 배운 지 이미 오래이나 아직 법문法門에 들어서지 못했습니다. 좌선을 할 때에는 곧 도를 얻을 것도 같다가 양기가 일어나 음욕이 생기면 앞뒤를 분간하지 못하나이다. 그래서 스스로 반성해보니 이 모든 일이 바로 남근 때문이라 도끼를 빌려 자르려고 하는 것입니다."

"너는 정말 어리석어 도를 모르는구나. 도를 얻으려면 먼저 그 어리석음을 끊고 마음을 제거해야 하는 법이다. 마음이 바로 모든 선악의 근본이다. 음욕을 끊고자 하면 먼저 그 마음을 제어해야 하느니라. 마음이 안정되고 뜻이 열린 뒤에야 도를 얻을 수 있을 것이다."

그리고 부처님은 게송으로 말씀하셨다.

먼저 그 근본 없애는 것을 배워라
임금이 그저 두 신하만 거느리고
나머지 시종들을 모두 없애버리면
그게 바로 최상의 도인일세.

계속해서 부처님은 그 비구에게 말씀하셨다.

"십이인연十二因緣의 근본은 바로 어리석음이다. 그리고 어리석음은 뭇 죄의 근본이니라. 지혜는 온갖 행의 근본이다. 먼저 어리석음을 끊어야만 마음이 안정되리라."

그러자 그 비구는 몹시 부끄러워하며 자책했다.

"제가 어리석고 미혹하여 오랫동안 고전古典의 가르침을 이해하지 못하여 이렇게 되었나이다. 지금 부처님께서 하신 말씀은 정말 미묘합니다."

그는 올바른 선정禪定에 들어 뜻을 지키고 마음을 제어하여 부처님 앞에서 곧 아라한이 되었다.

-법구비유경-

39. 정상화불수진언
시방제불이 빨리 오시어 수기해
주기를 바라거든 이 진언을 외우라
**옴 바아리니 바아람예 사바하**

# 산더미 같은 보물

옛날에 바라문들의 나라가 있었는데, 그 나라 왕의 이름은 다미사多味寫였다. 다미사왕은 96종의 외도를 섬겼는데, 하루는 선심을 써서 크게 보시를 행하려고 바라문의 법대로 칠보七寶를 산더미처럼 쌓아놓고 구걸하러 오는 이가 있으면 한 주먹씩 가져가게 했다. 그렇게 며칠을 보냈지만 보물은 좀처럼 줄어들지 않았다.

부처님은 다미사왕이 전생에 복을 지었기 때문에 제도할 수 있음을 아시고 바라문으로 변신하여 그 나라로 가셨다. 다미사왕은 바라문을 맞아들여 인사하고는 물었다.

"무엇을 원하십니까?"

"저는 외국에서 왔는데, 보물을 얻어 집을 지으려고 합니다."

"좋습니다. 그렇다면 보물을 한 움큼 집어가십시오."

바라문은 한 움큼 주워 일곱 걸음쯤 가다가 다시 돌아와 보물을 원래 자리에 내려놓았다. 그러자 이상하게 생각한 왕이 물었다.

"왜 보물을 다시 내려놓는 겁니까?"

"이것으로는 집 한 채밖에 지을 수 없습니다. 결혼 비용을 대자면 턱없이 부족하여 가져가지 않는 것입니다."

"그렇다면 세 움큼 정도 가져가십시오."

바라문은 보물을 집어 일곱 걸음쯤 가다가 또 돌아와 보물을 내려놓았다.

"아니, 왜 그러십니까?"

"이 보물로 장가를 갈 수는 있지만, 논과 종과 소와 말을 사자면 모자라서 그냥 둔 것입니다."

"그러면 일곱 움큼쯤 더 가져가십시오."

바라문은 보물을 주워 일곱 걸음쯤 가다가 다시 돌아와 또 내려놓았다.

"도대체 왜 그러십니까?"

"자식을 낳으면 시집 장가를 보내야 하지 않겠습니까? 그러자면 이 보물로도 모자랍니다. 그래서 포기하는 것입니다."

"그러시다면 여기 있는 보물을 모두 드릴 테니 전부 가져가십시오."

하지만 바라문은 그 자리에 멈춰 선 채 보물을 가져가지 않았다. 왕은 매우 의아해하며 왜 그러느냐고 물었다. 그러자 바라문이 대답했다.

"본래 구걸하러 온 목적은 먹고살기 위해서였습니다. 그런데 사람의 목숨을 생각해보면 긴 것이 아니고 만물은 덧없기 그지없습니다. 인연이 겹쳐감에 따라 근심과 괴로움은 깊어만 가니, 설사 산더미 같은 보물을 가진다 해도 무슨 소용이 있겠습니까? 탐욕심으로 일을 꾀하면서 스스로 괴로워하기보다는 차라리 마음을 비우고 한없이 도를 추구하는 것이 낫다고 생각됩니다. 그래서 보물을 받지 않은 것입니다."

다미사왕은 감탄하며 말했다.

"그 교훈을 삼가 받들고자 합니다."

그러자 바라문은 다시 부처님의 모습으로 돌아가 허공에 솟아오른 채 게송으로 말씀하셨다.

갖가지 보물을 산더미처럼 쌓아
그 꼭대기가 하늘을 찌르고
이 세상을 가득 채우더라도
깨달음 얻은 것만 못하다

악하면서 착한 척하고
애욕이 있으면서 떨쳐버린 척하며
괴로우면서도 즐거운 척하는 것
그야말로 미친 자의 행실이니라

-법구비유경-

# 백 리 밖에 들리는 북

 부처님이 사위국 기수급고독원에 계실 때의 일이다. 벽라라는 이름을 가진 천왕天王의 태자가 부처님을 찾아와 예배하고 물었다.
 "세상 사람들은 모두 옷과 음식, 칠보七寶와 여러 가지 즐거움 그리고 관직과 토지를 가지려고 합니다. 하지만 이런 것들이 모두 부질없고 헛된 것이라는 사실을 깨닫게 하는 방법이 없겠습니까?"
 부처님께서 감탄하면서 말했다.
 "대단한 질문이로다. 토지와 온갖 보배를 갖추고 있음에도 사람들은 구제하려는 마음을 가지다니……."
 벽라가 계속해서 말했다.
 "사람들을 구제하려는 마음을 가진 자는 어떻게 행동해야 합니까?"
 "크게 나누어 두 가지 행行이 있다. 선을 행하면 복이 따르고 악을 행하면 재앙이 따름은 마치 그림자가 형상을 따르는 것과 같은 이치이니라."

"정말로 그렇습니다. 바로 부처님 말씀 그대로입니다. 저는 전생에 왕으로 있을 때 사람의 목숨이 무상하다는 사실을 일찍이 깨닫고 여러 신하들에게 보시를 베풀면서 말했습니다.

"백 리 밖에 까지 소리가 울리는 커다란 북을 만들려고 하는데, 그 일을 해낼 수 있는 사람이 있겠소?"

이에 여러 신하들이 입을 모아 대답했습니다.

"저희들에게는 그러한 능력이 없사오나 광상(匡上)이라는 신하는 능히 그것을 해낼 수 있을 것입니다. 그는 충성심도 강하고 백성을 자비로 보살피는 사람입니다."

그렇게 해서 저는 그 광상이라는 신하를 불러 과연 그 일을 할 수 있는지 물었습니다. 그러자 그가 대답했습니다.

"대왕께서 원하시는 북을 만들 수 있사옵니다. 북을 만드는 데 필요한 비용을 저에게 주시기 바랍니다."

그래서 저는 매우 기뻐하며 창고를 열어 그 안에 있는 재물을 광상에게 모두 맡겼습니다. 그런데 광상은 그 재물들을 왕궁의 문 앞에 옮겨 두고 북을 치며 이렇게 말했습니다.

"오늘 우리들의 인자한 대왕께서 한량없는 자비를 베풀어 가난한 백성을 구제하고 수행자들에게 공양하고자 하시니 궁핍한 사람들은 모두 왕궁 문 앞으로 오라."

이 말이 전해지자 전국 각지의 가난한 이들과 심지어 이웃 나라의 거지들까지 몰려들어 왕궁 앞길은 인산인해가 되었습니다. 그들은 모두 하늘을 우러러보며 탄성을 내질렀습니다.

"우리같이 가난한 사람들이 오늘에서야 살길을 찾았구나."

광상은 가난한 이들에게 재물을 나누어 주었습니다.

그런 일이 있은 후 1년이 지나자 저는 광상을 불러 물었습니다.

"북은 다 완성되었느냐?"

"완성된 지 이미 오래입니다."

"그런데 어찌하여 그 북소리가 들리지 않는 것인가?"

"현명하신 대왕께서는 친히 국내를 돌아보사 불법(佛法)의 북소리가 시방(十方)에 진동함을 직접 들어보십시오."

그래서 저는 마차를 타고 국내를 순시하였는데 가는 곳마다 백성이 발 디딜 틈도 없을 만큼 많았습니다.

"우리 나라 백성이 이렇게 많았더냐?"

이에 광상이 대답했습니다.

"대왕께서는 그 덕을 사방에 떨치고자 백 리 밖에서도 그 소리를 들을 수 있는 커다란 북을 만들라고 저에게 명하셨습니다. 그러나 저는 한낱 마른 나무와 죽은 가죽으로 대왕의 높은 덕을 선양할 수 없다고 생각했습니다. 그래서 대왕께서 북을 만들라고 주신 재물로 수행자들을 공양하고 또 가난한 백성에게 아낌없이 보시했습니다. 그랬더니 이웃 나라 백성까지 우리 나라로 몰려들어 대왕께서 보시는 대로 백성의 수가 이와 같이 늘어났습니다."

광상의 대답을 들은 저는 근처에 있는 백성들에게 물었습니다.

"너희들은 어디에서 왔느냐?"

"저희들은 백 리 밖에서 왔습니다. 대왕이 크게 덕을 베푸신다는 소문을 듣고 태어난 고향을 등지고 이 나라에 와서 목숨을 부지하게 되었습니다."

"정말 잘된 일이로다. 백성이 가난한 것은 아라가 병을 앓고 있는 것과 같다. 내가 약을 주고 신하들로 하여금 죽을 주게 해서 그 병을 고치고 말리라. 여보게, 광상. 경은 앞으로 백성이 바라는대로 구제사업을 계속하고 일일이 내게 보고하지 않아도 되네."

나중에 저는 수명이 다하자 천상에 태어나 천묘왕天妙王이 되었습니다. 그리고 천상의 수명이 다하자 저는 다시 이 세상에 비행황제飛行皇帝로 태어나 온갖 보물로 치장한 채 편안하게 살 수 있었습니다. 그 후 다시 천상에 태어나 천왕의 태자가 되었던 것입니다. 제가 이런 복을 누릴 수 있었던 까닭은 바로 계戒를 지키고 중생들을 구제한 공덕의 소치임이 분명합니다. 부처님이 가르치신 계를 받들어 몸을 올바로 하고 수행하면 얻지 못할 복이 어디에 있겠습니까?"

이에 부처님께서 벽라에게 말했다.

"사람의 행동은 그림자가 그 형상을 항상 따르는 것과 마찬가지로 반드시 과보가 있게 마련이니라."

벽라는 부처님의 가르침에 기뻐하며 절을 하고 물러갔다.

-불설천왕태자벽라경佛說天王太子辟羅經-

# 계율을 지키는 자

 옛날에 부처님이 사위국에 계실 때 왕사성에서 새로 비구가 된 두 사람이 부처님을 직접 뵙기 위해 길을 떠났다.

 두 나라 중간에는 아무도 살지 않는 텅 빈 광야가 있었는데, 마침 가지고 있던 물이 떨어져 거의 죽을 지경이 되었다. 그때 조그만 웅덩이에 물이 약간 고여 있는 것을 보았으나 벌레들이 들끓어 마실 수가 없었다. 그들은 서로 마주보며 한탄했다.

 "부처님을 직접 뵙기 위해 이렇게 길을 떠났는데, 여기서 죽을 줄은 꿈에도 생각하지 못했다."

 잠시 후 한 비구가 말했다.

 "일단 이 물을 먹고 목숨을 구한 뒤에 부처님을 찾아가자."

 그러자 다른 비구가 말했다.

 "부처님은 계율을 무엇보다도 중요시하신다. 그런데 벌레들이 살고 있는 물을 마시고 목숨을 구한 뒤 부처님을 뵈온들 무슨 소용이 있겠는가? 나는 차라리 죽을지언정 계율을 어기고 살 생각은 없다."

한 비구는 물을 마시고 계속해서 길을 떠났고, 다른 비구는 갈증에 헐떡이다 목숨을 마친 후 도리천忉利天*에 태어났다. 그는 자신이 천상에 태어난 이유를 관찰해보고는 이렇게 생각했다.

'정말 복의 과보는 멀지 않은 것이로구나.'

그는 곧 꽃과 향을 가지고 부처님이 계시는 곳으로 내려와 공양하고 물러나 앉아 있었다.

그때 물을 마시고 길을 떠났던 비구가 도착하여 부처님을 뵙고 눈물을 글썽이며 그간의 사정을 말씀드렸다.

"부처님, 동행했던 비구는 길에서 목숨을 마쳤습니다. 부디 가엾게 여기소서."

그러자 부처님께서 말씀하셨다.

"이미 알고 있느니라."

부처님은 곧 손으로 천인天人을 가리키면서 덧붙이셨다.

"저 천인이 바로 너와 동행했던 비구니라. 그는 계율을 지켰기 때문에 천상에 나게 되었고, 또 너보다 먼저 이곳에 도착할 수 있었느니라. 너는 내 얼굴만 보고 내가 정한 계율은 지키지 않았다. 너는 나를 보지만 나는 너를 보지 않는다. 너는 내게서 1만 리나 떨어져 있는 것이다. 하지만 계율을 지킨 이는 바로 지척에 있다."

-법구비유경-

- 도리천: 욕계 6천天의 제2천으로, 수미산 꼭대기에 있다. 이 하늘에는 제석천이 살고 있다고 한다.

# 다섯 왕의 대화

옛날에 다섯 나라의 왕이 서로 사이좋게 살고 있었다. 그들의 나라는 서로 인접해 있었기 때문에 서로 자주 왕래하며 친하게 지냈다. 그중에서 가장 큰 나라의 왕은 보안왕普安王이었는데, 그는 보살행을 실천하는 자비롭고 지혜로운 사람이었다. 나머지 네 명의 왕은 보안왕과는 달리 온갖 사악한 행위를 다하는 사람들이었다.

보안왕은 그들을 가엾게 여겨 교화할 생각을 하였다. 보안왕은 곧 자신의 궁전에 그들을 초청하여 이레 동안 잔치를 벌였다. 다섯 왕은 꼬박 이레 동안 매일 음주가무를 즐기며 보냈다. 이레가 지나자 네 명의 왕은 보안왕에게 자신들의 나라에 처리할 일이 많으므로 돌아가겠다고 말했다. 보안왕은 그들을 화려한 마차에 태우고 여러 신하들과 백성으로 하여금 가두에서 환송하게 했다.

보안왕은 반드시 그들을 교화하리라는 생각에 이렇게 말했다.

"여러분은 각자 무엇을 가장 좋아하는지 이야기해보시오."

그러자 각각의 왕들이 돌아가며 말했다.

"저는 꽃 피고 새 우는 춘삼월 호시절에 들판으로 소풍 가는 것을 좋아합니다."

"저는 훌륭한 말과 화려한 옷과 궁전을 갖추고 여러 신하의 시중과 백성의 존경을 받고 싶습니다. 그래서 궁 밖 출입을 할 때 풍악을 울리며 뭇사람들의 시선을 끄는 것입니다."

"천하절색의 아내와 자식들과 함께 마음껏 즐기며 사는 게 제 바람입니다."

"부모형제가 모두 무고하고 호의호식하며 그들과 함께 노래하고 춤추며 노는 것입니다."

각기 말을 마친 네 왕은 같은 질문을 보안왕에게 했다.

"그러면 대왕께서 좋아하시는 일은 무엇입니까?"

"먼저 여러분이 말씀한 바를 제 입장에서 이야기해보고 나서 말씀드리겠습니다. 처음 분이 말씀하신 춘삼월 호시절의 아름다운 꽃과 나무도 가을이 되면 시들고 말 것이니 이는 영원한 즐거움은 아닙니다. 또 한 분이 말씀하신 국왕의 즐거움도 마찬가지입니다. 옛날의 여러 왕들도 그 국왕됨을 즐겼으나 복이 다하면 이웃 나라의 침공을 받아 망해버리는 일이 비일비재했습니다. 그러니 이 또한 영원한 즐거움은 못 됩니다. 그 다음 분은 좋은 처자와 함께 즐기겠다고 했는데, 그들이 만약 병이라도 들면 그 근심과 걱정은 이루 말할 수 없는 것이 되니, 그 또한 영원한 즐거움이라고 할 수 없습니다. 마지막 분은 부모형제가 무고하고 그들과 함께 호의호식하며 지내겠다고 말씀하셨습니다. 하지만 세상 일은 알 수 없는 바 그들이 국법이라도 어겨 옥에 갇힌다면 왕이라고 해도 쉽게 구해낼 수 없으니, 이것 역시 영원한 즐거움은 아닙니다. 나는 불생不生,

불사不死, 불고不苦, 불뇌不惱, 불기不飢, 불갈不渴, 불한不寒, 불열不熱 그리고 존망자재存亡自在하기를 바랍니다."

"대왕의 그러한 바람을 해결해주실 수 있는 훌륭한 스승이 계십니까?"

"그분은 바로 부처님이십니다. 지금 기원정사에 와 계신답니다."

보안왕의 대답을 들은 왕들은 기뻐하며 그와 함께 부처님이 계시는 곳으로 가서 예배하고 말했다.

"저희들이 둔하고 미련한 탓에 세속의 쾌락에만 탐착할 뿐 죄와 복이 무엇인지 모르고 지냈습니다. 원컨대 부처님께서는 저희들을 위해 가르침을 베풀어주시기 바랍니다."

부처님이 말씀하셨다.

"여러 왕들은 들으시오. 사람이 이 세상을 살아나가는 동안 만나는 괴로움은 한량없는 것이오. 그 괴로움을 크게 대별해서 팔고八苦라고 부르오. 그러면 팔고에 대해 간단하게 말해드리리다. 먼저 태어나는 괴로움과 늙는 괴로움, 병드는 괴로움, 그리고 죽는 괴로움이오. 또 사랑하는 사람과 헤어지는 괴로움과 원하는 바를 얻지 못하는 괴로움 그리고 미운 사람과 만나는 괴로움과 슬픔, 근심 등의 여러 가지 번뇌 때문에 당하는 괴로움이오. 이것들을 일컬어 팔고라고 하는 것이오."

부처님의 가르침을 듣고 네 왕은 자신들의 욕심이 모두 부질없다는 것을 깨달았다.

-불설오왕경佛說五王經-

# 죽음을 피할 수 있는 곳

옛날 부처님이 왕사성王舍城의 죽원竹園에서 설법하고 계셨다. 그때 네 명의 바라문 형제가 있었다. 그들은 신통력을 가지고 있어서 이레가 지나면 자신들의 목숨이 다할 것을 알게 되었다. 그래서 함께 모여 의논했다.

"우리는 신통력으로 하늘과 땅을 뒤엎고 해와 달을 만지고 산을 옮기고 강을 막는 일도 할 수 있는데, 어찌 죽음을 피할 수 없겠는가?"

그러고는 한 사람씩 돌아가며 말했다.

"나는 큰 바다 속에 숨어 나오지 않을 것이다. 아무리 죽음의 귀신이라고 해도 내가 있는 곳을 어찌 알겠는가?"

"나는 수미산을 가르고 그 속에 들어가 숨을 작정이다."

"나는 넓디넓은 허공 속에 숨으련다."

"나는 큰 시장 한복판에 숨을 것이다. 죽음의 귀신이 와서 나를 잡으려고 할 때, 그 많은 사람 중에 나를 어찌 알아보겠는가?"

의논을 마친 네 형제는 왕에게 가 자신들이 나눈 이야기를 알리며 죽음에서 벗어난 후 돌아오겠다고 했다. 그러고 나서 그들은 각기 말한 대로 흩어졌다. 그러나 그들은 마치 과일이 익으면 떨어지듯이 이레가 지나자 모두 죽고 말았다.

시장을 감독하던 관리가 왕에게 말했다.

"어떤 바라문이 시장 한복판에서 죽었습니다."

왕은 곧 그 죽은 자가 네 명의 바라문 형제 중 한 사람임을 알고 말했다.

"네 사람이 죽음을 피해 갔는데 이미 그 중 한 사람이 죽었다. 나머지 세 사람이라고 어찌 죽음을 면할 수 있겠는가?"

왕은 곧 화려한 마차를 타고 부처님이 계시는 곳으로 가서 예배를 드린 다음 말했다.

"근래 신통력을 가진 네 명의 바라문 형제가 자신들의 죽음이 임박한 사실을 미리 알고, 모두 죽음을 피해 떠났습니다. 부처님, 그들은 과연 죽음을 피할 수 있을까요?"

"대왕이여, 사람으로서 벗어날 수 없는 네 가지 일이 있소. 첫째는 중음(中陰)으로 있으면서 생(生)을 받지 않을 수 없는 것이고, 둘째는 한번 나면 늙지 않을 수 없는 것이오. 그리고 셋째는 늙으면 병들지 않을 수 없는 것이고, 넷째는 병들면 죽지 않을 수 없는 것이오."

계속해서 부처님은 게송으로 말씀하셨다.

허공도 아니고 바다도 아니어라
산속도 아니니
죽음을 벗어날 수 있는 곳

그 어디에도 없어라

이 일은 내가 할 일이니
반드시 성취해야 한다고
사람들이 제아무리 초조해한다고 해도
늙음과 죽음의 근심은 짓밟고 다니리

이러한 사실을 알아 스스로 고요하고
그렇게 생이 끝난다는 것을 보면
비구는 악마의 병사를 싫어하여
비로소 생사를 넘어서게 되리

왕은 부처님의 말씀을 듣고 감탄하면서 말했다.
"훌륭하십니다. 정말로 부처님 가르침대로입니다. 네 사람이 죽음을 피해 떠났지만 이미 한 사람이 죽었습니다. 목숨은 한정된 것이니 나머지 사람들도 역시 죽음을 피하지 못했을 것입니다."
옆에 있던 신하과 관리들도 부처님 말씀을 받아들이지 않는 자가 없었다.

-법구비유경-

# 너무 바빠서 목숨을 잃다

옛날에 부처님이 사위국에 계실 때의 일이다. 그때 성안에는 팔십 세쯤 된 한 바라문이 있었는데 재물이 헤아릴 수 없이 많았다. 그 바라문은 사람됨이 완고하고 미련하며 또 인색하고 욕심이 많아 교화하기가 어려웠다. 그는 도덕의 가치를 모르고 인생의 무상함도 생각지 않는 사람이었다.

그는 집짓기를 즐겼다. 그의 집 앞으로는 사랑채가 있고 뒤로는 별당이 있으며 시원한 누각과 따뜻한 방도 있었다. 그리고 동서로 수십 개의 작은 방이 있었다. 다만 뒤쪽 별당의 차양만은 아직 완성하지 못하고 있었다. 그 바라문은 항상 직접 나서서 집짓는 일을 감독했다.

부처님은 천안天眼으로 그 바라문이 그날을 넘기지 못하고 죽게 될 것을 알았다. 그러나 사실을 알 리 없는 그 바라문은 바삐 돌아다니며 일을 하고 있었다. 그의 몸은 수척하고 힘이 빠져 정신에는 복이 하나도 없었으니 참 가련한 일이 아닐 수 없었다. 부처님은 제자 아난을 데리고 그 집에 가서 바라문에게 물었다.

"한창 바쁘구나. 그런데 이 집을 어디에 쓰려고 짓고 있느냐?"

"앞의 사랑채는 손님 접대를 위해서 그리고 뒤의 별당에는 제가 살려고 합니다. 또 동서의 여러 작은 방은 아이들과 종복 그리고 재물을 보관하는 데 쓰려고 합니다. 여름에는 시원한 누각에 오르고 겨울에는 따뜻한 방 안에서 지낼 참입니다."

"네가 전생에 쌓은 복덕이 많은 줄은 알고 있었으나 만나서 이야기하는 게 늦었구나. 마침 생사에 관계되는 중요한 게송이 있어 알려주려고 하는데, 잠시 일을 멈추고 같이 앉아 이야기를 나누는 게 어떻겠느냐?"

"지금은 너무 바빠 앉아서 이야기할 틈이 없습니다. 후일 다시 오시면 그렇게 하겠습니다. 다만 그 중요한 게송이나 말씀해주십시오."

이에 부처님은 게송으로 말씀하셨다.

자식과 재물 때문에
어리석은 자는 허덕이누나
'나'도 '나'가 아니거늘
자식과 재물을 걱정해서 무엇하랴

더울 때에는 여기서 살리라
추울 때에는 여기서 살리라
어리석은 이는 미리 걱정도 많건만
닥쳐올 변고도 알지 못하네

어리석은 이 어리석기 짝이 없어
스스로 지혜롭다고 하나
어리석은 자가 지혜롭다 하면
그야말로 더없는 어리석음이라

부처님의 게송을 들은 바라문이 말했다.
"그 게송은 참으로 훌륭합니다. 그러나 지금은 정말 눈코 뜰 새 없이 바쁘니 나중에 다시 오셔서 이야기하십시오."

부처님은 그 바라문을 가엾게 여기면서 자리를 떠났다. 그 후 얼마 지나지 않아 그 바라문은 서까래를 직접 올리다가 놓치는 바람에 그것이 머리에 떨어져 즉사하고 말았다. 갑자기 초상을 당한 그 집안의 통곡 소리가 사방에 가득하였다. 부처님이 아직 멀리 가시기도 전에 그런 변고가 생겼던 것이다.

계속해서 길을 가고 있던 부처님은 마을 입구에서 수십 명의 바라문들을 만났다. 그들은 부처님에게 다가와 물었다.

"어디에서 오시는 길입니까?"

"저 죽은 바라문의 집에 가서 그를 위해 설법했지만 그는 내 말을 믿지 않았다. 또 인생의 무상함을 생각지도 않다가 지금 갑자기 목숨이 끊어졌느니라."

부처님은 이미 말했던 게송을 다시 바라문들을 위해 들려주셨다. 그들은 그 게송을 듣고 매우 기뻐하여 곧 도의 자취를 얻게 되었다.

그때 부처님은 다시 게송으로 말씀하셨다.

어리석은 이가 지혜로운 이와 친하다고 해도
마치 국자가 국 맛을 보는 것 같아서
비록 오래 사귀었다 해도
법을 알지 못하리

현명한 이가 지혜로운 이와 친하면
마치 혀가 음식 맛을 보는 것 같아서
비록 잠깐 사귀었다 해도
곧 도의 요체를 알게 되리

어리석은 이의 행동은
자신의 몸에 우환을 부르나니
즐거운 마음으로 악을 행하다가
커다란 재앙에 빠지게 되는 법

악한 일을 행한 후에
물러나 뉘우치고 후회하며
눈물을 흘리나니
이 응보는 과거의 업에서 오는 것이리

 이 게송을 들은 바라문들은 더욱 믿음이 돈독해져 부처님께 예배하고 기뻐하면서 받들어 행하였다.

-법구비유경-

# 생사의 비유

부처님이 기수급고독원에 계실 때였다. 그때 부처님은 설법을 듣는 무리들 가운데 있던 승광왕勝光王에게 말씀하셨다.

"대왕이여, 잘 들으시오. 이제 대왕을 위해 생사生死가 도대체 무엇인지 비유를 들어 간략하게 설명해드리리다.

아주 오랜 옛날 한 사람이 들에 놀러 나갔다가 그만 사나운 코끼리에게 쫓기게 되었소. 겁에 질린 그 사람이 정신없이 뛰다가 보니 우물 하나가 있고 그 옆에 나무뿌리가 드리워져 있는 게 눈에 들어왔소. 그 사람은 다급한 나머지 나무뿌리를 잡고 우물 속으로 들어가 몸을 숨겼다오. 그런데 검은 쥐 한 마리와 흰 쥐 한 마리가 나타나 나무뿌리를 갉아먹는 것이 아니겠소? 게다가 우물 속 사방에는 독사들이 날카로운 이빨을 드러낸 채 그 사내를 물려고 들었소. 또 아래는 내려다보니 독룡毒龍이 입을 쩍 벌리고 있었다오. 혀를 날름거리는 뱀도 무서웠지만 나무뿌리가 끊어지면 독룡의 밥이 되리라 생각한 그 사내는 두려워서 넋이 빠질 정도였소. 그런데 그때 나무 위에 있던 벌집에서 흘러나온 벌꿀 다섯 방울이 뿌리를 타고 그 사람 입으로 흘러드는 것이었소. 또 그 사람이 나무뿌리를 잡고 매달려 있는 바람에 나무가 흔들리자 벌들이 날아와 사정없이 그 사람을 쏘았소. 설상가상으로 들에 불이 나 그 나무마저 태우고 있었다오."

부처님이 말한 생사의 비유를 들은 승광왕이 입을 열었다.

"부처님, 그 사람은 그렇게 위급한 상황에서도 꿀맛을 탐할 수 있었을까요?"

"대왕이시여, 그 이야기 속의 들이란 길고도 긴 무명無明의 밤을 뜻하고 우물에 빠진 사람은 바로 중생을 가리킨다오. 또 코끼리는 무상無常이고, 우물은 생사를 비유한 것이오. 나무뿌리는 사람의 목숨을, 검고 흰 두 마리의 쥐는 시간을 가리키는 것이라오. 그 쥐들이 나무뿌리를 갉아먹는다는 것은 바로 순간순간 사람의 수명이 줄어드는 모습을 비유한 것이며, 네 마리 독사는 지地, 수水, 화火, 풍風의 사대四大를 뜻하는 것이오. 그리고 다섯 방울의 벌꿀은 다섯 가지 쾌락의 비유요, 사정없이 쏘아대는 벌은 사견邪見을 가리킨다오. 마지막으로 독룡은 바로 죽음을 비유한 것이오. 그러므로 대왕은 생로병사가 얼마나 두려워해야 할 것인가를 마땅히 알아야 하오. 항상 그것을 명심하고 오욕五欲에 빠지지 말아야 할 것이오."

승광왕은 부처님의 말씀을 듣고 생사에 대해 깊이 깨닫는 바가 있었다. 그는 부처님께 합장하며 말했다.

"부처님이시여, 부처님께서 저를 위해 미묘한 설법을 해주셨으니 저는 정성을 다해 그 가르침을 지키겠습니다."

-불설비유경佛說譬喻經-

# 백정과 부처님

옛날에 부처님이 사위국에 계실 때 5백 명의 바라문들은 늘 부처님을 비방하려고 기회를 엿보고 있었다. 그러나 도리어 부처님은 그런 바라문들을 가엾게 여겨 이렇게 생각하셨다.

'저 바라문들은 전생에 조그만 복을 지었기 때문에 지금 제도할 수 있으리라.'

그러나 5백 명의 바라문들은 자기들끼리 모여 의논을 했다.

"백정을 시켜 짐승을 잡고 부처님과 그 제자들을 초청하자. 부처님이 백정을 칭찬하면 그때 우리가 나서서 부처님을 비방하자."

바라문들의 사주를 받은 백정은 부처님을 초청했다. 부처님은 백정의 청을 받아들이면서 이렇게 말씀하셨다.

"과일이 익으면 저절로 떨어지듯이 복이 익으면 저절로 구제되는 법이니라."

백정은 집으로 돌아와 음식을 마련했다. 부처님이 제자들을 거느리고 백정의 집으로 가시자 바라문들은 손뼉을 치면서 좋아했다.

"드디어 오늘에서야 기회를 만났다. 부처님이 시주의 공덕을 찬탄하면 우리는 백정이 지금까지 살생하여 죄를 지었다는 사실을 들어 비난하고, 만일 부처님이 백정의 죄를 말하면 우리는 그가 지금 복을 짓는 것을 들어 비난하자. 이 두 가지 방법이면 능히 부처님의 허물을 잡을 수 있을 것이다."

백정의 집에 도착하신 부처님은 자리를 잡고 앉으셔서 게송을 읊으셨다.

거룩한 성인의 가르침이
바른 도로써 몸을 살리고자 하나
어리석은 이들은 시기하고 질투하여
도리어 악이라 비난한다
악을 행하면 악의 과보를 받는 것
마치 쓴 열매의 씨를 심은 것과 같나니
스스로 악을 행해 그 죄를 받고
스스로 선을 행해 그 복을 받는 법
죄도 복도 모두 스스로가 지은 것
그것을 대신 받을 자 그 누구리
선을 행하여 선의 과보를 받는 것
마치 단 열매의 씨를 심는 것과 같으리

부처님이 게송을 마치시자 5백 명의 바라문들은 마음이 풀려 자신들의 허물을 뉘우치고 부처님께 합장하고 말씀드렸다.

"저희가 어리석어 부처님을 비난하고자 했습니다. 부디 저희를 용서하시어 사문이 되게 해주십시오."

부처님은 5백 명의 바라문들을 받아들여 모두 사문으로 만드셨다.

-법구비유경-

40. 포도수진언
과일, 채소, 온갖 곡식의 풍성한
수확을 바라거든 이 진언을 외우라
**옴 아마라 검 뎨 니니 사바하**

# 부처님을 시험하다

 옛날에 사람됨이 교만하여 어른을 공경하지 않고 잘난 척하기를 즐기는 5백 명의 젊은 바라문이 있었다. 한번은 그들이 서로 모여 의논을 했다.

 "사문 고타마가 스스로 부처가 되었다고 하는데, 우리가 한번 초청하여 진짜 부처가 되었는지 알아보도록 하자."

 그들은 음식을 장만하고 부처님을 청했다. 부처님은 제자들을 거느리고 그 바라문 마을로 가서 자리를 잡고 앉으셨다.

 이윽고 공양이 끝나 부처님이 손을 씻고 계실 때 어떤 장로 부부가 그 마을에 와서 구걸을 하며 돌아다녔다. 부처님은 그들이 한때 남부럽지 않은 큰 부자였던 사실을 아시고 젊은 바라문들에게 물으셨다.

 "너희들은 저 장로 바라문을 알고 있는가?"

 "물론입니다. 아주 오래전부터 알고 있습니다."

 "본래 그는 어떤 사람이었는가?"

 "그는 대신으로, 큰 부자였습니다."

 "그런데 왜 지금은 거지가 되었는가?"

"돈을 함부로 낭비했기 때문입니다."

"이 세상에는 사람이 행하기 힘든 일이 네 가지 있다. 만일 그 일을 받들어 행하면 그처럼 가난하게 되어 고생하지 않을 것이다.

그 네 가지 일이란 무엇인가? 첫째는 젊고 힘이 세면서도 교만하지 않은 것이요, 둘째는 늙어서 음행을 탐하지 않는 것이며, 셋째는 재물이 있으면 늘 보시할 생각을 하는 것이요, 넷째는 스승을 모시고 공부하여 진리를 받는 것이니라.

저 장로 바라문은 그 네 가지 일을 행하지 않고 모든 것은 '항상 있다.'라고 생각하였기 때문에 하루아침에 거지가 되고 만 것이다. 마치 늙은 따오기가 텅 빈 연못을 아무리 오래 지키고 있더라도 고기 한 마리 얻지 못하는 것과 같으니라."

이어서 부처님은 게송으로 말씀하셨다.

밤이나 낮이나 늘 게으르고
늙어서도 음행을 그치지 않고
재물이 많아도 보시하지 않으며
불법(佛法)을 받들지 않아
마침내 스스로 해치고 속이며 산다
아! 어느새 늙음이 다가와
얼굴은 쭈그러들고 망령을 부리나니
젊을 땐 뜻대로 되었으나
늙어서는 남에게 무시당하네
깨끗한 행을 닦지도 않고

재물도 모아 지키지 못하면
마치 저 늙은 따오기가
텅 빈 연못을 지키는 것과 같으리
이미 계율도 저버리고
재물도 모으지 못한 채
늙어서 기운도 없어졌으니
옛일을 생각한들 무엇하랴
늙으면 가을 낙엽과 같아
행실은 더럽기가 누더기와 같고
목숨은 어느새 죽음의 핍박을 받아
아무리 후회해도 무슨 소용 있으리

게송을 마친 부처님이 다시 바라문들에게 말씀하셨다.
"세상에는 네 가지 때가 있어, 그 때를 맞춰 도를 행하면 복을 얻고 구원을 얻어 마침내 온갖 괴로움에서 벗어날 수 있다. 그 네 가지 때란 무엇인가? 첫째는 젊어서 기운이 넘칠 때요, 둘째는 부귀하고 재물이 많을 때며, 셋째는 삼보三寶라는 복전福田을 만날 때요, 넷째는 만물의 무상함을 생각할 때이니라. 이 네 가지 때를 맞춰 도를 행하면 소원을 이루고 반드시 깨달음을 얻을 수 있으리라."

부처님 말씀을 들은 젊은 바라문들은 자신들의 교만을 참회하며 제자가 되기를 청했다.

-법구비유경-

## 겨자만 한 씨 하나

옛날에 사위성 밖에 사는 한 부인이 불교에 귀의하여 계행戒行을 잘 지켰다. 어느 날 부처님이 그 집에 가서 걸식을 청하자 부인은 부처님께 예배를 드리고 곧 바리때에 밥을 담아 드렸다. 그러자 부처님이 말씀하셨다.

"하나를 심으면 열이 생기고, 열을 심으면 백이 생기며, 백을 심으면 천이 생기는 법이다. 이렇게 해서 만이 생기고 또 억이 생기는 것이며, 마침내 깨달음을 얻게 되느니라."

그런데 아직 불교에 귀의하지 않은 그 집 남편이 뒤편에서 잠자코 부처님 말씀을 듣고 있다가 입을 열었다.

"사문 고타마 님의 말씀은 어찌 그리 허풍이 심하십니까? 정말 한 바리때의 밥을 보시함으로써 그런 복을 얻고, 또 깨달음을 얻을 수 있다는 말입니까?"

부처님이 되물으셨다.

"당신은 지금 어디에서 오는 길인가?"

"사위성 안에서 왔습니다."

"당신은 그 성 안에 있는 니구류 나무를 본 적이 있는가?"

"네, 그렇습니다. 그 나무는 높이가 무려 40리에 달하며, 해마다 수만 섬의 열매가 열립니다."

"그 나무의 씨는 얼마나 큰가?"

"겨자만 합니다."

"그 겨자만 한 씨를 한 뒤웅박쯤 심어서 그렇게 큰 나무가 자란 것인가?"

"아닙니다. 그저 씨 하나를 심었을 따름입니다."

"당신 말은 어찌 그리 허풍이 심한가? 겨자만 한 씨를 하나 심어 어떻게 높이가 40여 리가 되고 해마다 수만 섬이나 되는 열매를 맺는 그런 나무가 될 수 있다는 말인가?"

사내는 말문이 막혀 머리를 조아렸다. 이에 부처님이 말씀하셨다.

"지각이 없는 땅조차 그 갚음이 그러한데, 기쁜 마음으로 한 바리때의 밥을 여래에게 보시하는 것은 어떻겠는가? 그 보시의 갚음은 이루 말할 수 없는 것이니라."

부처님의 설법에 그 부부는 곧 마음이 열려 사다함과 斯陀含果를 얻었다.

-구잡비유경-

# 진짜 복을 구하는 방법

옛날에 부처님이 사위국에서 교화하고 계실 때 라열기국에 한 사내가 살고 있었다. 그는 부모에게 불효하고 착한 이들을 업신여기고 어른을 공경하지도 않았다. 그는 자기가 하던 일이 생각대로 잘 되지 않자 불을 섬겨 복을 구하려고 작정했다.

사내는 황혼 무렵 불을 크게 피워 놓고 한밤중에 불이 꺼질 때까지 그 앞에 꿇어앉아 기도하기를 3년이나 계속했으나 아무런 복도 얻지 못하였다.

그래서 이번에는 해와 달을 섬겼다. 그는 3년 동안 밤낮으로 해와 달을 향해 절을 했으나 역시 복을 얻지 못했다.

마지막으로 사내는 천신天神을 섬기면서 향을 피우고 갖가지 맛있는 음식과 술을 차려놓고 돼지와 양을 잡아 올렸다. 그러느라 모든 재산을 탕진했지만 결국 얻은 복이라고는 아무것도 없었다.

그는 지나치게 상심한 나머지 병에 걸려 집에 누워 있다가 사위국에 부처님이 계셔서 여러 신들이 섬긴다는 말을 듣고 생각했다.

'나도 부처님을 받들어 모시면 분명 복을 얻을 수 있을 것이다.'

그는 아픈 몸을 이끌고 사위국의 부처님을 뵈러 갔다. 절 문에 이르러 부처님을 바라보니 그 얼굴의 빛이 마치 밤하늘의 별 가운데 떠 있는 달과 같았다. 그는 환희심이 일어 땅에 엎드려 부처님께 절하고는 말씀드렸다.

"저는 미련하여 이 세상에 부처님이 계신 줄 모르고 불과 해와 달, 그리고 천신을 9년 동안 섬기면서 부단히 애를 썼지만 아무런 복도 얻을 수 없었습니다. 게다가 이제는 병까지 얻어 목숨마저 오늘내일하는 실정입니다. 부처님은 사람과 신들을 제도하시는 대스승이라는 말을 듣고 일부러 먼 길을 와서 귀의하나니 부디 복을 내려주소서."

부처님이 말씀하셨다.

"그동안 네가 섬긴 것은 모두 요사스러운 귀신이 아니면 허깨비에 불과한 것들이다. 거기에 빌고 제사하기를 9년이나 하였으니 그 죄는 사해四海와 같을 것이다. 살생을 해서 복을 구하고자 하면 복은 멀리 달아나버린다. 비록 1백 겁 동안 온 천하의 돼지와 양을 죽여 제사를 지낸다 하더라도 그 복은 겨자씨만큼도 없을 것이요, 죄는 수미산과 같아지리라. 또 공연히 재물만 낭비하는 것이니, 그처럼 어리석은 게 세상에 또 있겠는가? 또 너는 평소 부모에게 불효하고 착한 이들을 업신여기고 어른들을 공경하지 않고 잘난 척하고 살아 죄만 날로 깊어가거늘 무슨 인연으로 복을 얻는단 말이냐? 스스로 마음을 고쳐 착한 이와 어른을 공경하고 악행을 버리고 선업을 닦으면 네 가지 복이 날로 늘어 세세생생 아무런 걱정이 없을 것이다. 네 가지 복이란 무엇인가? 첫째 얼굴이 단정하고, 둘째 기력이 왕성하며, 셋째 병에 걸리지 않고, 넷째 장수하여 비명횡사하는 일이 없는 것이다. 내가 말한 대로 행하되 방일放逸하지 않으면 마침내 도를 얻을 수 있을 것이니라."

-법구비유경-

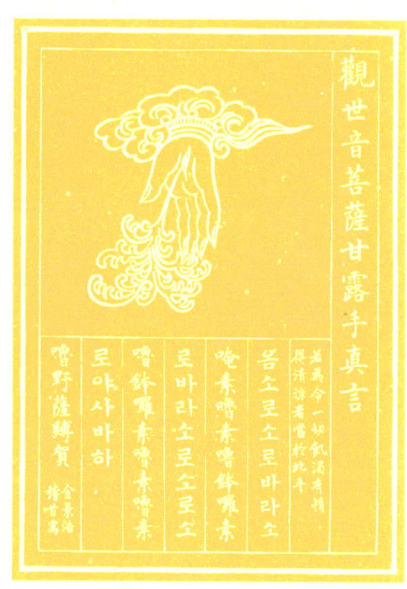

### 41. 감로수진언

모든 기갈 중생과 아귀에게
청량함을 얻게 해 주려거든 이
진언을 외우라

**옴 소로 소로 바라소로 바라소로
소로 소로야 사바하**

# 중생들이 믿고 의지하는 다섯 가지

옛날에 바라문의 장로 7인이 부처님을 찾아와 합장하고 말씀드렸다.

"저희들은 멀리서 부처님의 존명을 듣고 귀의하려고 왔습니다. 지금까지 여러 가지 일이 많아 이제야 부처님의 거룩한 모습을 뵙게 되었습니다. 부디 제자로 받아들여 온갖 괴로움에서 벗어날 수 있게 해주십시오."

부처님은 그들을 받아들여 사문으로 만드시고 거처할 방을 마련해주셨다. 그런데 그들은 출가하고서도 무상의 이치를 깨닫지 못하고 늘 방 안에 모여 앉아 번잡한 세속의 일을 생각하면서 잡담하며 웃고 떠들었다. 그들은 죽음이 기약 없이 다가온다는 사실은 전혀 생각하지 않았다. 부처님은 삼달三達•을 통해 그들의 수명이 얼마 남지 않은 것을 보시고 가엾게 여겨 그 방으로 가서 말씀하셨다.

"너희들은 출가사문으로 열심히 정진하여 세상을 구제해야 하거늘 어찌 웃고 떠들기만 하느냐? 모름지기 중생들은 다섯 가지를 믿고 있다. 첫째는 젊음을 믿고, 둘째는 아름다움을 믿으며, 셋째는 힘을 믿고, 넷째는 재물을 믿으며, 다섯째는 귀한 가문의 세력을 믿는다. 그러나 이 중에서 영원한 것은 아무것도 없다. 그런데 너희들은 도대체 무엇을 믿고 그렇게 웃고 떠들며 귀중한 시간을 낭비하는 것이냐?"

부처님은 게송을 덧붙이셨다.

무엇을 웃고 또 기뻐하랴
생각은 늘 불타고 있도다
너희들은 여전히 암흑 속에 있으면서
어찌하여 등불을 찾지 않고 있는가
몸뚱이를 완전하다 생각하여
그것에 의지하여 편안함을 구하는구나
잡념은 병을 가져오나니
왜 진실 아닌 것을 모르고 있는가
몸이 무너지면 정신도 떠나니
마치 낡은 수레를 버리는 것과 같아
살은 썩어 문드러지고 뼈도 흩어지나니
이 몸을 어찌 믿을 수 있단 말인가

-법구비유경-

* 삼달: 미래의 생사 인과를 아는 천안天眼, 과거의 생사 인과를 아는 숙명宿命, 그리고 현재의 번뇌를 단멸하는 누진漏盡을 가리킨다.

# 먼저 세속의 때부터
# 씻어야 한다

옛날에 한 부모가 형제가 없는 외아들을 가엾게 여겨 끔찍이 아꼈다. 부모는 외아들을 훌륭한 사람으로 만들기 위해 스승에게 데리고 가서 공부를 시켰다.

그런데 외아들은 교만하고 모든 일을 귀찮게 여겨 공부에는 전혀 신경을 쓰지 않았다. 그는 아침에 배운 것을 저녁에 잊어버릴 정도로 조금도 노력하지 않았다. 그렇게 몇 해를 보냈으니 아무런 소득이 없는 것은 당연한 일이다.

부모는 속이 상해 외아들을 불러 살림을 맡겼다. 그런데 외아들은 여전히 교만하고 방탕하여 일을 열심히 하지 않았으므로 모든 일이 제대로 될 리가 없었다. 살림마저 궁하게 된 외아들은 세간을 팔아서 마련한 돈으로 술을 마셔버리기도 했다. 게다가 술에 취해 흐트러진 머리와 맨발로 거리를 돌아다니기까지 했다. 그리하여 온 마을 사람들이 그를 멀리하여 상대조차 하지 않으려 했다. 그러나 그는 자기의 잘못은 조금도 생각하지 않고 도리어 다른 사람들을 원망했다. 부모와 스승 때문에 이렇게 된 것이라고 엉뚱한 소리를 해댔다.

그러던 어느 날 그는 속으로 곰곰이 생각해보았다.

'조상님들이 돕지 않아 내가 부랑자가 되고 만 것이다. 이럴 바에야 부처님께 귀의하면 혹시 복을 받을 수 있지 않을까?'

그는 부처님을 찾아가 예배하며 말씀드렸다.

"부처님은 너그럽기 그지없으셔서 이 세상에 용납하지 않는 자가 없다고 들었습니다. 저는 이제 제자가 되기를 청하오니 허락하여 주십시오."

그러자 부처님께 말씀하셨다.

"대개 도를 얻고자 하면 먼저 청정한 행을 갖추어야 한다. 그런데 너는 세속의 때를 씻지 않고 불문에 들어오려고 하는구나. 그러나 마음대로 들어왔다 나갔다 한들 무슨 이익이 있겠느냐? 차라리 집으로 돌아가 부모를 섬기고 스승의 가르침을 따르는 것만 못하다. 부지런히 일해서 부자가 되어 집안에 근심이 없게 하고 늘 예의를 지켜 말과 행동을 삼가고 마음을 집중해서 하고자 하는 바를 이루고 민첩하게 행동하여 남의 칭찬과 존경을 받도록 해라. 이렇게 한 후에야 도를 닦을 수 있느니라."

그는 과거의 허물을 뉘우치고는 집으로 돌아가 부처님 말씀대로 행한 끝에 온 마을 사람들의 칭찬을 받게 되었다.

-법구비유경-

# 아우를 내다 버린 형

옛날에 한 부자가 중병을 얻어 죽게 되자 큰아들을 불러 당부했다.
"네 아우는 아직 어려 세상 물정을 전혀 모른다. 부디 네가 잘 맡아 굶주리거나 추위에 떠는 일이 없게 하거라."

이윽고 아버지가 숨을 거두자 며느리가 그 남편에게 말했다.
"당신 아우가 크면 재산을 나누어야 한다면서 반드시 시끄러운 일이 생길 것입니다. 그러나 더 크기 전에 없애버리는 게 좋을 것입니다."

형은 말도 안 되는 소리 말라며 부인을 나무랐다. 하지만 부인이 시도 때도 없이 같은 소리를 되풀이하자 마침내 그 말을 따르기로 했다.

그래서 어느 날 아우를 데리고 성을 나가 행인이 거의 없는 무덤가에 이르러 나무에 붙들어 맸다. 그러나 같은 핏줄이라 차마 제 손으로 죽이지는 못하고 다만 호랑이나 악귀가 해치기를 바라면서 아우에게 말했다.

"네가 이 형 말을 잘 듣지 않았기 때문에 이렇게 벌을 주는 것이니, 반성하도록 해라. 내일 아침 다시 너를 데리러 오마."

이윽고 해가 지자 무덤 근처에는 온갖 산짐승들이 오가며 울부짖었다. 아우는 너무나도 무서워 소리를 질렀으나 구해 주러 오는 이가 있을 리 없었다. 아우는 하늘을 처다보며 탄식했다.

"저는 지금 두려워 거의 미칠 지경입니다. 정녕 이 세상에 저를 구해 주실 분이 없단 말입니까?"

그때 그 아우의 말을 천이天耳로 들으신 부처님이 곧 조명삼매照明三昧에 들어 무덤가를 환히 비추시더니 또 해박광명解縛光明을 발하셨다. 이에 아우의 결박이 느슨해져 더 이상 몸을 조이지 않았다.

잠시 후 부처님은 그 광명을 따라오셔서 직접 결박을 풀어주시며 말씀하셨다.

"애야, 어디로 가고 싶으냐?"

"저는 부처님 같은 사람이 되어 모든 위험에서 벗어나고자 할 따름입니다."

부처님이 그를 위해 설법하시자 곧 깨달음을 얻은 아우는 다시 부처님께 말씀드렸다.

"제 형이 악한 마음을 품고 아버지의 유언을 어기면서까지 저를 해치려고 했지만, 그 덕분에 제가 부처님을 뵙고 생사의 굴레를 벗어나게 되었으니 이제 그 은혜를 갚으러 가겠습니다."

"착하구나. 때를 알아서 하라."

아우는 곧 신통력을 써서 집으로 날아갔다. 그 모습을 본 형수는 차마 얼굴을 들지 못했다. 아우는 형수 곁에서 몸 둘 바를 몰라 하고 있던 형에게 말했다.

"비록 형님이 악독한 아내의 말을 듣고 저를 무덤가에 버렸지만, 그 일로 말미암아 도를 얻었으니 모두 형님의 은혜입니다."

계속해서 아우가 형과 형수를 위해 부처님의 가르침을 전하자 그들은 곧 참회하고 새사람이 되었다.

-잡비유경-

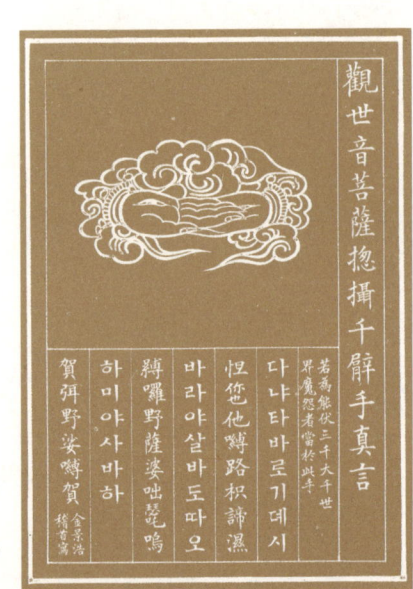

### 42. 총섭천비수진언
능히 삼천대천세계의 악마와 원수를 항복시키려거든 이 진언을 외우라
**다냐타 바로기뎨 시바라야 살바도따 오하미야 사바하**

## 보물에 눈이 먼 사문

옛날에 5백 명의 상인들이 바다에서 갖가지 보물을 얻어 집으로 돌아가다가 깊은 산중에서 악귀에게 홀려 벗어나지를 못했다. 결국 그들은 식량이 떨어져 고생하다 모두 굶어 죽었고, 그들이 지녔던 보물은 산중에 흩어지게 되었다.

그때 그 산에서 수도하고 있던 한 사문이 그 보물을 보고 생각했다.

'나는 이곳에서 7년이나 열심히 수도했지만 아직 도를 얻지 못했다. 게다가 늘 가난에 시달려야만 했다. 이제 이 보물은 주인이 없으니 주워가지고 돌아가서 가정을 이루고 행복하게 살자.'

그는 보물을 찾아서 한 곳에 숨겨두었다. 그리고 친척을 부르기 위해 산을 내려갔다. 부처님은 그 사문을 제도하고자 비구니로 변신하여 길목을 지키고 계셨다.

비구니는 화장을 하고 온갖 보석으로 치장을 하고 있었다.

이윽고 사문이 나타나자 비구니는 절을 하며 안부를 물었다. 그러나 사문이 그 비구니를 준엄하게 꾸짖었다.

"아니 출가자가 어찌 이럴 수 있는가? 법보을 걸쳤으면서도 화장을 하고 보석으로 치장까지 하다니."

그러자 비구니가 대꾸했다.

"그런 사문께서는 어찌 그럴 수 있습니까? 출가자라면 마땅히 욕심을 버려야 하거늘 어찌 옳지 않은 재물을 취해 행복하게 살겠다는 생각을 하십니까? 또 어찌하여 탐욕 때문에 도를 잊고 방일하여 무상의 이치를 생각하지 않습니까? 이 세상을 사는 것은 나그네와 같고, 죄의 깊음은 늘어만 갈 것입니다."

비구니는 말을 마치고 본래의 부처님 모습으로 돌아갔다. 사문은 깜짝 놀라 부처님 발 아래 예배하고 참회하며 말씀드렸다.

"제가 어리석고 미혹하여 참된 법을 어기고 말았습니다. 장차 어떻게 해야 하겠습니까?"

부처님이 게송으로 말씀하셨다.

악행을 범했더라도
뒤에 가서 그치고 다시 범하지 않으면
그는 이 세상을 환하게 비추리
마치 구름을 벗어난 달처럼

-법구비유경-

# 세상에서 가장 즐거운 일

 옛날에 부처님이 사위국에 계실 때, 새로 비구가 된 네 사람이 벚나무 밑에 앉아 함께 참선을 하며 도를 닦고 있었다. 때는 춘삼월 호시절이라 벚꽃이 활짝 펴서 그 향기가 코를 찔렀다. 네 비구는 한가로이 이야기를 나누었다.

"세상 만물 가운데서 사람을 가장 즐겁게 하는 것은 무엇일까?"

한 비구가 말했다.

"초목이 새로 돋아나는 봄에 소풍을 가서 노는 것이 가장 즐겁지."

다른 한 비구가 말했다.

"경사가 있어 친척들이 함께 모여 음주가무를 하는 것이 가장 즐거운 일이지."

또 한 비구가 말했다.

"재물이 많아 하고 싶은 일을 마음대로 하고, 비싼 말과 수레를 타고 또한 값비싼 옷을 입어 다른 이들이 부러운 눈으로 쳐다볼 때가 가장 즐겁지."

마지막 비구가 말했다.

"아름다운 처첩妻妾들이 예쁜 옷을 입고 향기를 내뿜을 때, 그들과 함께 어울려 노는 것이 가장 즐거운 일이다."

그때 부처님은 네 비구가 육욕六慾•에 마음이 끌려 무상의 이치를 생각하지 않고 있음을 아시고 곧 그들을 불러 물으셨다.

"너희들은 함께 모여 무슨 이야기들을 나눴느냐?"

비구들은 자기들이 나눈 이야기를 낱낱이 말씀드렸다. 그러자 부처님께서 말씀하셨다.

"너희들이 가장 즐겁다고 생각한 일들은 모두 근심스럽고 두려우며 위태하고 망하는 지름길로, 결코 가장 즐거운 법이 아니니라. 천지만물은 봄에는 무성하지만 가을과 겨울이 되면 시들게 마련이고, 친한 친척들 역시 반드시 헤어질 때가 있으며, 재물과 말과 수레 따위는 관청에 몰수당할 수도 있고 도둑맞기도 하며 물과 불의 해를 입기도 하고 방탕한 자식들로 인해 다 날아가버리는 경우도 있다. 그리고 처첩들의 아름다움은 바로 사랑과 미움의 근본이니라.

범부들은 세상에 살면서 원망과 재앙을 불러일으켜 제 몸을 위태롭게 하고 집안을 망하게 하는 등 근심과 두려움이 끝이 없으며 온갖 괴로움을 겪는다. 그러므로 비구는 세상을 떠나 도를 구하되 오로지 뜻을 무위無爲에 두어 영화와 이익을 바라지 않고 스스로 열반을 성취해야 하는 것이다. 그리고 그것이야말로 가장 즐거운 일이니라."

-법구비유경-

• 육욕: 육식六識을 낳는 눈, 귀, 코, 혀, 몸, 뜻의 여섯 가지 근원에서 생기는 여러 가지의 욕망. 색色, 미모, 애교, 말소리, 이성의 부드러운 살결, 사랑스러운 인상에 대한 탐욕이다.

# 사냥꾼이 범한
## 살생의 죄

라열기국에서 5백 리 떨어진 산속에 커다란 집이 한 채 있었는데, 그 속에는 무려 122명이 살고 있었다. 그들은 나무를 하고 사냥을 하며 먹고살았기 때문에 늘 짐승 가죽으로 옷을 해 입고 고기를 먹었다. 그래서 농사라고는 전혀 짓지 않았다. 또 삿된 귀신을 섬기고 아직 부처님을 알지 못했다.

부처님이 그들을 제도하기 위해 그 집을 찾아가셨다. 그때 그 집의 남자들은 모두 사냥을 나가고 여자들만 남아 있었다. 여자들은 부처님의 몸에서 휘황찬란한 빛이 나오는 모습을 보고 놀라고 기뻐하면서 신인神人으로 여겨 예배하고 자리를 마련해 드렸다. 부처님은 그 여자들을 위해 살생의 죄와 자비를 행하는 복을 말씀해 주셨다.

여자들은 부처님의 설법을 듣자 매우 기뻐하며 조심스럽게 여쭈었다.

"저희들은 깊은 산속에서 고기만 먹으며 살아갑니다. 변변치 않으나 공양하고자 하오니 받아주십시오."

"모든 부처님 법은 고기 음식을 금하고 있다. 또 나는 이미 밥을 먹고 왔으니 따로 준비할 필요도 없다. 여인들이여, 이 세상에는 먹을 것이 수없이 많다. 그런데 왜 살생을 해서 고기를 먹고 산다는 말이냐? 그렇게 하다가는 죽은 후 지옥에 떨어져 한량없는 고통을 당하리니 다만 손해가 있을 뿐 이익이라고는 조금도 없으리라. 부디 오곡을 먹으면서 뭇 중생들을 가엾게 여기도록 해라. 아무리 미미한 벌레라도 죽음을 좋아할 리는 없다. 그러니 그들을 죽여 자기 몸을 살찌우면 그 죄는 결코 없어지지 않는 법이다. 자비스러운 마음으로 살생을 하지 않으면 세세생생 걱정이 없을 것이니라."

부처님이 이렇게 설법하고 계실 때 남자들이 사냥을 마치고 돌아왔다. 그러나 여자들은 설법을 듣느라 미처 나가서 맞이하지 못했다. 남자들은 집에 무슨 일이 생긴 줄 알고 얼른 고기를 마당에 내려놓고 집 안으로 뛰어들어갔다.

하지만 모든 여자들이 부처님 앞에서 합장하고 설법을 경청하고 있는 모습이 눈에 들어오자 벌컥 화를 내며 칼로 부처님을 해치려고 했다. 그러자 부인들이 극구 말리며 말했다.

"이 분은 신인이시니, 독한 마음을 품지 마십시오."

여자들이 그간의 사정을 자세히 설명하자 남자들 역시 곧 칼을 버리고 참회하며 부처님께 예배를 드렸다. 부처님은 다시 그들을 위해 살생의 죄와 자비의 덕목을 말씀하셨다. 남자들은 설법을 듣고 나서 부처님께 여쭈었다.

"저희들은 그동안 숱한 짐승을 죽였기 때문에 그 죄가 한량없이 쌓였을 것입니다. 장차 어떻게 해야 그 죄보를 면할 수 있겠습니까?"
부처님은 게송을 읊으셨다.

자비스런 마음으로
중생을 구제하면
열한 가지 복이
언제나 그 몸을 따르리
누워도 깨어도 편안하고
악몽도 전혀 꾸지 않고
하늘은 자비와 사랑으로 보호하고
독이나 흉기에 해침을 당하지 않으며
물이나 불에도 상하지 않고
사는 곳도 이익이 있고
죽은 뒤에는 범천梵天에 나리니
이것이 열한 가지 복일세

부처님이 게송을 마치자 남녀노소를 막론한 122인은 모두 기뻐하며 오계를 받들어 가졌다. 부처님은 라열기국으로 돌아와 병사왕에게 말씀하셨다.

"저 사냥꾼들에게 농사할 땅과 먹을 곡식을 주시오."

이렇게 해서 부처님의 자비스러운 교화가 널리 퍼져 온 나라가 편안해졌다.

-법구비유경-

# 가진 것을 다 보시한 빈궁한 노파

 옛날 한 왕이 부처님과 여러 스님들에게 공양을 하려고 화려한 잔치를 열었다. 그 나라에는 구걸로 하루하루 목숨을 부지하던 빈궁한 노파가 살고 있었는데, 노파는 왕이 부처님 일행을 초청하여 공양한다는 소식을 듣고 무척 기뻐하며 나도 도울 게 있으면 그렇게 하자 하는 마음이 일어났다. 그러나 그것은 생각뿐이었고 공양거리를 마련할 돈도 재물도 없었던 노파는, 저녁거리로 남겨두었던 약간의 콩이나마 보시하고자 콩을 챙겨 들고 잔치가 열리는 곳으로 갔다. 그러나 문지기는 행색이 몹시 초라한 노파가 들어오는 것을 보고 출입을 허락하지 않았다. 그렇지만 이미 노파의 선한 마음을 알고 계셨던 부처님께서는 신통력을 써서 잔치에 참석한 모든 사람들의 밥그릇 안에 콩을 넣어 놓으셨다. 난데없이 하얀 밥 속에 콩이 있는 것을 보고 깜짝 놀란 왕은 요리사를 불러 꾸짖었다.
 "밥 속에 웬 콩이냐?"
 요리사는 엉거주춤하며 대답했다.

"저는 밥에 콩을 넣은 적이 없습니다."

"아니 이놈이 어느 안전이라고 함부로 거짓말을 하는 게냐?"

그때 부처님께서 조용히 말씀하셨다.

"왕이시여, 그것은 요리사의 잘못이 아닙니다. 이 콩은 지금 문밖에 있는 빈궁한 노파가 보시한 것입니다. 노파는 왕께서 잔치를 연다는 말을 들었으나 따로 보시할 재물이 없어 이 콩으로나마 왕을 돕고자 한 것입니다. 그래서 밥 속에 콩이 들어가게 된 것이지요. 왕이시여, 저 노파의 보시는 비록 하찮은 것이라 할지라도 그가 얻을 복은 대왕보다 훨씬 더 많을 것입니다."

그러자 왕은 의아하다는 표정을 지으며 부처님께 여쭈었다.

"부처님, 저는 여러 가지 음식을 보시했는데, 왜 하찮은 콩을 보시한 노파보다 얻을 복이 적다고 말씀하십니까?"

"왕께서는 비록 여러 가지 음식과 재물로 공양을 했지만, 그것은 모두 백성에게서 나온 것이니 왕은 조금도 손해가 없소. 그러나 저 노파는 몹시 빈궁하여 가진 것이라고는 오늘 당장 먹을 약간의 콩밖에 없었을 뿐인데도, 왕의 보시를 기뻐하며 도왔던 것입니다. 그래서 왕이 얻은 복은 적고 노파가 얻은 복은 많다고 말씀드린 것입니다."

왕은 부처님 말씀을 듣고는 곧 자세를 단정히 하며 말했다.

"부처님 가르침의 깊은 뜻을 이제야 알겠습니다."

복을 닦고 덕을 심는 일은 다만 지극한 정성에 있을 따름이니, 진리의 참모습을 바로 안다면 이루지 못할 것이 없는 법이다.

-중경찬잡비유경-

# 아름다움의 허상

옛날 부처님이 라열기국 기사굴산에 계실 때였다. 그때 성안에는 연화蓮花라는 이름의 한 음녀가 있었다. 그녀는 얼굴과 몸매가 아름답기로 나라 안에 견줄 사람이 없었으므로 대신의 자제들이 모두 찾을 정도로 인기가 높았다.

그러던 어느 날 연화는 문득 세상을 버리고 비구니가 될 작정을 했다. 그래서 부처님이 계시는 곳으로 가려고 길을 떠났다가 도중에 어떤 샘물 앞에 이르게 되었다. 연화는 물을 마시고 손을 씻다가 샘물 위에 비친 자신의 모습이 너무나 아름다운 것을 보고 생각을 바꿨다.

'이렇게 아름다운 얼굴을 가졌는데, 왜 세상을 버리고 사문이 되겠는가? 젊음도 한때인데 마음껏 즐겨야지.'

그때 부처님은 연화가 제도될 인연이 있다는 것을 아시고 부인의 모습으로 변했다. 그 부인의 모습은 우아하고 아름답기 그지없어 연화보다 천만 배는 뛰어났다. 부인의 모습으로 변한 부처님은 연화가 돌아오고 있는 길을 거슬러 올라갔다. 연화는 그 부인의 아름다운 모습에 자못 친근감을 느껴 물었다.

"어디에서 오시는 길입니까? 남편이나 아이들 그리고 시종들은 어디에 두고 홀로 길을 걷고 계십니까?"

"성안에서 나와 집으로 가는 길입니다. 우리는 서로 모르는 사이지만 저기 있는 샘물에 가서 잠시 쉬면서 이야기나 나누는 게 어떨까요?"

"좋습니다."

그렇게 해서 두 여인은 샘물가로 가서 서로 정겹게 이야기를 나누게 되었다.

그러던 중 그 부인은 잠시 연화의 무릎을 베고 누웠는데 이내 자는 듯 숨이 끊어지고 말았다. 그러자 순식간에 얼굴이 문드러지면서 악취가 나고 배가 터져 벌레들이 기어나왔다. 또 이가 빠지고 머리털이 흩어져 사지는 형체를 알아볼 수 없었다. 그 모양을 본 연화는 놀랍고도 두려운 생각이 들었다.

'그렇게 아름다운 부인이 어떻게 갑자기 죽을 수 있을까? 이런 부인의 목숨도 무상한 것인데, 어찌 나의 수명을 장담할 수 있을까? 아, 역시 부처님에게 가야겠구나.'

이윽고 부처님이 계시는 곳에 도착한 연화는 절을 하고 나서 좀 전에 당한 일을 말했다. 그러자 부처님께서 연화에게 말했다.

"사람으로서 믿지 못하는 네 가지 일이 있느니라. 첫째는 젊음은 반드시 늙음으로 돌아가는 것이요, 둘째는 건강한 것도 끝내는 죽음으로 돌아가는 것이다. 그리고 셋째는 부모 형제와 친척들이 모여 화목하게 산다고 해도 결국은 헤어져야 하는 법이며, 넷째는 아무리 재산을 쌓아둔다 해도 마침내는 흩어지고 마는 법이다.
그리고 부처님은 다시 게송으로 말씀하셨다.


늙으면 몸이 쇠약해지고
젊어도 병들면 몸이 무너져
썩고 허물어져 가나니
죽음도 결국은 그러한 것이리라

이 몸을 어디에 쓰랴
온갖 더러움이 새어나는 곳이거늘
병이 들면 괴롭고
늙음과 죽음의 근심이 떠나지 않는다네

쾌락만 좇다가
못된 짓만 하면서
큰 변이 일어날 것을 알지 못하지만
목숨은 무상한 것이라네

자식도 믿을 바 못 되고
부모 형제도 마찬가지리
죽음이 임박하면
아무리 친한 어버이도 의지할 수 없다네

부처님의 설법을 들은 연화는 신체란 좀 전에 본 부인의 목숨처럼 영원한 것이 아니며 오직 도덕과 열반만이 영원한 안락처라는 사실을 깨달았다. 그리고 곧 부처님에게 비구니가 되겠다고 말했다. 부처님이 칭찬하시자 연화의 머리카락이 저절로 떨어져 비구니의 모습이 되었다. 그리하여 곧 깨달음을 얻어 아라한이 되었다.

-법구비유경-

**뒤표지**
'관세음보살 42수 진언' 절첩본 장정의 뒤표지. 앞표지처럼 금·은니로 보상당초문을 그려 장엄하였다.

# 아이를 잡아먹는 귀신

귀자모鬼子母는 반사가般沙迦라는 귀신 왕의 아내이다. 그녀에게는 모두 합해 1만 명의 아들이 있었는데, 그 하나하나가 모두 신체 건강한 장사들이었다. 그 중 막내의 이름은 빈가라嬪伽羅로 영리하고 총명한 탓에 귀자모가 특히 아끼는 아들이었다.

귀자모는 성질이 잔악하고 난폭해서 사람의 아이들을 잡아먹는 일을 제일 좋아했다. 그녀는 수시로 인간들이 사는 곳에 가서 아이들을 잡아 산 채로 집어삼켜 버리고는 했다. 이 때문에 사람들이 받는 고통은 이루 말할 수 없었다. 갖은 방법을 다 동원해 아이들을 숨겨도 귀자모의 끔찍한 손길은 피할 수 없었기 때문이다.

이에 사람들은 부처님을 찾아가 도와달라고 요청했다. 부처님은 그 상황을 이미 알고 있던 터라 법력法力을 써서 빈가라를 잡은 다음 발우 속에 숨겨두었다.

귀자모는 사랑스러운 아들 빈가라가 보이지 않는 탓에 마음이 몹시 다급해졌다. 그녀는 하늘 끝에서 땅끝까지 사방을 칠 일 밤낮 동안 두루 찾아다녀 보았으나, 그림자도 볼 수 없었다. 귀자모는 먹지도 마시지도 않고 잠도 못 이루며 하루 종일 울고 다녔는데 그 모습은 흡사 미치광이와도 같았다. 그러자 반사가가 그녀에게 말했다.

"듣자하니 부처님은 세상에서 가장 총명하셔서 모르는 것이 없고 또 도와주지 않는 일이 없다 하오. 울고불고해도 소용없으니 이제 부처님에게 가서 도움을 청해 보는 것이 좋을 듯하오."

귀자모는 부처님이 계시는 곳에 가서 무릎을 꿇고 합장한 다음 빈가라가 있는 곳을 가르쳐달라고 부탁했다.

부처님이 말씀하셨다.

"귀자모야. 네겐 아들이 1만 명이나 되는데, 그 중 하나를 잃었다고 해서 그렇게 상심하고 찾아다니는 이유가 무엇이냐? 사람들은 고작해야 서너 명의 자식밖에 없고 또 자식이 하나뿐인 사람도 있다. 그런데도 너는 아이들을 잡아먹는 것을 즐기지 않았더냐? 귀자모야. 자식 잃은 부모의 심정이 어떠한지 이제 조금이라도 이해할 수 있겠느냐?"

귀자모는 부처님의 충고에 문득 깨닫는 바가 있어 부끄러워하며 대답했다.

"진정으로 참회하나이다, 부처님. 저는 벌을 받아 마땅합니다. 이번에 빈가라만 찾을 수 있다면, 다시는 사람의 아이를 잡아먹지 않겠습니다."

부처님은 발우를 들어올려 빈가라를 귀자모에게 돌려보냈다. 그 후로 귀자모는 다시는 아이들을 잡아먹지 않았고, 사람들은 자식 잃는 공포에서 해방되어 부처님을 찬양했다고 한다.

-잡보장경-

# 경전 한 구절을 듣고
# 목숨을 구한 도둑

부처님이 비사리의 중각강당重閣講堂에 계실 때의 이야기다. 그 나라에는 탐욕에 눈이 멀어 남의 물건을 감쪽같이 훔치는 도둑이 살고 있었다. 그곳 백성은 깊은 불심으로 풍요로운 생활을 하고 있었으므로 그 자가 도둑이라는 사실을 모두 소문으로 알고 있었다.

어느 날 그는 승방僧坊에 좋은 구리 항아리가 있다는 말을 듣고 동료들과 함께 몰래 숨어들었다. 그러나 구리 항아리는 끝내 훔치지 못하고 비구들이 이렇게 말하는 것을 듣게 되었다.

"천상 사람들은 눈 깜박이는 것이 매우 더디고, 인간들은 눈 깜박이는 것이 매우 빠르다."

그 도둑은 이 말을 마음 깊이 새기며 승방을 빠져나왔다.

그 후 다른 나라에서 온 상인이 귀중한 마니보주摩尼寶珠를 왕에게 상납하였다. 구슬을 받은 왕은 곧 사람을 보내 그것을 탑머리에 걸어두게 했다. 도둑은 이 소식을 듣고 그 구슬을 훔쳐 숨겨두었다. 나중에 그 사실을 안 왕은 크게 화를 내었다.

"그 구슬을 훔쳐간 자를 내게 알린다면 내 후한 상을 내리리라."

그러나 상당한 시일이 흘러도 아무런 소식이 없었다. 왕은 뾰족한 대책이 없어 그저 도둑을 원망하고만 있었다. 그때 한 슬기로운 신하가 왕에게 진언했다.

"지금 우리 나라는 매우 풍요로워 도둑이 거의 없습니다. 그런데 유독 한 사람만이 도둑질을 생업으로 삼고 있습니다. 그 구슬도 바로 그 자가 훔친 것이 틀림없습니다. 하지만 잡아들여 다그친다 해도 실토하지 않을 게 분명하니 왕께서는 계책을 꾸며 그 진실을 알아내셔야 할 것입니다."

"그렇다면 어떤 계책이 좋겠소?"

"몰래 사람을 보내 그자를 초대하여 모두 함께 술을 권해 취하게 하는 겁니다. 그런 다음 궁궐로 옮겨 놓고 술이 깨기 전에 궁궐을 화려하게 꾸미고선 기녀들로 하여금 노래와 춤을 곁들이게 합니다. 그러다가 그자가 음악 소리에 놀라 일어나면 기녀를 시켜 이렇게 말하게 합니다. "당신이 세상에 있을 때 탑에 걸려 있던 구슬을 훔친 인연으로 이 도리천에 다시 태어나신 것입니다. 우리들은 당신을 위해 음악을 연주하고 있는 것이니 사실대로 말씀해보세요." 이렇게 하면 그자가 술김에 사실대로 말하지 않겠습니까?"

왕은 슬기로운 신하의 계책대로 일을 꾸몄다. 그 도둑은 술에 취한 채 기녀들의 질문에 어떻게 대답할지 망설였다.

'사실대로 말하자니 두렵고, 거짓말을 한다면 천녀들이 못살게 굴 텐데……'

그때 그자는 지난날 승방에 구리 항아리를 훔치러 들어갔다가 비구들에게 엿들었던 말이 생각났다. 그래서 가만히 천녀들이 눈 깜박이는 모습을 지켜보았더니 그 속도가 빨랐다. 도둑은 이 천녀들이 진짜가 아니라는 사실을 눈치 채고 끝내 훔쳤다는 자백을 하지 않았다. 왕도 더 이상 어쩔 수 없었다. 그자는 죄가 없음을 인정받고 목숨을 부지한 채 자리를 벗어날 수 있었다. 이에 슬기로운 신하는 다른 계책을 꾸며 그를 잡아들이자고 왕에게 말했다.

"왕께서 친히 그를 불러 대신의 자리를 주도록 하십시오. 그리고 창고에 있는 물건들을 몰래 조사한 다음 그에게 창고 관리를 맡기십시오. 차후에 왕께서는 그자에게 부드러운 말로 이렇게 격려하십시오. "이제 경처럼 친한 이가 없으니 아무쪼록 창고를 잘 지켜 잃어버리는 물건이 없도록 하시오." 그 말을 들으면 그자는 분명 기뻐할 것입니다. 그때 왕께서는 다시 이렇게 묻도록 하십시오. "일전에 탑머리에 마니보주를 걸어둔 일이 있었는데, 경은 아는 바가 있는가?" 이렇게 하시면 그자는 분명히 사실대로 말할 것입니다. 왜냐하면 그자는 대왕이 자기를 신임해서 모든 보물을 다 맡겼다고 생각할 것이기 때문입니다."

이에 왕은 그 신하의 말대로 했다. 그랬더니 과연 그 도둑은 사실을 실토했다.

"제가 바로 그 구슬을 훔친 놈입니다만, 지금껏 두려워서 감히 내놓지 못했습니다."

"경은 일전에 내가 궁전에서 연극을 꾸며 기녀들로 하여금 자네가 도둑인지 묻게 하였을 때 왜 사실대로 말하지 않았는가?"

"지난날 제가 승방에 구리 항아리를 훔치러 들어갔다가 비구들이 이렇게 말하는 것을 들은 적이 있습니다. '천상 사람들은 눈 깜박이는 것이 매우 더디고, 인간들은 눈 깜박이는 것이 매우 빠르다.' 그때 그 말이 떠올라 천녀들이 가짜라는 사실을 알게 되었던 것입니다."

구슬을 다시 얻게 된 왕은 매우 기뻐하며 그 도둑의 죄를 더 이상 묻지 않았다. 그리고 지금껏 맡겼던 일도 그대로 계속하도록 했다.

"왕이시여, 원컨대 제 죄를 용서하사 출가하도록 허락해주십시오."

"경은 지금 높은 지위에 있어 온갖 부귀영화를 누릴 수 있는데, 무엇 때문에 출가하려고 하는가?"

"제가 예전에 비구들이 말한 바를 잠깐 들은 덕분에 이렇게 목숨을 부지하게 되었습니다. 이제 많은 경전을 듣고 익히고 수행하여 진정한 삶에 눈뜨고 싶습니다. 그래서 출가하고자 하는 것입니다."

마침내 그 도둑은 출가하여 열심히 수행한 덕으로 아라한과를 얻게 되었다.

-찬집백연경撰集百緣經-

# 탐욕의 독으로
# 목숨을 버린 부부

 부처님께서 사위국의 기원정사에서 천인과 용 그리고 귀신들을 위해 설법하고 계셨다. 그때 그 나라에는 무수한 재물을 가진 장자가 있었는데, 그에게는 아들이 한 명 있었다. 그 아들이 십이삼 세쯤 되었을 때 그만 장자와 그 부인이 세상을 떠나고 말았다. 장자의 아들은 아직 나이가 어려 집안을 다스리는 일을 알지 못했다. 당연히 몇 해 못 가 유산을 모두 탕진하고 구걸로 연명하며 제 몸 하나도 건사하지 못하고 있었다.

 그 아이의 아버지 친구로서 역시 큰 부자였던 한 장자가 있었다. 그는 친구 아들이 거지가 된 모습을 보고 그 이유를 물었다. 친구의 아들을 가엾게 여긴 그는 자신의 딸을 아내로 삼게 한 후 여러 가지 재물을 주고 살림을 차리게 했다. 그러나 그 거지였던 사내는 게으른데다가 계획조차 없이 생활하는 바람에 얼마 못 가 또 재산을 모두 탕진하고 말았다.

 그래도 장자는 딸을 이미 시집보낸 터라 여러 번 도와주었지만 그 사내의 처지는 나아질 줄 몰랐다. 그래서 장자는 더 이상 가망이 없음을 알고 딸을 데리고 와 다른 집에 출가시키려고 친족들과 의논했다.

그 이야기를 우연히 엿들은 장자의 딸은 남편에게 가서 말했다.

"우리 집의 권세가 대단하니 반드시 저를 데려갈 것입니다. 이 일은 다 당신이 가정을 제대로 영위하지 못한 탓이니, 이제 어찌하시렵니까?"

아내의 말을 들은 남편은 부끄러워하며 혼자 생각해보았다.

'나는 박복한 탓에 어려서 부모를 잃고 세상을 살아가는 방법을 배우지 못했다. 이제 아내를 빼앗기고 또다시 길거리로 나앉게 되었구나. 하지만 이미 아내와 정이 든 지 오래인데, 어떻게 생이별을 하겠는가?'

남편은 마침내 독한 마음을 먹고 아내를 방 안으로 데리고 가서 함께 죽자며 칼로 아내를 찌르고 자신도 자결해버렸다.

그 광경을 본 하녀가 대경실색하여 장자에게 달려가 알렸다. 깜짝 놀란 장자의 가족들이 달려와 보니 이미 딸 부부가 죽었기에 시체를 수습하여 관에 넣고 장사를 치렀다. 그러나 장자의 가족들은 차마 딸 생각을 떨쳐버릴 수 없었다.

그러던 중 장자는 부처님이 세상에 나서 중생들을 교화시키고 설법하고 계시는데, 부처님을 만난 사람들은 모두 근심 걱정을 떨치게 된다는 이야기를 들었다. 이에 장자는 가족들을 데리고 부처님이 계시는 곳으로 가서 예배를 드리고 한쪽으로 물러나 앉았다.

부처님께서 장자에게 물었다.

"어디서 오는 길인가? 왜 얼굴에 근심이 가득 차 있는가?"

"전 복이 없는 사람인가 봅니다. 출가한 딸이 무능한 남편을 만나 고생이 심하기에 도로 데려오려고 했습니다. 그런데 사위가 아내를 빼앗기기 싫어 딸을 죽이고 자기도 자결해버리고 말았습니다. 그래서 장사를 치르고 이렇게 와서 부처님을 뵙는 것입니다."

"탐욕과 분노는 세상에 항상 존재하는 병이니라. 또 어리석음과 무지는 환란으로 들어가는 문이다. 이 때문에 사람들은 삼계三界와 오도五道에 떨어져 무수한 세월 동안 생사를 전전하며 갖가지 고통을 받게 되는 것이니라. 그러면서도 뉘우칠 줄 모르니 하물며 어리석은 사람이 어떻게 그것을 알겠는가? 탐욕의 독은 일신과 가족을 망치게 하고 중생들까지 해치는데 하물며 그 부부라고 예외이겠는가?"

계속해서 부처님은 게송으로 말씀하셨다.

어리석은 이 탐욕으로 몸을 묶어
피안으로 건너가지 않으려 한다
재물과 애정에 눈 멀어
남도 해치고 자신도 해친다네

애욕의 마음을 밭으로 삼고
음욕과 분노, 어리석음을 종자로 삼는다네
그러므로 생사를 넘어선 이에게 보시하면
무량한 복덕을 얻으리

동료가 적은데 재물이 많으면
대상隊商들은 두려워한다
탐욕이란 도적은 목숨을 해치나니
지혜로운 이는 욕심을 버린다네

 부처님의 설법을 들은 장자는 기쁜 마음이 일어 근심 걱정을 떨치고 깨우침을 얻었다.

-법구비유경-

# 예쁜 딸을 걸고 한 내기

 부처님이 1천 명의 아라한과 5백 명의 보살과 함께 구류국拘留國 분유달수원分儒達樹園에 계실 때였다. 그때 성안에는 마하밀摩訶蜜이라는 바라문이 살고 있었다. 그는 인색하고 욕심이 많았으며 불법을 믿지 않았다. 그러나 아주 큰 부자로 수많은 재보를 가지고 있었다. 게다가 지혜가 출중해서 그 나라의 스승이 되니 따르는 제자가 5백 명이나 되었고 국왕과 대신까지도 그를 존경하게 되었다.

 바라문에게는 일곱 명의 딸이 있었는데 모두 하나같이 절세미인일뿐만 아니라 지식도 많았다. 그러나 그녀들은 사치스러워서 머리끝에서 발끝까지 금은보화로 치장을 하고 수시로 옷을 갈아입으며 항상 5백 명의 시녀를 거느린 채 교만을 떨었다. 게다가 그녀들은 말재주가 상당해서 구류국 안에는 상대할 사람이 없을 지경이었다.

 그때 분유달分儒達이라는 사내가 그녀들에 관한 소문을 듣고 그 바라문의 집에 찾아와 말했다.

 "당신의 따님들이 절세미인이라는 소리를 들었습니다. 그런데 내기를 한번 하면 어떨까요? 뭇 사람들에게 따님들을 보여 혹시 그 아름다움을 인정하지 않는 사람이 있으면 당신이 내게 5백 냥을 주고, 그런 사람이 없으면 제가 5백 냥을 드리도록 하죠."

바라문은 자신만만했으므로 그 사내의 말대로 내기를 했다. 그런데 석 달 동안 국내를 두루 돌아다녔으나 그녀들을 아름답지 않다고 말하는 사람이 한 사람도 없었다. 약속대로 그 사내는 바라문에게 5백 냥을 주었다. 그리고 분유달은 다시 바라문에게 말했다.

"지금 부처님께서 기수원에 계신다고 합니다. 부처님은 과거, 현재 그리고 미래의 일을 다 아시는 분이니 거짓말을 하실 리 없습니다. 그러니 이번에는 따님들을 부처님께 보여드리면 어떻겠습니까?"

바라문은 좋다고 하면서 5백 명의 권속과 5백 명의 시녀를 대동하고 딸들과 함께 부처님이 계시는 곳으로 갔다. 그때 부처님은 수많은 사람에게 설법을 하고 계셨다. 그들은 각각 부처님께 절을 한 후 한쪽에 가서 앉았다. 이윽고 바라문이 부처님에게 말했다.

"부처님께서는 여러 나라를 돌아다니셨다고 들었습니다. 그런데 혹시 제 딸들보다 더 아름다운 여인네를 보신 적이 있습니까?"

부처님은 그 말에 바라문을 꾸짖으셨다.

"이 여자들은 모두 추할 뿐 예쁜 곳이라고는 한 군데도 없구나."

"어찌 유독 부처님께서만 이 아이들이 추하다고 말씀하시는 것입니까? 온 나라 사람 중에 이 아이들을 밉다고 한 사람은 없었습니다."

"자고로 아름다움이란 눈으로 색(色)을 탐하지 않고, 귀로는 나쁜 소리를 듣지 않는 것이다. 또 코로 향기를 맡지 않고, 입으로는 좋은 맛을 탐하지 않는 것이 또한 아름다움이다. 몸으로 부드러움을 탐하지 않으며 악한 생각을 품지 않는 것 역시 아름다움이다. 손으로는 남의 물건을 훔치지 않고, 입으로 남을 험담하지 않는 것이 아름다움이다. 교만하지 않고 거짓말을 하지 않으며, 나고 죽는 이치를 아는 것이 아름다움이다. 보시한 후에 복이 따름을 믿고 불佛, 법法, 승僧 삼보三寶를 믿는 것이 아름다움이다. 그저 얼굴이 아름답다고 해서 진정 아름다운 것은 아니다. 몸이나 옷의 아름다움 역시 마찬가지다. 이간하는 말과 거짓말 역시 아름다움이 아니며 바른 마음과 생각이 곧 진정한 아름다움이다."

부처님이 말씀을 마치자 분유달은 바라문에게서 다시 5백 냥을 돌려받았을 뿐만 아니라 내기에서 결국 이기게 되었다.

-불설칠녀경佛說七女經-

# 팔만대장경이란 무엇인가?

## 1. 팔만대장경

팔만대장경은 고려국신조대장高麗國新雕大藏, 즉 고려대장경의 속칭이다. 고려대장경을 팔만대장경이라고 부르는 까닭은 그 경판 총수가 8만여 장이 넘는 데서 비롯되었다고도 하고, 또 불교에서 아주 많은 수를 지칭할 때 쓰는 팔만사천이라는 숫자에서 나왔다고도 한다. 팔만대장경은 1995년 유엔 교육과학문화기구인 유네스코에 세계문화유산으로 등재되면서, 이제는 '트리피타카 코리아나Tripitaka Koreana'라는 이름으로 전 세계에 알려지게 되었다.

대장경이란 불교 경전 일체를 총괄하는 말로 일체경 一切經이라는 이름으로 불리기도 한다. 그것은 부처님의 설법을 담은 경經, 불제자들이 지켜야 할 도리를 담은 율律 그리고 부처님의 가르침을 연구해 놓은 논論을 모두 포괄해서 이르는 말이다.

그런데 불교는 세계에서 그 경전 수가 가장 많은 종교이므로 대장경을 결집하는 일은 정말 어렵고도 방대한 일이 아니라고 할 수 없다. 그러나 한자 문화권의 각 나라들은 경쟁적으로 대장경을 조성해왔다. 그것은 당시 국력의 평가가 불교문화의 성숙도에 의해 좌우되었기 때문이다. 그 결과 중국에서는 10여 차례의 대장경 조판사업이 있었고, 고려에서는 세 차례 그리고 티벳, 만주, 몽고, 거란, 일본에서도 대장경은 여러 가지 모습으로 선을 보였다.

그렇다면 세계에는 여러 가지 대장경이 존재하고 있는데 왜 우리의 팔만대장경만이 세계문화유산으로 등재된 것일까? 그것은 한마디로 말해서 완벽한 보존 그리고 단 한 자의 오자도 불허하는 정교함과 가장 잘 정리되어 있는 편제 때문이라고 할 수 있다. 그러나 이러한 우리의 팔만대장경 역시 세계적인 보물이 되기에 앞서 많은 우여곡절을 겪었다. 고려 현종 때 완성된 초조대장경初雕大藏經과 대각국사 의천이 주도하여 고려 숙종 때 완성된 속장경續藏經이 몽고군의 침입으로 모두 잿더미가 되어버렸기 때문이다. 그러나 고려인들은 이에 굴하지 않고 계속 몽고에 저항하면서 왕실과 백성이 모두 힘을 합쳐 부처님의 가호를 빌어 외적을 물리치고자 고종 23년(1236)에 다시 대장경 조판을 시작해서 16년 만에 재조대장경再雕大藏經, 즉 지금 우리가 보고 있는 팔만대장경을 완성시킨다.

우리 선조들의 각고의 노력이 있었던 탓인지 팔만대장경은 그 후 임진왜란과 한국전쟁 같은 대규모 전란 속에서 여러 번의 소실 위기를 맞으면서도 바로 어제 만든 것처럼 완벽한 모습을 보존하고 있다. 실로 경이롭다고 하지 않을 수 없다. 종교를 떠나 모든 한국인들에게 팔만대장경이 특별한 의미를 갖는 것은 바로 그런 연유 때문이라고 할 수 있다.

팔만대장경을 이루는 각 경판은 크기가 가로 약 69.7cm, 세로 약 24.2cm, 두께 약 3.6cm이며, 무게는 약 3.5kg쯤 나간다. 그리고 그 재질은 자작나무와 후박나무로 알려져 있다. 이 경판 위에는 사방 약 1.5cm 크기의 한자가 앞뒤 양면 합해서 644자쯤 새겨져 있다. 이 경판은 모두 합쳐 81,240판이며 수록된 경전은 1,514종에 총 6,569권에 이른다. 하루 한 권씩 읽는다고 해도 18년이 걸리는 그야말로 방대한 양이라고 할 수 있다.

그런데 안타깝게도 우리의 자랑스러운 팔만대장경은 근대에 이르러 그 빛을 잃어가고 있는 듯하다. 바로 우리의 팔만대장경을 저본으로 해서 만든 일본의 대정신수대장경大正新脩大藏經이 세계적인 정전正典으로 불교학계에서 활용되고 있기 때문이다. 그나마 다행인 것은 대장경연구소가 팔만대장경 전산화 작업을 마친 것이다. 해인사 장경판전의 겉모습만 보고 대장경을 직접 보지 못해 안타까워하는 사람들은 동국대 영인본 고려대장경(전48권)을 찾아보는 것도 보람 있는 일일 것이다. 그러나 한자로만 되어 있는 것을 감안하면 아무래도 일반인들은 동국대 역경원에서 간행한 '한글대장경'을 읽어보는 것이 좋을 것이다.

## 2. 팔만대장경과 설화

총 1,514종의 방대한 경전을 담고 있는 팔만대장경은 대승삼장大乘三藏과 소승삼장小乘三藏으로 대별할 수 있다. 삼장이란 '경율론'을 함께 이르는 말이다. 소승삼장에 속한 경전들은 주로 역사적인 실제 인물로서의 석가모니 부처님의 설법을 담고 있으며, 대승삼장은 초월적이고 영원한 존재로서의 부처님을 부각시키고 있다.

또 부처님이 경을 설한 형식, 방법, 순서 또는 의미, 내용 등에 따라 분류하는 방법을 교판敎判이라고 하는데, 이 교판은 특히 중국 불교에서 발전한 것으로 여러 가지 분류법이 있다. 천태종의 개조開祖인 지의대사의 오시교五時敎를 소개하면 아래와 같다.

1) 화엄시華嚴時: 부처님이 성도한 직후 21일간 화엄경을 설한 시기.
2) 녹원시鹿苑時: 화엄시 이후 12년간 소승의 아함경을 설한 시기. 부처님이 최초로 설법을 시작한 곳이 녹야원鹿野苑이므로 녹원시라고 부르는 것이며, 설한 경명을 따서 아함시阿含時라고 부르기도 한다.
3) 방등시方等時: 녹원시 이후 8년간 유마경, 금광명경, 승만경, 능가경, 무량수경 등의 방등부方等部 경전을 설하신 시기.
4) 반야시般若時: 방등시 이후 22년에 걸쳐 제부諸部의 반야경을 설하신 시기.
5) 법화열반시法華涅槃時: 부처님이 최후 5년간 법화경과 열반에 드시기 직전에 열반경을 설하신 시기.

이처럼 천태오시교를 통해 팔만대장경을 크게 다섯 부류로 나누어 볼 수도 있다. 그리고 좀 더 복잡하게는 팔만대장경 속에 들어 있는 경전의 형태를 형식과 내용에 따라 다음과 같이 12종으로 나눌 수 있는데, 이것을 일러 12분교分敎라고 한다.

1) 수트라sutra: 우리가 일반적으로 부르는 경을 의미하며 반야심경

처럼 사상적으로 의미가 완료된 경전을 일컫는다.

2) 게야geya: 중송重頌이라고 한역漢譯하며 산문散文 경전의 내용을 거듭 시어체로 표현한 것으로 법화경과 화엄경을 비롯해서 대부분의 대승경전이 여기에 속한다.

3) 가타gatha: 법구경처럼 완전히 시적 언어로만 이루어진 경전을 가리킨다.

4) 우다나udana: 다른 이의 물음에 답하는 것이 아니라 스스로의 종교적 체험을 이야기하는 내용을 담은 경전.

5) 아브타다르마abhta-dharma: 범부는 경험하지 못하는 깨달은 자만의 독특한 경지 등을 설명하고 있는 경전.

6) 이틴타카itinttaka: 부처님과 여러 제자들의 전생 인연담.

7) 니다나nidana: 특별한 인연 때문에 설하게 된 경전.

8) 아파다나apadana: 비유로써 설명하는 경전.

9) 자타카jataka: 부처님의 전생 이야기.

10) 비아카라나vyakarana: 부처님의 제자들이나 재가 신자들이 후세에 성불하리라는 내용을 담은 경전.

11) 바풀리아vaplya: 우주론 및 인생론을 철학적으로 표현하고 있는 경전.

12) 우파데사upadesa: 논서論書를 가리킨다.

사실 팔만대장경 속에 있는 수많은 경전들은 주로 출가자 즉 비구와 비구니를 위한 것들이다. 따라서 일반인들이 이해하기도, 실천하기도 어려운 내용이 많을 수밖에 없다. 그러나 이것은 부처님이 일반

대중을 멀리했기 때문에 생긴 결과는 아니다. 다만 불경의 결집이 승가 차원, 즉 출가자들 중심으로 이루어졌기 때문에 생긴 현상이라고 볼 수 있다.

그리고 부처님 이 일반 대중들을 위해서도 아주 쉬운 말로 가르침을 전했던 사실을 입증해주는 것이 바로 불전 속에 남아 있는 설화들이다. 이러한 설화들은 재미있는 이야기 형식을 빌어 불법의 핵심을 일반 대중들에게 쉽게 전달하고 있다. 팔만대장경 속에는 이러한 설화들이 곳곳에 숨어 있다. 그런데 위에서 한 분류에 의거해볼 때 설화가 비교적 집중적으로 나타나고 있는 곳은 소승삼장 그리고 천태오시교에 따르자면 노원시, 또 12분교에 따르자면 이틴타카, 니다나, 아파다나, 자타카, 비아카라나 등이라고 할 수 있다.

## 3. 이 책에 주로 소개된 주요 경전들

### 경률이상經律異相

양무제의 칙명을 받아 508년경에 승민僧旻 등이 찬집한 것을 보창寶唱이 증보하고 개편하여 완성한 것으로, 여러 가지 경전들에서 불교학습에 중요한 사항들을 뽑아서 50권으로 묶어 놓은 불교백과사전 같은 책이다. 그런데 경률이상에서 언급하고 있는 경전 중에는 상당수가 현재 전해지지 않고 있어 한역 경전의 유통사를 연구하는 데 이 책은 매우 중요한 위치를 차지하고 있다.

### 대당서역기 大唐西域記

당나라 현장스님이 인도 내에 있는 70여 개국을 돌아보고 당시 인도 불교의 현황과 불교 유적 및 그에 따른 전설들을 충실하게 기록한 것이다. 상당히 흥미로울 뿐만 아니라 당시 인도 불교 연구에 빼놓을 수 없는 주요한 책으로 평가받고 있다. 현장스님의 여행 기간은 총 17년이었고, 방문한 지역은 서쪽으로는 현재의 이란 그리고 남쪽으로는 스리랑카를 망라하는 광활한 지역이었다. 이 대당서역기는 법현전 그리고 왕오천축국전과 함께 동양의 3대 여행기로 불리고 있다.

### 대장엄론경 大莊嚴經論

인도의 논사 마명이 지은 것을 5세기 초 구자국 출신의 학승 구마라집이 한역한 경전이다. 총 15권으로 된 이 경은 산문과 운문을 배합하여 쓴 70가지의 이야기와 20가지의 비유를 통해 부처님과 불탑을 숭배하고 대승보살도를 닦으면 한량없는 복을 누리게 된다는 것을 가르치고 있다.

### 법구비유경 法句譬喻經

법구비유경은 법구경과 거의 동일한 경전이라고 할 수 있다. 다만 법구경은 운문으로 되어 있는 게송들만 모아 놓은 경전이지만, 법구비유경은 그 게송들이 전해지게 된 전후 사정을 싣고 있다는 점이 다를 뿐이다. 현재 전 세계적으로 가장 많이 알려져 있고 또 가장 많은 언어로 번역된 불경이 바로 법구경이다. 그 이유는 무엇보다도 아름답고 간결한 시어로 기초적인 불교 교의를 쉽게 표현하고 있기 때문이다. 그런데 우리가 쉽게 볼 수 있는 법구경은 팔만대장경 속에 들어 있는 한역 법구경에서 번역한 것이 아니라 주로 팔리 법구경, 즉 '담마파다'에서 번역된 것이다. 참고로 팔리어본은 26장 423게송으로 이루어져 있는데, 한역 법구경은 39품 750게송이 들어 있다.

### 백유경百喩經

백유경은 백구비유경 혹은 백구비유집경이라는 이름으로도 불리는데, 총 4권으로 인도의 승가사나가 편집한 것을 그의 제자 구나비지가 한역한 경전이다. 이름 그대로 하자면 1백 가지 비유를 담은 경전이 되겠지만, 사실 이 경전에 실려 있는 비유는 모두 합해서 98종이다. 백유경은 매우 재미있고도 쉬운 비유를 통해 부처님의 말씀을 설명해주는 경전으로 유명하다. 고려 팔만대장경 속에 있는 잡비유경은 이 경전의 이역본으로 알려져 있다.

### 법원주림法苑珠林

법원주림은 총 1백 권의 방대한 분량으로 당나라 때 도세법사道世法師가 10여 년에 걸쳐 여러 경전에 실려 있는 모든 사항을 종류별로 나눠 집대성한 책이다. 또 이 책은 세부 항목마다 그 전거와 출처를 낱낱이 밝히고 있는 것으로 유명하다.

### 불본행집경佛本行集俓

523년 북인도 건타라국에서 출생한 사나굴다가 한역한 이 경전은 모두 60권 60품으로 이루어져 있다. 그는 27세에 히말라야를 넘어 중국으로 왔다고 한다. 불본행집경은 불본행경과 더불어 소위 불전문학 佛傳文學의 대표적인 작품으로 가장 큰 규모의 산문적인 전기라고 할 수 있다. 이 경전은 소승경장에 속해 있는 전기류 중에서는 가장 최대 규모로 여러 가지 자료들이 집대성되어 있으므로, 현대의 작가들이 재구성한 부처님 전기보다 원전을 읽고자 하는 사람들은 반드시 한 번 읽어볼 만한 가치가 있는 경전이다. 이 경전은 내용에 따라 전생기와 금생기 그리고 전도기, 이렇게 3부로 나눌 수 있다.

### 사십이장경四十二章經

사십이장경은 최초의 한역 경전으로 알려져 있다. 사십이장경의 이름은 불교의 요지를 42장에 걸쳐 간략하게 풀이하고 있는 데서 유래한 것이다. 이 경전은 여러 경전에서 요지를 추려 뽑은 것이기 때문에 조직적이고 체계적인 사상을 담고 있다고 보기는 힘들다. 이 경의 서두에 따르면 후한後漢이 명제明帝가 어느 날 밤 온몸이 황금색으로 빛나는 신인神人이 궁전으로 날아들어 오는 꿈을 꾼 후 신하에게 그 이야기를 했다. 그러자 신하는 저 멀리 천축이라는 나라에 부처님이라는 성인이 나타났다고 하는데, 아마도 그 신인이 부처님인 것 같다고 대답했다. 이에 명제는 대월지국에 사신을 보내 불경을 얻어오게 했는데, 그것이 바로 사십이장경이라고 한다.

### 생경生經

3세기 말 월지국 출신의 스님 축법호가 번역한 생경은 모두 5권으로 되어 있다. 대대로 돈황에 거주하며 8세에 출가한 축법호는 진나라 무제 때 스승을 따라 서역이 여러 나라를 돌아다니면서 무려 36개국의 언어를 익혔다고 한다. 이 경전은 부처님과 그 제자들의 전생 이야기를 55개의 짧은 경전을 통해 싣고 있는데, 재미있는 내용이 매우 많아 일종의 설화문학으로서의 가치도 많이 가지고 있다.

### 아함경 阿含經

아함경이라고 하면 흔히 한 권의 경전으로 생각하는 사람들이 꽤 있다. 그러나 아함경은 아함부에 속하는 장아함경, 중아함경, 증일아함경, 잡아함경을 통칭하는 말이다. 이 사아함四阿含은 북방불교에 전해진 것으로 모두 183권 2,088경으로 구성되어 있다. 또 현재 동남아시아의 불교국에 전승된 오아함은 장부, 중부, 상응부, 증지부, 소부로 구성되어 있는데, 그 속에 포함된 경전의 총수는 무려 5,274경이나 된다. 북방불교에 전해진 사아함과 남방불교에 전해진 오아함은 그 내용과 구성이 상당히 유사한 것으로 평가되고 있다. 아함경은 불교 경전 중에서 가장 오래된 역사를 가지고 있기에 원시불교 연구에 더없이 중요한 원전이 되고 있다. 또 신격화된 부처님이 나타나는 후기의 대승경전들에 비해 가장 인간적인 석가모니 부처님의 모습을 느끼게 해준다. 이 아함경은 주로 불교의 근본 개념인 중도中道, 팔정도八正道, 사성제四聖諦 그리고 삼법인三法印 등을 소박하고 간결한 문체로 표현하고 있는 것이 특징이라고 하겠다.

### 육도집경 六度集經

3세기 중엽에 오나라의 학승 강승희가 한역한 이 경전은 모두 8권

6장으로 구성되어 있다. 이 경은 중생들을 구제하기 위해 보살이 수행해야 하는 여섯 가지 바라밀을 설화와 더불어 흥미 있게 구성하고 있다. 12부경 중 본생경에 속하는 경전이라고 할 수 있다.

### 잡보장경雜寶藏經

이 경전은 모두 10권으로 5세기 말에 원위元魏의 길가야가 담요와 더불어 한역한 것이다. 모두 합쳐 121가지의 짧은 설화로 이루어진 이 경전은 주로 복덕을 지을 것과 계율을 지킬 것을 권장하고 있다. 이 경전은 나선비구와 밀란다왕이 토론한 이야기와 카니시카왕과 마명보살 등 역사적으로 실존했던 인물들이 등장하고 있는 점이 다른 설화문학류 경전에 비해 특이할 만한 점이라고 할 수 있다.

### 잡비유경雜譬喩經

우리의 고려 팔만대장경에는 이 이름으로 모두 3개의 경전이 들어 있다. 하나는 2세기 말 월지국 출신의 학승 지루가참이 한역한 것이다. 한 권으로 된 이 경전은 12가지의 비유적인 이야기를 싣고 있다. 둘째는 3세기 초에 한역된 역자 미상의 것으로 총 32편의 이야기가 실려 있다. 마지막으로 4세기 초에 중국의 도략 스님이 편집한 경전은 한 권으로 되어 있는데, 교훈이 담겨 있는 재미있는 비유가 모두 합해 39편이 실려 있다.

### 구잡비유경舊雜譬喩經

3세기 중엽 오나라의 학승 강승회가 한역했다. 이 경전은 두 권으로 되어 있는데, 부처님과 그 제자들의 전생 이야기를 포함하여 모두 61편의 짧은 이야기가 실려 있다.

### 현우경賢愚經

현우경은 고려대장경 이외의 대장경에는 현우인연경이라는 이름을 달고 있다. 현우경은 송나라 때 스님 여덟 명이 우전국에 가서 여러 법사들의 강의를 듣고 각자가 들은 바를 번역하여 집성한 것이다. 따라서 현우경 같은 경전은 산스크리트어 원본이 동일한 제목으로 존재하지 않는다. 이 현우경은 찬집백연경 그리고 잡보장경과 함께 불교 설화 및 비유문학의 3대 대작으로 불리고 있다. 찬집백연경은 이름 그대로 '백 가지 인연담을 담은 경전'인데, 현우경에 있는 설화 10가지가 여기에서도 동일하게 보이고 있다.

# 관세음보살 42수 진언

외길 김경호 작품

**앞표지**
p.17

p.21

p.23

**1. 여의주수진언**
p.25

**2. 견삭수진언**
p.27

**3. 보발수진언**
p.29

**4. 보검수진언**
p.35

**5. 발절라수진언**
p.61

**6. 금강저수진언**
p.71

**7. 시무외수진언**
p.75

**8. 일정마니수진언**
p.78

**9. 월정마니수진언**
p.80

**10. 보궁수진언**
p.83

**11. 보전수진언**
p.87

**12. 양류지수진언**
p.89

**13. 백불수진언**
p.95

# 관세음보살 42수 진언

14. 보병수진언
p.97

15. 방패수진언
p.105

16. 월부수진언
p.117

17. 옥환수진언
p.121

18. 백련화수진언
p.129

19. 청련화수진언
p.131

20. 보경수진언
p.139

21. 자련화수진언
p.151

22. 보협수진언
p.153

23. 오색운수진언
p.155

24. 군지수진언
p.167

25. 홍련화수진언
p.175

26. 보극수진언
p.194

27. 보라수진언
p.203

28. 촉루장수진언
p.206

29. 수주수진언
p.210

외길 김경호 작품

30. 보탁수진언
p.214

31. 보인수진언
p.225

32. 구시철구수진언
p.241

33. 석장수진언
p.246

34. 합장수진언
p.249

35. 화불수진언
p.253

36. 화궁전수진언
p.259

37. 보경수진언
p.263

38. 불퇴금륜수진언
p.265

39. 정상화불수진언
p.271

40. 포도수진언
p.295

41. 감로수진언
p.303

42. 총섭천비수진언
p.310

뒤표지
p.323

우화로 읽는
# 팔만대장경

**초판 1쇄 발행** 2011년 9월 26일
**초판 2쇄 발행** 2012년 2월 25일

**엮은이** | 진현종
**펴낸이** | 오창준
**펴낸곳** | 컬처북스
**색보정** | 트리콤  **인쇄** | 미래프린팅  **제본** | 과성제책

**주소** | 서울 마포구 성산동 633-11 해평빌딩 2층
**전화** | 02-3141-6798, 6799
**팩스** | 02-3141-6790
**전자우편** | culturebooks@hanmail.net

**출판등록** | 2003년 7월 14일 제312-2003-000066호

ⓒ 진현종, 2011    ISBN 978-89-92074-47-6    03220

※ 잘못된 책은 구입한 곳에서 바꿔드립니다.

이 도서의 국립중앙도서관 출판시도서목록(CIP)은 e-CIP홈페이지(http://www.nl.go.kr/ecip)와
국가자료공동목록시스템(http://www.nl.go.kr/kolisnet)에서 이용하실 수 있습니다.
(CIP제어번호: CIP2011003805)